CURSO
DE ESPAÑOL
PARA
EXTRANJEROS

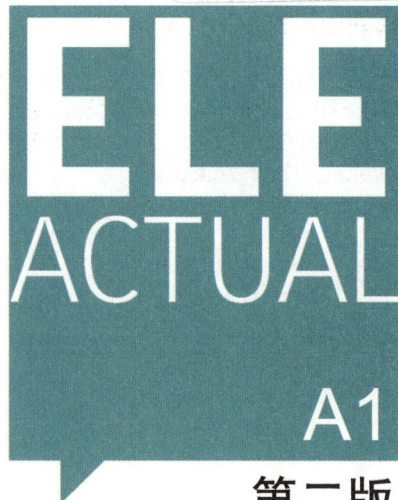

ELE ACTUAL

A1

第二版

ELE现代版 A1

Libro del alumno

编　　著：[西] 比尔希略·博洛维奥·卡雷拉
　　　　　拉蒙·帕伦西亚·德尔布尔戈
主 编 译：曹啁童　毕井凌　沈　洲
编译人员：（按姓氏音序排列）
　　　　　郭　彬　韩若楠　李奇颖　李念瞳　刘微子
审校专家：徐瑞华

上海译文出版社

图书在版编目（CIP）数据

ELE现代版：第二版．A1 ／（西）比尔希略·博洛维奥·卡雷拉，
（西）拉蒙·帕伦西亚·德尔布尔戈编著；曹啁童，毕井凌，沈洲主编译.
—上海：上海译文出版社，2017.8 （2025.3 重印）
　书名原文：ELE Actual A1
　ISBN 978-7-5327-7504-0

　Ⅰ．①E… 　Ⅱ．①比… ②拉… ③曹… ④毕… ⑤沈…
Ⅲ．①西班牙语—教材 　Ⅳ．①H34

中国版本图书馆CIP数据核字（2017）第093100号

Virgilio Borobio Carrera
Ramón Palencia del Burgo

ELE ACTUAL A1

SM

图字：09 － 2013 － 703号

ELE现代版 A1（第二版）
［西］比尔希略·博洛维奥·卡雷拉
　　拉蒙·帕伦西亚·德尔布尔戈　编著
曹啁童　　毕井凌　　沈　洲　主编译

———————————————

上海译文出版社有限公司出版、发行
网址：www.yiwen.com.cn
201101　上海市闵行区号景路159弄B座
上海盛通时代印刷有限公司印刷

———————————————

开本890×1240　1/16　印张17.5　字数656，000
2017年8月第1版　2025年3月第8次印刷
印数：22,101—24,300册
ISBN 978-7-5327-7504-0
定价：75.00元

如有质量问题，请与承印厂质量科联系。T：021-37910000

前　言

　　《ELE 现代版》(ELE ACTUAL)是一套交际西班牙语教程,它的编写创意来自作者切身的教学体验,并广泛采纳了各地教师的建议。这套西班牙语教程适用于高校西班牙语专业、西班牙语二外的教学及西班牙语培训机构等社会学习者。全书共有四册,涵盖了欧盟语言统一框架所规定的 A1、A2、B1、B2 语言水平要求的各个方面,同时也与西班牙塞万提斯学院的教学大纲配套。这是一套以学生为中心的教材。

　　这套交际西班牙语教材基于启发式、综合式教学方法,教学效果明显,能使学生在整个学习过程中置身于语言环境之中。

　　本套教材还可以让学生在参加诸如 DELE 考试、SIELE 考试、正规语言学校考试以及地方上的各种考试时,都能胸有成竹地应对。

　　本书由三个板块构成,每一个板块由五篇课文和一篇复习课文组成。每篇课文都围绕一个或几个互相关联的专题展开,有较强的应用性。

　　在"探索西班牙和拉丁美洲"栏目里,涉及到与本课题材或语言内容相关的各个方面,栏目里所提议的教学活动,可以帮助学生扩充西班牙与拉丁美洲社会文化方面的知识,也有利于开展课堂语言实践活动,充分发挥学生的主体性,达到学以致用的目的。

　　每篇课文的末尾都有"补充材料"栏目,它向师生提供了更多的教学方案,以便开展更多补充性的教学活动。

　　为了方便中国读者的使用,我们根据中国学生的学习习惯,在保持原书结构和特色的同时,对原书进行了必要的编译。对每课"探索西班牙和拉丁美洲"和"补充材料"中出现的超纲词汇进行了西班牙语注解,同时还将书后的语法总结及词汇表做了必要的注解和编译。这种改进,一来方便了中国学生自主学习,二来也可增加学习的趣味性和多样性。在此,由衷地感谢本书的编译人员。因水平有限,错误和不足之处在所难免,请各位读者批评指正。

Autor
Virgilio Borobio
Con la colaboración de Ramón Palencia

Edición
Alejandro García-Caro García
Marta Oliveira Ramírez

Corrección
Departamento de corrección de SM

Asesoramiento lingüístico
Eduardo Vallejo

Ilustración
Julio Sánchez / Archivo SM; Fátima García; Lluis Filella

Cartografía
Estudio SM

Fotografía
Javier Calbet, Sonsoles Prada, Fidel Puerta, Sergio Cuesta, Juan Baraja, José Manuel Navia/Archivo SM; Rolando Calle; Olimpia Torres; Luis Castelo; Pedro Carrión Juárez; Gonzalo Martínez Azumendi; Fran Panadero; Javier Jaime; Sebastián Álvaro; María Galán; R. Schmid/FOTOTECA 9x12; Kevin Peterson, Geoff Manasse, Mickael David, Jack Hollingsworth, Ryan McVay, Emma Lee, STOCKTREK/PHOTODISC; Raga/PRISMA; Odilon Dimier/PHOTOALTO; Carrusan – CORBIS/CORDON PRESS; Rodrigo Torres/GLOWIMAGES; Vera Gummesson/iSTOCKPHOTO.COM; HEMERA/AGE FOTOSTOCK; JUPITER IMAGES/GETTY IMAGES; BONGARTS/FERY PRESS; MASTERFILE/INDEX; DREAMSTIME.COM; CREATAS; CONTACTO; EFE; FIRO FOTO; SPAINPHOTOSTOCK; PRISMA; G TRES ON LINE; LATINSTOCK; BANANASTOCK; FANCY; PHOTONONSTOP; PHOVOIR; INGIMAGE; 123RF; THINKSTOCK; ALBUM; WIKIMEDIA COMMONS; FOTOLIA.

Grabación
Rec Division

Edición gráfica
Fidel Puerta Flores

Maquetación
Pasión Gráfica, S.L.

Coordinación técnica y de diseño
Mario Dequel

Coordinación editorial
Cristina Campo García

Dirección del proyecto
Pilar García García

Introducción

ELE ACTUAL A1 es un curso comunicativo de español dirigido a estudiantes adolescentes y adultos que cubre el nivel A1 establecido por el *Marco común europeo de referencia para las lenguas* y está adaptado al *Plan curricular del Instituto Cervantes*. Se trata de un curso centrado en el alumno, que permite al profesor ser flexible y adaptar el trabajo del aula a las necesidades, condiciones y características de los estudiantes.

Se apoya en una metodología motivadora y variada, de contrastada validez, que fomenta la implicación del alumno en el uso creativo de la lengua a lo largo de su proceso de aprendizaje. Sus autores han puesto el máximo cuidado en la secuenciación de las diferentes actividades y tareas que conforman cada lección.

Tanto en el Libro del alumno como en el Cuaderno de ejercicios se ofrecen unas propuestas didácticas que facilitan el aprendizaje del estudiante y lo sitúan en condiciones de abordar con garantías de éxito situaciones de uso de la lengua, así como cualquier prueba oficial propia del nivel al que **Ele Actual A1** va dirigido (DELE, escuelas oficiales de idiomas, titulaciones oficiales locales, etc.).

El Libro del alumno está estructurado en tres bloques, cada uno de ellos formado por cinco lecciones más otra de repaso. Las lecciones giran en torno a uno o varios temas relacionados entre sí.

En la sección *Descubre España y América Latina* se tratan aspectos variados relacionados con los contenidos temáticos o lingüísticos de la lección. Las actividades propuestas permiten abordar y ampliar aspectos socioculturales de España y América Latina, complementan la base sociocultural aportada por el curso y posibilitan una práctica lingüística adicional.

Todas las lecciones presentan el cuadro *Recuerda,* donde se recapitulan las funciones comunicativas tratadas en ellas, con sus correspondientes exponentes lingüísticos y contenidos gramaticales.

Cada lección concluye con la sección *Materiales complementarios*, en la cual se ponen a disposición de alumnos y profesores más propuestas didácticas destinadas a la práctica adicional y opcional de las destrezas y de los contenidos lingüísticos y funcionales. Han sido concebidas para dar una respuesta más flexible a las necesidades específicas de los alumnos y dotar de más variedad al curso. Su inclusión en el manual contribuye a enriquecer el repertorio de técnicas de enseñanza empleadas por el docente.

Al final del libro se incluyen un resumen de todos los contenidos gramaticales (*Resumen gramatical*) y un **glosario del vocabulario productivo** del curso ordenado por lecciones.

Así es este libro

Presentación

Al comienzo de cada lección se especifican los objetivos comunicativos que se van a trabajar. La presentación de los contenidos temáticos, lingüísticos (gramática, vocabulario y fonética) y funcionales se realiza con el apoyo de los documentos y técnicas más adecuados a cada caso. En las diferentes lecciones se alternan diversos tipos de textos, muestras de lengua, diálogos, fotografías, ilustraciones, cómics, etc. La activación de conocimientos previos y el desarrollo del interés de los alumnos por el tema son objetivos que también se contemplan en esta fase inicial.

Práctica de contenidos

A continuación se incluye una amplia gama de actividades significativas y motivadoras mediante las cuales el alumno va asimilando de forma progresiva los contenidos lingüísticos y funcionales necesarios para alcanzar los objetivos de la lección. Muchas de ellas son de carácter cooperativo y todas han sido graduadas de acuerdo con las demandas cognitivas y de actuación que plantean al alumno.

Estas actividades permiten:

- La práctica lingüística.

- La aplicación, el desarrollo y la integración de las diferentes destrezas lingüísticas (comprensión auditiva, expresión oral, interacción oral, comprensión lectora y expresión escrita).

- La aplicación y el desarrollo de estrategias de comunicación.

- El desarrollo de la autonomía del alumno.

Contenidos socioculturales

La integración de contenidos temáticos y lingüísticos hace posible que el alumno pueda aprender la lengua al mismo tiempo que asimila unos conocimientos sobre diversos aspectos socioculturales de España y América Latina. Las tareas incluidas contribuyen también a aumentar el interés por los temas seleccionados y al desarrollo de la conciencia intercultural, esto es, a la formación en el conocimiento, comprensión, aceptación y respeto de los valores y estilos de vida de las diferentes culturas.

Materiales complementarios

Las propuestas didácticas incluidas en la sección *Materiales complementarios* constituyen un auténtico banco de actividades extra. Aportan más variedad, innovación y calidad didáctica al programa; ayudan a centrar más el curso en el alumno y facilitan la flexibilidad del profesor, quien podrá decidir cuál es la actividad adecuada y el momento apropiado para realizarla una vez que haya detectado ciertas necesidades específicas de sus alumnos.

Repasos

Las lecciones de repaso ponen a disposición de los alumnos y del profesor materiales destinados a la revisión y el refuerzo de contenidos tratados en las cinco lecciones precedentes. Dado que el objetivo fundamental de estas lecciones es la activación de contenidos para que el alumno siga reteniéndolos en su repertorio lingüístico, el profesor puede proponer la realización de determinadas actividades incluidas en ellas cuando lo considere conveniente, aunque eso implique alterar el orden en que aparecen en el libro, y así satisfacer las necesidades reales del alumno.

Contenidos del libro

	TEMAS Y VOCABULARIO	OBJETIVOS COMUNICATIVOS
1 SALUDOS Y PRESENTACIONES	• Saludos (1) • El nombre • El alfabeto • Ayudas (1) • Instrucciones de clase • Despedidas	• Saludar • Responder a un saludo • Presentarse • Preguntar y decir el nombre y el apellido • Deletrear • Despedirse
2 ORIGEN Y PROCEDENCIA	• Países y nacionalidades • Lenguas • Ayudas (2) • Números del 0 al 20	• Preguntar y decir la nacionalidad • Preguntar y decir qué lenguas se hablan • Expresar desconocimiento • Pedir información léxica y ortográfica
3 INFORMACIÓN PERSONAL	• Profesiones • Lugares de trabajo • Estudios • Números del 21 al 100 • La dirección • El teléfono • Números ordinales	• Preguntar y decir la profesión • Preguntar y decir dónde se trabaja • Preguntar y decir qué se estudia • Preguntar y decir la dirección • Preguntar y decir el número de teléfono y de fax • Preguntar y decir la dirección de correo electrónico
4 ¿TÚ O USTED?	• Saludos (2) • Presentación de una tercera persona • El tratamiento	• Dirigirse a alguien • Saludar • Responder a un saludo • Presentar a alguien • Responder a una presentación • Preguntar por una persona • Responder identificándose • Pedir confirmación
5 MI FAMILIA	• La familia • El estado civil • La edad • Descripciones físicas de personas • Colores • El carácter • Identificación de personas	• Pedir y dar información sobre la familia • Pedir y dar información sobre el estado civil • Pedir y dar información sobre la edad • Describir físicamente a una persona • Hablar del carácter de una persona • Identificar a una persona • Agradecer
REPASO 1	**Lecciones 1-2-3-4-5**	
6 OBJETOS	• Objetos • Números del 101 al 10 000 • Monedas y billetes • De compras	• Expresar existencia • Pedir cosas en una tienda • Preguntar y decir cuál es la moneda de un país • Preguntar el precio
7 MI PUEBLO, MI CIUDAD	• El pueblo o la ciudad • La situación geográfica • Números a partir del 10 001	• Hablar de la situación geográfica de una población • Describir una población • Hablar del número de habitantes • Preguntar y decir cuál es la capital de un país • Expresar la causa

	TEMAS Y VOCABULARIO	**OBJETIVOS COMUNICATIVOS**
8 MI CASA Y MI HABITACIÓN	• La casa • Mi habitación • Los muebles	• Describir una casa • Describir una habitación • Expresar existencia • Expresar localización en el espacio
9 GUSTOS	• Deportes y actividades de tiempo libre (1) • Gustos personales	• Expresar gustos • Expresar coincidencia y diferencia de gustos • Expresar diversos grados de gustos
10 MI BARRIO, HORARIOS PÚBLICOS Y EL TIEMPO	• El barrio • Lugares públicos • La hora • Días de la semana • Horarios públicos • Meses y estaciones del año • El tiempo atmosférico	• Describir un barrio • Expresar preferencias • Preguntar y decir la hora • Preguntar e informar sobre horarios públicos • Hablar del tiempo atmosférico
REPASO 2	**Lecciones 6-7-8-9-10**	
11 UN DÍA NORMAL	• Un día normal • Acciones habituales (1)	• Hablar de hábitos cotidianos • Preguntar y decir a qué hora se hacen las cosas
12 EL FIN DE SEMANA	• El fin de semana • Deportes y actividades de tiempo libre (2) • Tareas de la casa	• Hablar de hábitos y actividades del fin de semana • Decir con qué frecuencia hacemos cosas
13 EL TRABAJO	• El trabajo o los estudios • Profesiones • Medios de transporte	• Hablar del trabajo o los estudios • Expresar condiciones de trabajo • Expresar aspectos positivos y negativos del trabajo • Hablar sobre medios de transporte • Preguntar y decir con qué frecuencia hacemos cosas
14 ¿SABES NADAR?	• Deportes y actividades de tiempo libre (3) • Internet • Valoraciones • Opiniones	• Expresar habilidad para hacer algo • Expresar conocimiento • Expresar desconocimiento • Valorar • Expresar opiniones • Expresar acuerdo • Expresar desacuerdo • Presentar un contraargumento
LECCIÓN OPCIONAL	• Acciones habituales (2) • Deportes y actividades de tiempo libre (4)	• Hablar del pasado: expresar lo que hicimos ayer
REPASO 3	**lecciones 11-12-13-14-OPCIONAL**	

ELE

Saludos y presentaciones
问候与介绍

OBJETIVOS　学习目标

- **Saludar**　问候
- **Responder a un saludo**　回应问候
- **Presentarse**　自我介绍
- **Preguntar y decir el nombre y el apellido**
  询问和回答姓名
- **Deletrear**　拼读
- **Despedirse**　告别

¡Hola!

¡Hola, buenos días!

¡Hola!

Buenos días...

Me llamo Carmen y soy la profesora de español.

09:00 Buenos días

16:00 Buenas tardes

21:00 Buenas noches

El nombre　名字

1 **Escucha y lee.**　请听录音并朗读。

a

🎧 1|1

- ¡Hola! ¿Cómo te llamas?
- (Me llamo) Sara. ¿Y tú?
- (Yo me llamo) Carlos.

b **Escucha y repite.**　请听录音并跟读。

🎧 1|2

c **Practica con tu compañero.**　请和同学练一练。

2 **Preséntate y saluda a tus compañeros.**　自我介绍并向同学打招呼。

- Me llamo… ¿Y tú?
- (Yo me llamo)…
- ¡Hola!
- ¡Hola!

Las letras 字母

3
a
🎧 1|3
Escucha e identifica las letras.   请听录音并辨别字母。

a	b	c	ch	d	e	f	g	h	i

j	k	l	ll	m	n	ñ	o	p

q	r	s	t	u	v	w	x	y	z

A	B	C	Ch	D	E	F	G	H	I

J	K	L	Ll	M	N	Ñ	O	P

Q	R	S	T	U	V	W	X	Y	Z

b
🎧 1|4
Escucha y repite.   请听录音并跟读。

c   **¿Qué letras no existen en tu lengua? Díselo a tu profesor.**   请告诉老师，哪些字母中文里没有。

Fonética 语音

4 **Escucha y marca con una cruz la letra que oigas.**
🎧 1|5 请听录音并把你听到的字母用符号"×"标出来。

- e ☐   i ☐
- c ☐   z ☐
- v ☐   b ☐
- q ☐   k ☐
- s ☐   x ☐
- h ☐   ch ☐
- g ☐   j ☐

5 **Escucha y subraya los nombres que oigas.**
🎧 1|6 请听录音并把你听到的名字划出来。

- Paco   Paca
- Luisa   Luis
- Paula   Pablo
- Félix   Felisa
- Manuela   Manolo
- Juana   Juanjo
- Gema   Chema

6 **Las tres en raya. En grupos de tres, por turnos, cada alumno elige una casilla y dice las letras que hay en ella. Si las dice bien, escribe su nombre en esa casilla. Gana el que obtiene tres casillas seguidas.**

三子游戏。每组三位同学轮流进行，每位同学挑选一个格子，并说出格子中的字母。如果说的正确，就可以把自己的名字写在格子里。谁得到三个连续的格子就赢得比赛。

y, i	ñ, n	k, q	r, j	v, w
z, c	b, v	r, l	e, a	d, t
j, g	u, o	ch, h	m, ñ	x, s
c, s	ll, l	p, b	w, b	i, e

Nombres y apellidos 名字和姓氏

7 **Lee y subraya los nombres y apellidos.** 请朗读并划出名字和姓氏。

a

PENÉLOPE CRUZ GANA EL ÓSCAR A LA MEJOR ACTRIZ SECUNDARIA

© Chrisa Hickey

EL ESCRITOR COLOMBIANO GABRIEL GARCÍA MÁRQUEZ HABLA DE SU PRÓXIMA NOVELA

© Jose Lara

EL DIRECTOR DE CINE PEDRO ALMODÓVAR, CANDIDATO A "HOMBRE DEL AÑO"

© Georges Biard

LA ESCRITORA ISABEL ALLENDE, ESTA NOCHE EN TELEVISIÓN

© paal / Paal Leveraas

b **¿Conoces otros nombres y apellidos españoles?** 你还知道哪些西班牙语的名字和姓氏吗？

Ayudas 关键句式

8 **Observa los dibujos.** 请看图片。

a

¿Cómo se escribe?

No entiendo. ¿Puedes repetir, por favor?

¿Está bien así?

No.

Sí.

b **Escucha y repite.** 请听录音并跟读。

1|7

- ¿Cómo se escribe?
- No entiendo. ¿Puedes repetir, por favor?
- ¿Está bien así?
- No.
- Sí.

9 **Lee los diálogos.** 请朗读对话。

a

- ¿Cómo te llamas?
- Paul.
- ¿Y cómo te apellidas?
- Kruse.
- ¿Cómo se escribe?
- K-R-U-S-E.
- ¿Cómo? ¿Puedes repetir, por favor?
- K-R-U-S-E.
- ¿Está bien así?
- No.

KRUSI

- ¿Cómo te llamas?
- Paul.
- ¿Y de apellido?
- Kruse.
- ¿Cómo se escribe?
- K-R-U-S-E.
- ¿Está bien así?
- Sí.

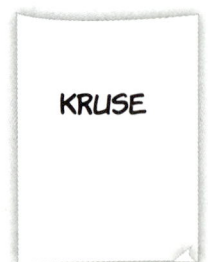

KRUSE

b **Pregunta a tu compañero cómo se llama. Escribe su nombre y apellido.**
请向同学询问姓名并写下来。

c **Ahora escribe un nombre y un apellido españoles. Deletréaselos a tu compañero. Comparad: ¿están bien?**
请写出一个西班牙语的姓名，并向同学拼读。和同学对比一下，写对了吗？

10 ¿Están bien escritos los apellidos? Escucha y marca.

1|8 这些姓氏写得正确吗？请听录音并标出对错。

	BIEN	MAL
A. G-a-r-c-é-s	☐	☐
B. R-o-m-e-r-a	☐	☐
C. R-o-d-r-í-g-u-e-z	☐	☐
D. S-a-n-c-h-o	☐	☐
E. R-u-i-z	☐	☐
F. H-e-r-n-a-n-d-o	☐	☐

Instrucciones 练习

12 a Mira los dibujos, escucha y lee.

1|9 请看图，听录音朗读。

A Lee.

B Pregunta a tu compañero.

C Escribe.

D Escucha.

E Marca.

F Mira.

G Habla con tu compañera.

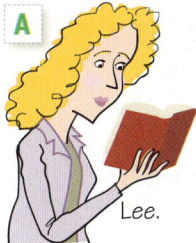

13 a Mira el dibujo.

请看图片。

¡Adiós! ¡Hasta mañana! ¡Adiós! ¡Adiós!

b Ahora despídete de tus compañeros.

现在请跟同学告别。

11 Juega al ahorcado. ¿Qué apellido español es? Cada raya es una letra de un apellido. Di letras para descubrir cuál es.

来玩"绞刑游戏"吧！这是一种猜词游戏。猜猜看这是哪一个西班牙语姓氏？每一条横线代表一个字母。每次说一个字母，看看能不能猜出来。

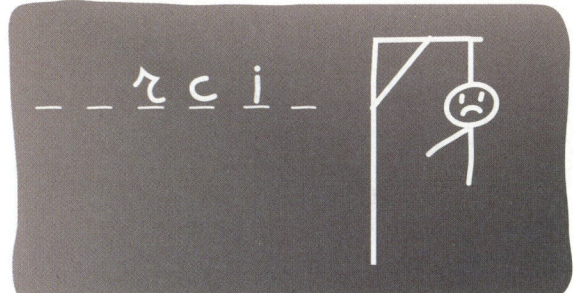

_ _ r c i _

b Escucha las instrucciones y escribe la letra correspondiente a cada dibujo.

1|10 请听练习并写下与图画相符的字母。

Mar MAÑANA ¿?

Bla, bla, bla.

c Escucha las instrucciones y actúa.

1|11 请听练习并做出对应动作。

13 trece

Palabras internacionales❶ 国际通用单词

1 **Observa❷ las fotos y lee las palabras.** 请看图片并朗读单词。
a

BAR BISTRO

HOTEL

VALOR Chocolates
★★★★★
Chocolate Puro con Leche

TOMATE
810g

Teléfono

↑ AEROPUERTO

CINE
TEATRO CINE REAL CINEMA

SALSA

b **Di las palabras en voz❸ alta.**
请大声念出这些单词。

c **Escucha y comprueba❹.**
请听录音并核对。
1|12

❶ Internacional *adj.* entre dos o más naciones
❷ Observar *tr.* mirar o examinar atentamente
❸ Voz *f.* grito fuerte
❹ Comprobar *tr.* revisar algo para confirmar su verdad

Recuerda 记住要点

COMUNICACIÓN

Saludar y responder a un saludo
- ¡Hola!
- Buenos días.
- Buenas tardes.
- Buenas noches.

Despedirse
- ¡Adiós!
- Hasta mañana.

Presentarse
- Me llamo Sara.

Preguntar y decir el nombre
- ¿Cómo te llamas?
- (Me llamo) Ana.

Preguntar y decir el apellido
- ¿Cómo te apellidas?
- (Me apellido) Fernández (Romero).

GRAMÁTICA

Pronombres personales sujeto

Singular	
1.ª persona **yo**	2.ª persona **tú**

(Ver resumen gramatical, apartado 8.1)

Presente de indicativo

Verbo *llamarse*
- (yo) me llamo
- (tú) te llamas

Verbo *apellidarse*
- (yo) me apellido
- (tú) te apellidas

(Ver resumen gramatical, apartados 7.1.1 y 8.3)

COMUNICACIÓN
- ¿Cómo se escribe?
- No entiendo.
- ¿Puedes repetir, por favor?
- ¿Está bien así?
- Sí.
- No.

TANGO

Restaurante

d **¿Cuáles de esas palabras crees❶ que son de origen❷ latinoamericano?**

你认为这些单词中哪一些来自拉丁美洲？

e **¿Conoces otras palabras en español? Escríbelas.**

你还知道哪些西班牙语单词？请把它们写下来。

❶ Creer *tr.* pensar algo o tener algo por cierto
❷ Origen *m.* nacimiento o procedencia de algo

1 **El bingo❶ de las letras más difíciles. Lee el alfabeto❷ y selecciona las letras más difíciles para ti.**

a "最难字母" Bingo游戏。请朗读字母表并选出你认为最难的一些字母。

b **Escribe una de ellas en cada casilla❸ de este cartón de bingo.** 请把这些字母写在下面的Bingo卡片格子里。

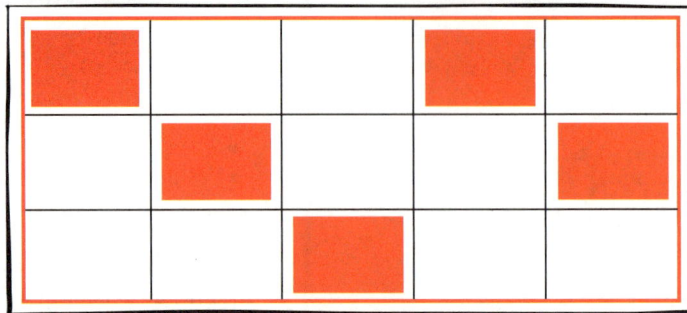

c **Escucha y marca las letras que oigas. Si completas el cartón, di "¡Bingo!".**

请听录音并标出你听到的字母。如果你完成了所有格子，请说"Bingo！"。

1|13

d **Si has cantado bingo, escribe las letras de tu cartón en la pizarra❹ y dilas en voz alta. Si dices alguna mal, el juego continúa.**

如果你已经说出了"Bingo"，现在请把你格子里的字母写在黑板上，并且大声地把它们读出来。如果你说错了，游戏继续。

2 **Juego de letras y palabras. Piensa en una palabra**
a **en español.**

字母和单词游戏。请想一个西班牙语单词。

NOMBRE

b **Escribe sus letras de forma desordenada❺.**

把这个单词的字母打乱顺序后写下来。

M, e, r, o, n, b.

c **Díctaselas❻ a tu compañero para que las copie.**

向你的同学朗读这些字母，并且让他听写下来。

M, e, r, o, n, b.

d **¿Sabe qué palabra es?**

你的同学猜出是哪个单词了吗？

¡NOMBRE!

❶ Bingo *m.* juego de azar parecido a la lotería, en el que cada jugador debe completar los números de su cartón a medida que se cantan

❷ Alfabeto *m.* serie ordenada de las letras de un idioma

❸ Casilla *f.* cada uno de los compartimentos en que se divide el tablero de un juego

❹ Pizarra *f.* superficie sobre la que se escribe o se dibuja, generalmente de color negro

❺ Desordenado *adj.* que no tiene orden

❻ Dictar *tr.* leer un texto en voz alta y con las pausas adecuadas para que otro pueda copiarlo

3
a

Los nombres más populares^❶ en España. Mira el gráfico^❷. 西班牙最常见的名字。请看表格。

Los 20 nombres más populares en España (en %) 西班牙最常见的20个名字（%）

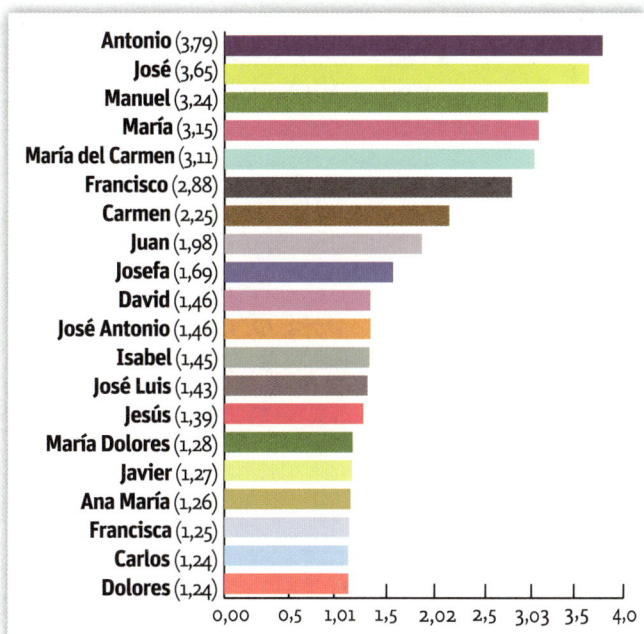

Nombre	%
Antonio	(3,79)
José	(3,65)
Manuel	(3,24)
María	(3,15)
María del Carmen	(3,11)
Francisco	(2,88)
Carmen	(2,25)
Juan	(1,98)
Josefa	(1,69)
David	(1,46)
José Antonio	(1,46)
Isabel	(1,45)
José Luis	(1,43)
Jesús	(1,39)
María Dolores	(1,28)
Javier	(1,27)
Ana María	(1,26)
Francisca	(1,25)
Carlos	(1,24)
Dolores	(1,24)

0,00 0,5 1,01 1,5 2,02 2,5 3,03 3,5 4,0

Instituto Nacional de Estadística

Isabel González Martín

Antonio Moreno Díaz

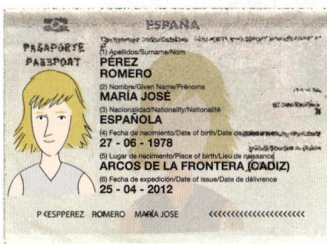

María José Pérez Romero

José María Alonso García

b **Intenta completar el cuadro con los nombres correspondientes.** 请填写对应的名字，把表格补充完整。

HOMBRE	MUJER
Antonio	María

c **Elige para ti el nombre que más te gusta del gráfico. Pregunta a tus compañeros. ¿Cuál es el más popular?**

请从表格中挑选一个你最喜欢的名字，问问同学，哪个名字最受欢迎？

● ¿Cómo te llamas?
○ (Isabel). ¿Y tú?

d **¿Puedes decir algunos nombres populares en tu país?** 你能说出在你的国家有哪些常见的名字吗？

❶ Popular *adj.* que es conocido por el público
❷ Gráfico *m.* esquema que se representa por figuras o signos

2

Lección preparatoria 预备课

Origen y procedencia
国籍与国别

OBJETIVOS 学习目标

- Preguntar y decir la nacionalidad
  询问和回答国籍
- Preguntar y decir qué lenguas
  se hablan 询问和回答所说的语言
- Expresar desconocimiento
  表达未知信息
- Pedir información léxica
  y ortográfica 询问词汇和拼写信息

---

1 **Busca estos países en el mapa.** 请在地图中找到以下国家。

a

A. Canadá
B. Australia
C. Japón
D. Portugal
E. Argentina

F. Italia
G. Estados Unidos
H. Suiza
I. Suecia
J. Egipto

K. Inglaterra
L. Francia
M. Holanda
N. España
Ñ. Alemania

O. México
P. Brasil
Q. Corea del Sur
R. Rusia
S. Marruecos

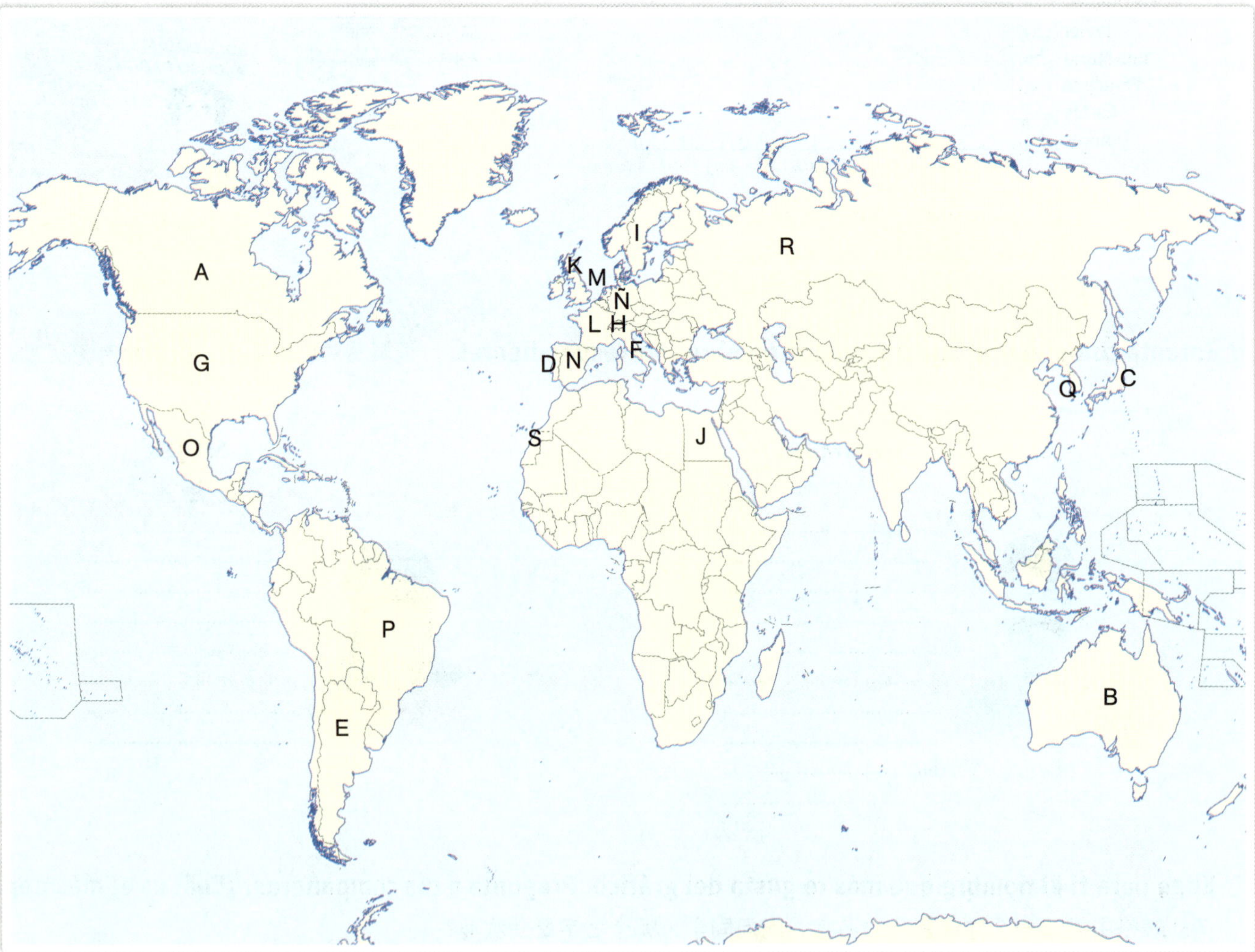

b **¿Qué países te sugieren estos nombres?** 你觉得这些名字是哪些国家的?

- Paola
- Carmen

- Cécile
- Helmut

- Masako
- Mohammed

- Sally
- João

- Min
- Tatiana

Paola → Italia

dieciocho **18**

Fonética 语音 El acento 重音

2
a
Intenta leer los nombres de estos países.
请尝试朗读这些国名。

Japón	Argentina	México
Portugal	Italia	
Canadá	Suiza	
	Suecia	
	Egipto	
	Inglaterra	
	Francia	
	Holanda	
	España	
	Alemania	
	Estados Unidos	
	Australia	
	Corea del Sur	
	Rusia	
	Marruecos	

b **Escucha y comprueba.**
请听录音并核对。
1|14

3 **Relaciona países con adjetivos de nacionalidad.**
请把国名和表示国籍的形容词对应起来。

PAÍSES	NACIONALIDADES
A. México	sueca
B. Argentina	estadounidense
C. Italia	inglés
D. Estados Unidos	holandesa
E. Suiza	mexicano
F. Suecia	japonés
G. Egipto	español
H. Inglaterra	argentina
I. Francia	francesa
J. Japón	italiana
K. Holanda	portuguesa
L. Portugal	suiza
M. Alemania	egipcia
N. España	brasileño
Ñ. Brasil	alemán
O. Australia	canadiense
P. Marruecos	coreana
Q. Corea del Sur	marroquí
R. Canadá	rusa
S. Rusia	australiana

4
a
Completa la columna. 请完成表格。

PAÍS	NACIONALIDAD	
México	mexicano	mexicana
Argentina	argentino	....
Italia	italiano	....
Brasil	brasileño	....
Egipto	egipcio	....
Suiza	suizo	....
Suecia	sueco	....
Rusia	ruso	....
Corea	coreano	....
Australia	australiano	....
Inglaterra	inglés	inglesa
Francia	francés	francesa
Japón	japonés	....
Holanda	holandés	....
Portugal	portugués	....
España	español	española
Alemania	alemán	alemana
Estados Unidos	estadounidense	estadounidense
Canadá	canadiense	....
Marruecos	marroquí	marroquí

b **Fíjate.** 注意。

Adjetivos de nacionalidad: género
表示国藉形容词的性

Masculino	Femenino
-o	**-a**
suiz**o**	suiz**a**
mexican**o**	mexican**a**
-consonante	-consonante + **a**
inglé**s**	ingle**sa**

Masculino y femenino
-e
estadounidens**e**
-í
marroqu**í**

5 **Pasa la pelota. Piensa en el nombre de un país y dilo en voz alta. Pasa la pelota a un compañero. El que la reciba tiene que decir el adjetivo de nacionalidad en masculino y en femenino.**
传球游戏。先想好某个国名，然后大声说出来。开始传球。拿到球的同学必须说出该国名对应的国籍形容词的阳性和阴性形式。

BRASIL.

BRASILEÑO, BRASILEÑA.

6 **Lee el diálogo.** 请朗读对话。
a
- ¿De dónde eres?
- Soy inglesa, de Londres. ¿Y tú?
- (Yo soy) Alemán, de Frankfurt.

b **Ahora practica con tus compañeros.**
现在请和同学练一练。

7 **¿De dónde es? Mira las fotos y pregunta a tu compañero.**
请看照片，问问同学，他是哪里人？

- ¿De dónde es Leo Messi?
- Es argentino. ¿Y Salma Hayek?
- Es mexicana. / No sé.

© Football.ua	© Georges Biard	© Petr Novák, Wikipedia	© John Harrison
Leo Messi	Salma Hayek	Antonio Banderas	Scarlett Johansson
© Football.ua	© Georges Biard	© José Goulão	© Daniel Ogren
Cristiano Ronaldo	Nicole Kidman	Caetano Veloso	J. K. Rowling

8 **¿Verdadero o falso? Piensa en famosos**
a **extranjeros y escribe una frase con información verdadera o falsa sobre cada uno de ellos.**
判断真假。请先想好一些外国名人，然后写出一些关于他们每一个人的真实的或虚假的信息。

Javier Bardem es mexicano.

b **Díselas a tu compañero. ¿Sabe si las informaciones son verdaderas o falsas?**
把这些信息告诉同学。他知道这些信息是真的还是假的吗？

- No. (Javier Bardem) No es mexicano; es…
  Sí.
  No sé. ¿De dónde es?

Lenguas 语言

9 **Lee el diálogo.** 请朗读对话。
a
- ¿Qué lenguas hablas?
- (Hablo) Español y francés. ¿Y tú?
- (Yo hablo) Español, inglés y alemán.

b **Escucha y repite.** 请听录音并跟读。
🎧 1|15

c **Ahora practica con tu compañero.**
现在请和同学练一练。

10 **Pregunta a tu compañero qué lengua se habla en estos países.**
问问同学，以下这些国家说什么语言？

- Jamaica
- Brasil
- Colombia
- Nicaragua
- Nueva Zelanda

- San Marino
- Mónaco
- Austria
- Uruguay

- ¿Qué lengua se habla en Jamaica?
- (Se habla) Inglés. / No sé.

Ayudas 关键句式

11 **Observa estos dibujos.** 请看这些图片。
a

¿Cómo se dice "nice" en español?

No sé.

Más alto, por favor.

¿Los servicios, por favor?

...Pues yo tengo unos amigos en Berlín...

Más despacio, por favor.

b **Escucha y repite.** 请听录音并跟读。
🎧 1|16
- ¿Cómo se dice "nice" en español?
- No sé.

- Más despacio, por favor.
- Más alto, por favor.

12 **Escucha y actúa.** 请听录音并做出对应动作。
🎧 1|17

13 **Elige dos palabras de tu lengua y pregunta a tu compañero cómo se dicen y cómo se escriben en español. Estas frases te servirán de ayuda.**
请从中文里挑选两个单词，再问问同学这些单词用西班牙语怎么说和怎么写。以下语句可供你参考。

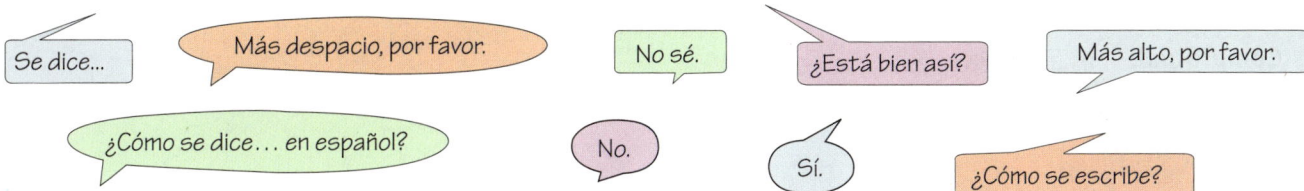

Se dice...

Más despacio, por favor.

No sé.

¿Está bien así?

Más alto, por favor.

¿Cómo se dice... en español?

No.

Sí.

¿Cómo se escribe?

Los números del 0 al 20 数字0—20

14
a

🎧 1|18

Escucha y lee los números. 请听录音并朗读以下数字。

0 cero	**3** tres	**6** seis	**9** nueve	**12** doce	**15** quince	**18** dieciocho
1 uno	**4** cuatro	**7** siete	**10** diez	**13** trece	**16** dieciséis	**19** diecinueve
2 dos	**5** cinco	**8** ocho	**11** once	**14** catorce	**17** diecisiete	**20** veinte

b

🎧 1|19

Escucha y repite. 请听录音并跟读。

15
a

Completa el cartón de bingo con números del 0 al 20. 请用数字0—20把Bingo卡片补充完整。

b

🎧 1|20

Escucha y marca los números que oigas. Si completas el cartón, di "¡Bingo!".
请听录音并标出你听到的数字。如果你完成了所有格子，请说"Bingo！"。

16
a

Escribe ocho números del 0 al 20. 现在请写出0—20中任意八个数字。

b

Díctaselos a tu compañero. 向同学朗读这些数字，并且让他们听写下来。

> Siete.

c

Comprobad. 请互相核对一下。

17 **Lee lo que dice una persona que ha visitado muchos países.**   请阅读这段话，主人公去过很多国家。

a

> Cuando voy a un país y no conozco su lengua, aprendo algunas palabras y frases útiles para comunicarme con los nativos.

b **Aquí tienes algunas palabras y frases útiles. Pregúntale al profesor qué significan las que no entiendes.**
下面是一些有用的单词和句子。有不懂的，请问一问老师。

Café (con leche)	¿Cuánto es?	Sí	Gracias	Perdón
Cerveza	¿Cómo se dice esto?	Vino	Bocadillo	Habitación
No	Agua		Por favor	Bien

c **Relaciona una de las frases o palabras anteriores con la siguiente fotografía.**
请把其中一个单词或句子和下面的图片对应起来。

d **¿Qué otras palabras de las anteriores asocias a un bar?**   其中还有哪些单词或句子可以和酒吧对应起来？

e **Si necesitas alguna palabra o frase en español, pregúntaselas al profesor.**
如果你还需要一些西班牙语单词或者句子，可以向老师提问。

El español en el mundo❶ 西班牙语在世界上的分布

1
a

Antes de leer. ¿Verdadero❷ o falso❸? 在阅读文章之前，请给下列说法判断对错。

	V	F
1. En todos los países de Latinoamérica se habla español.	☐	☐
2. Más de 350 millones❹ de personas hablan español.	☐	☐
3. El español es la tercera lengua más hablada del mundo.	☐	☐
4. En España se hablan tres lenguas diferentes❺.	☐	☐

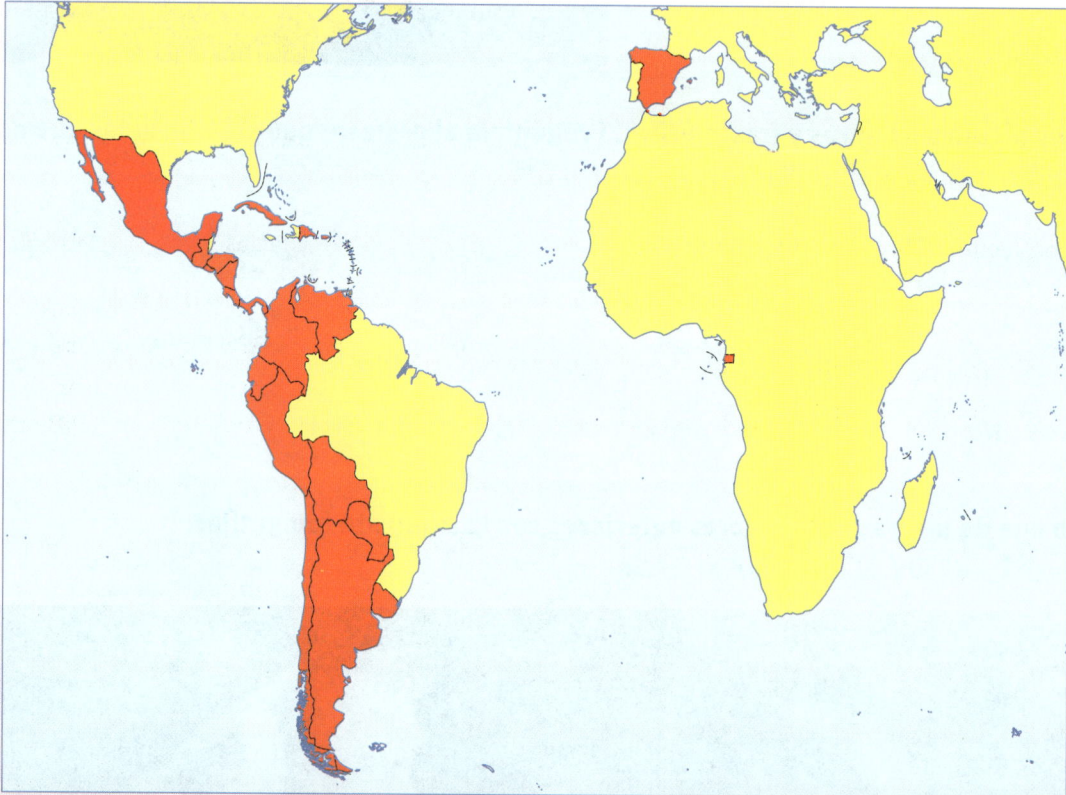

Las ruinas de Copán, Honduras.

Edificio del Oceanográfico.
Ciudad de las Artes y las Ciencias, Valencia.

© Felipe Gabaldón

❶ Mundo *m.* conjunto de todo lo existente

❷ Verdadero *adj.* que es verdad, no falso

❸ Falso *adj.* contrario a la verdad

❹ Millón *m.* número 1 000 000

❺ Diferente *adj.* distinto, que no es igual

Recuerda 记住要点

COMUNICACIÓN

Preguntar y decir la nacionalidad

- ¿De dónde eres?
- Soy francesa, de París.
- ¿De dónde es?
- Es argentina, de Buenos Aires.

GRAMÁTICA

Pronombres personales sujeto

Él, ella.

(Ver resumen gramatical, apartado 8.1)

Presente de indicativo, singular

SER
(yo)	soy
(tú)	eres
(él/ella)	es

(Ver resumen gramatical, apartado 7.1.2.1)

El género gramatical: adjetivos de nacionalidad

Masculino	Femenino
-o suizo mexicano	-a suiza mexicana
-consonante inglés	-consonante + a inglesa

Masculino y femenino
-e estadounidense
-í marroquí

(Ver resumen gramatical, apartado 3.1)

COMUNICACIÓN

Preguntar y decir qué lenguas se hablan

- ¿Qué lenguas hablas?
- (Hablo) Inglés y francés.

GRAMÁTICA

Presente de indicativo, singular

HABLAR
(yo)	hablo
(tú)	hablas
(él/ella)	habla

(Ver resumen gramatical, apartado 7.1.1)

Interrogativos

¿Dónde + verbo?
- ¿Dónde vives?
- En Málaga.

¿Qué + sustantivo?
- ¿Qué lenguas hablas?
- Inglés y alemán.

(Ver resumen gramatical, apartados 9.4 y 9.2.2)

---

b **Ahora lee el texto y comprueba las respuestas❶ anteriores❷.**

现在请阅读文章，并且核对之前的判断是否正确。

El español, o castellano❸, es lengua oficial en España, en muchos países de América (Argentina, Bolivia, Chile, Colombia, Cuba, Costa Rica, República Dominicana, Ecuador, Guatemala, Honduras, México, Nicaragua, Panamá, Paraguay, Perú, El Salvador, Uruguay y Venezuela) y en Guinea Ecuatorial. También se habla en la isla de Puerto Rico (donde es oficial junto con el inglés) y en otras zonas de los Estados Unidos, en Filipinas y entre la población judía❹ de origen sefardí❺.

El número de personas que hablan español en el mundo es de unos 450 millones. El español es, por tanto, la tercera lengua más hablada del planeta❻, después del chino mandarín❼ y del inglés, y la segunda lengua más internacional. Además, el número de estudiantes de español en el mundo es cada vez mayor.

En el Estado español se hablan, además de español o castellano, otras lenguas, como el catalán, el gallego o el vasco, que también son oficiales en sus respectivos❽ territorios❾.

c **¿Hay algo que te sorprenda? Díselo a tus compañeros.**

文中哪些地方让你很惊讶？请告诉同学。

❶ Respuesta *f.* contesta a una pregunta
❷ Anterior *adj.* que está antes en el espacio o el tiempo
❸ Castellano *adj.* de Castilla o se refiere a la lengua española
❹ Judío *adj.* relacionado con el judaísmo o que practica esta religión
❺ Sefardí *adj.* judío procedente de España
❻ Planeta *m.* cuerpo celeste que gira alrededor de la estrella
❼ Mandarín *m.* dialecto chino que ahora constituye la lengua oficial de este país
❽ Respectivo *adj.* correspondiente
❾ Territorio *m.* parte de la tierra

1 **Las tres en raya. En grupos de tres. Por turnos, cada alumno elige el nombre de un país y dice los adjetivos de nacionalidad masculino y femenino. Si están bien, escribe su nombre en esa casilla. Gana el que obtiene tres casillas seguidas.**

三子游戏。每组三位同学轮流进行，每位同学挑选一个国名，并说出对应的国籍形容词的阳性和阴性形式。如果说的正确，可以把自己的名字写在该国名对应的格子里。谁得到三个连续的格子就赢得比赛。

Portugal	Suecia	Brasil	Marruecos	México
Argentina	Egipto	Japón	Alemania	Canadá
Estados Unidos	Holanda	Suiza	Francia	Australia
Italia	Corea	España	Rusia	Inglaterra

2
a **Adivina❶ el número. Mira el dibujo y asegúrate❷ de que entiendes❸ todo.**

猜数字游戏。请看图片并理解以下内容。

Ya. Di un número.

No, más.

No, menos.

Menos.

Sí.

Doce.

Diecisiete.

Quince.

Catorce.

b **Ahora juega con un compañero. Gana el que adivina antes el número del compañero.**

现在和同学一起玩吧！先猜出数字的同学赢得比赛。

❶ Adivinar *tr.* descubrir algo oculto por conjeturas

❷ Asegurarse *prnl.* afirmar o quedar seguro de la certeza de algo

❸ Entender *tr.* comprender, percibir el sentido de algo

3 **Palabras hispanas❶ de uso internacional❷. Asegúrate de que entiendes estas palabras.**

a 国际通用的西班牙语词汇。请理解这些单词。

tango   tapa   paella   pisco   mate   siesta

nachos   merengue   fiesta   flamenco   tequila   mariachi

b **¿Con cuáles de ellas relacionas las fotos?**   你会把哪些单词和这些图片对应起来呢？

1 → flamenco

c **Escribe cada palabra en la columna correspondiente.**   请把单词写在对应的格子里。

Comida o bebida 食物或饮料	Música 音乐	Tiempo libre 休闲
tapa		

d **¿Con qué país relacionas cada palabra? Díselo a tu compañero.**

你会把每个单词和哪个国家对应起来？请告诉同学。

● Yo relaciono la palabra *tapa* con España. ¿Y tú?
○ Yo también.
　con (México).
　con ningún país.

e **¿Conoces otras palabras hispanas de uso internacional? Escríbelas.**

你还知道哪些国际通用的西班牙语单词？请写下来。

f **Díselas a tus compañeros y con qué países las relacionas. ¿Las conocen?**

告诉你的同学这些单词和哪些国家对应。他们知道吗？

❶ Hispano *adj*. de España o de los países hispanoamericanos
❷ Internacional *adj*. entre dos o más naciones

3

Información personal
个人信息

OBJETIVOS 学习目标

- Preguntar y decir la profesión
  询问和回答职业
- Preguntar y decir dónde se trabaja
  询问和回答在哪里工作
- Preguntar y decir qué se estudia
  询问和回答学习什么
- Preguntar y decir la dirección
  询问和回答地址
- Preguntar y decir el número de teléfono y de fax   询问和回答电话和传真号码
- Preguntar y decir la dirección de correo electrónico   询问和回答电子邮件地址

1 **Mira las fotos y subraya los nombres de profesiones.**
请看下列照片，并划出表示职业的名词。

Ana Ruiz, secretaria

Carlos Pérez, dependiente

Luis Milla, camarero

Javier Soto, periodista

Marta López, profesora

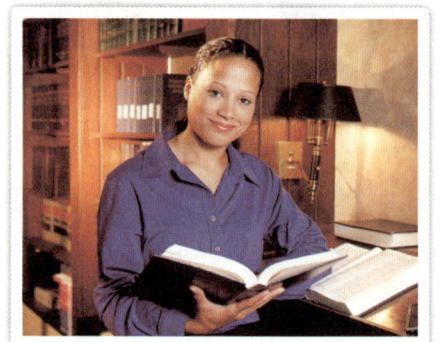

Susana Calvo, abogada

2 **Relaciona profesiones con lugares de trabajo. Puedes usar el diccionario.**
请把职业和工作地点对应起来。可以查阅词典。

- médico
- camarero
- profesora
- dependiente
- secretaria
- periodista

bar
hospital
tienda
escuela
periódico
oficina

3 **Fíjate.** 注意。

Artículo indeterminado 不定冠词

	Masculino		Femenino
un	bar banco hospital restaurante colegio	**una**	tienda escuela oficina universidad empresa

4 **Escucha y lee.**   请听录音并朗读。

a

🎧
1|21

- ¿Qué haces? ¿Estudias o trabajas?
- Soy médico. Trabajo en un hospital. ¿Y tú?
- Yo soy estudiante.
- ¿Qué estudias?
- Medicina.

b **Escucha y repite.**   请听录音并跟读。

🎧
1|22

c **¿Cómo se dice en español tu profesión y el lugar donde estudias o trabajas? Pregunta al profesor si no lo sabes.**   你的职业以及工作或学习的地点用西班牙语怎么说？如果不会的话，请询问老师。

d **Habla con tu compañero sobre sus estudios o su trabajo.**   和同学聊聊他的学习或者工作。

e **Comentad a vuestros compañeros qué palabras habéis aprendido y copiadlas.**   请告诉其他同学你们学到了哪些单词，并把它们写下来。

5 **Pregunta a seis compañeros y completa el cuadro.**
请向六位同学提问，并完成表格。

	Nombre 名字	Profesión 职业	Lugar de trabajo 工作地点
1			
2			
3			
4			
5			
6			

6 **Mira los dibujos y lee. ¿Comprendes?**   请看图片并朗读对话。明白对话的意思吗？

a

Es periodista y trabaja en un periódico.
Sí.
Es Jane.
Es Anne.
Es estudiante, estudia Física.
Sí.

b **Ahora juega con tus compañeros.**   现在和同学练一练。

Los números del 20 al 100 数字20—100

7 **Escucha y repite los números.** 请听录音并跟读以下数字。

a

🎧 1|23

20	30	40	50	60	70	80	90	100
veinte	treinta	cuarenta	cincuenta	sesenta	setenta	ochenta	noventa	cien

b **Escucha e identifica los números.** 请听录音并辨别以下数字。

🎧 1|24

21	22	31	32	41	42
veintiuno	veintidós	treinta y uno	treinta y dos	cuarenta y uno	cuarenta y dos

51	52	61	62	71	72
cincuenta y uno	cincuenta y dos	sesenta y uno	sesenta y dos	setenta y uno	setenta y dos

81	82	91	92
ochenta y uno	ochenta y dos	noventa y uno	noventa y dos

c **Di estos números: 25 – 44 – 83 – 96 – 37 – 58 – 69 – 75.** 请说出这些数字。

8 **Escucha los diálogos y elige el número correcto.** 请听对话，并选出正确的数字。

🎧 1|25

A. 50 - 15   **B.** 14 - 41   **C.** 2 - 12   **D.** 30 - 13   **E.** 91 - 19   **F.** 76 - 67   **G.** 18 - 80   **H.** 16 - 60

9 **Haced una cadena de números hasta cien sumando tres al número que oigáis. Después, haced otra cadena sumando siete al número que oigáis.** 和同学一起制作"数字链条"吧！每位同学按顺序把听到的数字加上3并说出来，直到100。然后制作另外一条"数字链条"，这次是把听到的数字加7。

Alumno 1: *Cuatro.*   **Alumno 2:** *Siete.*   **Alumno 3:** *Diez.*

La dirección 地址

10 **Lee las cartas y subraya las abreviaturas de *calle*, *plaza*, *avenida*, *número* y *paseo*.**

a 请阅读这些信件，并且把这些单词的缩写划出来：calle、plaza、avenida、número、paseo。

1.º: primero
2.º: segundo
3.º: tercero
4.º: cuarto
5.º: quinto
6.º: sexto
7.º: séptimo
8.º: octavo
9.º: noveno
10.º: décimo

Silvia Costa
P.º Ruiseñores, n.º 25, 4.º c
50006 ZARAGOZA

Instituto Catalán
Pza. de la Poesía, 18, ático A
08035 BARCELONA

Tomás Pinto
Avda. Juan Sebastián Bach, 238
Comuna San Joaquín
Santiago (Chile)

Fernando Ojeda
C/Goya, 97
Ituzaingó
1714 provincia de Buenos Aires
ARGENTINA

b **¿Verdadero o falso?** 判断对错。

	V	F

1. El instituto Catalán está en la plaza de la Poesía. ☐ ☐
2. La dirección de Silvia es calle de Ruiseñores, 25, 4.º C. ☐ ☐
3. Fernando vive en el número 97 de la avenida de Goya. ☐ ☐
4. Tomás no vive en Barcelona. ☐ ☐
5. El código postal de Fernando es el 17014. ☐ ☐
6. Silvia vive en un cuarto piso. ☐ ☐

Fonética 语音   Entonación 语调

11 **Escucha y lee.** 请听录音并朗读。

a
1|26

- ¿Dónde vives?
- (Vivo) En la calle de la Libertad.
- ¿En qué número?
- En el 25. Y tú, ¿dónde vives?
- En la calle Galileo, número 40.

b **Escucha y repite.** 请听录音并跟读。
1|27

c **Pregunta a tus compañeros.** 请向同学提问。

12 **Mira el dibujo y lee.**
a 请看图片并朗读。

El teléfono del cine América, por favor.

Gracias.

El noventa y uno – cuatro – once – veinticinco – cuarenta y cinco.

b **Escucha cuatro conversaciones y relaciona los nombres con los números de teléfono.**
1|28 请听四段对话，并且把名字和电话号码对应起来。

Nombre	Número de teléfono
1. Bar México	A. 91 539 46 20
2. Restaurante Mediterráneo	B. 91 726 15 12
3. Hotel Internacional	C. 91 326 19 98
4. Cine Central	D. 91 559 71 64

c **Escucha otras conversaciones y escribe los números de teléfono.**
1|29 请再听一些对话，并且写下对应的电话号码。

Nombre	Número de teléfono
1. Aeropuerto	91 205 83 43
2. Estación de autobuses	....
3. Luis Martínez Castro	....
4. Hospital Ramón y Cajal	....

13 **En parejas. ¿Cuál es el teléfono?** 两人一组。电话号码是多少?

Alumno A

1. **Pide al alumno B los números de teléfono que no tienes y escríbelos.**

   ¿Cuál es el teléfono de los bomberos?

Bomberos	Policía 091
Iberia 902 400 500	Renfe 902 320 320
Cruz Roja	Ambulancias 91 479 93 61
Ayuda Carretera	Taxis

2. **Comprueba con tu compañero.**

2. **Comprueba con tu compañero.**

Cruz Roja 902 22 22 92	Ambulancias	Ayuda Carretera 91 742 12 13	Taxis 91 447 51 80
Bomberos 080	Policía	Iberia	Renfe

¿Cuál es el teléfono de la policía?

1. **Responde a tu compañero. Después pídele los números de teléfono que no tienes y escríbelos.**

Alumno B

14 **Observa estas tarjetas y responde a las preguntas.** 请仔细看这些名片并且回答问题。

JAVIER MOLINA

C/ Covaleda, 51 - 2.º A   Tel.: 91 327 38 46
28044 Madrid   Móvil: 619 24 45 72
ESPAÑA   Fax: 91 327 45 69

jmolina@hispanica.es

EL SOL

Agencia de viajes

Avda. Pocuro, 1074
Comuna Providencia
Santiago (CHILE)

Patricia Moreno
Directora de oficina

Fono: 26 55 32
Fax: 26 51 69

elsol@entelchile.net

1. ¿Cuál es el teléfono de Javier?
2. ¿Tiene móvil?
3. ¿Qué dirección de correo electrónico tiene El Sol?
4. ¿Qué fax tiene?

15 **Escucha y lee.** 请听录音并朗读。

a

🎧 1|30

1
● ¿Qué (número de) teléfono tienes?
○ El 96 428 41 46. ¿Y tú?
● Es un móvil: el 669 20 78 35.

2
● ¿Tienes fax?
○ No, pero tengo correo electrónico.
● ¿Y cuál es tu dirección (de correo electrónico)?
○ jlmedina@hispanica.es.

b **Escucha y repite.** 请听录音并跟读。

🎧 1|31

c **Practica con tus compañeros.** 请和同学练一练。

16 **Escucha y completa la ficha.** 请听录音并把卡片补充完整。

1|32

CENTRO DE ESTUDIOS FOTOGRÁFICOS	
Nombre	Miguel
Apellidos	Ruiz
Nacionalidad	
Profesión	
Dirección	
Ciudad	Madrid
Código postal	
Teléfono	91 213 53 54
Teléfono móvil	
Correo electrónico	

17 **Imagina que eres un famoso y completa esta ficha. Inventa los datos que necesites.**

a 想象一下你是一位名人，并且把这张卡片填写完整。可以杜撰一些信息。

Nombre	
Apellidos	
Nacionalidad	
Profesión	
Dirección	
Ciudad	
Código postal	
Teléfono	
Teléfono móvil	
Correo electrónico	

b **Habla con "otro famoso" y pídele sus datos personales. Escríbelos.**
和另外一位"名人"交谈，询问个人资料，并且把它们记录下来。

c **Comprobad.** 请互相核对一下记录的信息。

18 **a** **Envía un correo electrónico a un compañero con tus datos personales. Incluye uno falso.** 向同学发送一封包含你个人资料的电子邮件，其中包括一项虚构资料。

Para:
Cc:

Hola, Keiko:
Me llamo…

b **Lee el correo electrónico de tu compañero. ¿Sabes cuál es el dato falso?** 请阅读你同学发送的电子邮件。你知道哪一项是虚构的吗？

Para:
Cc:

Hola, …:
No vives en…

El trabajo en España 西班牙的就业岗位

1
a **Observa el gráfico sobre las actividades profesionales desempeñadas❶ en España. Pregúntale al profesor qué significan las palabras que no entiendes.** 请仔细看这张关于西班牙各项职业活动的图表并问问老师你不认识的单词。

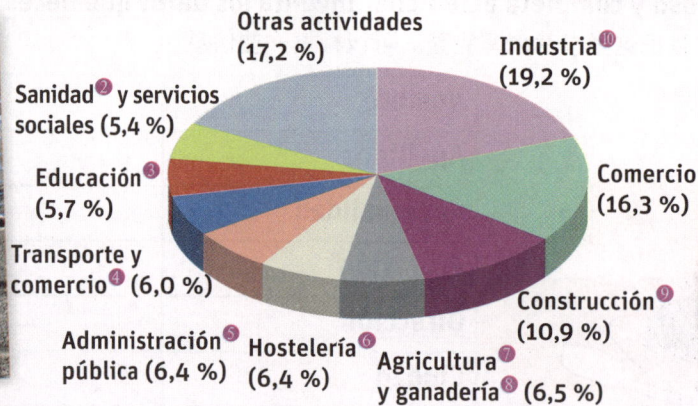

Otras actividades
(17,2 %)

Industria❿
(19,2 %)

Sanidad❷ y servicios
sociales (5,4 %)

Educación❸
(5,7 %)

Comercio
(16,3 %)

Transporte y
comercio❹ (6,0 %)

Construcción❾
(10,9 %)

Administración❺
pública (6,4 %)

Hostelería❻
(6,4 %)

Agricultura❼
y ganadería❽ (6,5 %)

(Boletín Mensual de Estadística, 104/105)

b **Relaciona⓫ las fotos con las actividades profesionales del gráfico.** 请把图片和图表中的职业活动对应起来。

1 → hostelería

❶ Desempeñado *p.p.* participio de *desempeñar*, ejercer o realizar un cargo

❷ Sanidad *f.* buena salud, o conjunto de servicios sanitarios de una zona o un país

❸ Educación *f.* proceso de aprendizaje encaminado al perfeccionamiento intelectual o moral de una persona

❹ Comercio *m.* actividad económica que realiza al comprar, vender o intercambiar productos

❺ Administración *f.* instituciones y organismos que ejecutan los servicios públicos

❻ Hostelería *f.* industria que da alojamiento, comida u otros servicios a los clientes

❼ Agricultura *f.* actividad que consiste en cultivar la tierra para obtener productos

❽ Ganadería *f.* crianza de ganado

❾ Construcción *f.* fabricación de una obra de arquitectura o albañilería

❿ Industria *f.* conjunto de actividades económicas que realizan para obtención, transformación o transporte

⓫ Relacionar *tr.* asociar o conectar

Recuerda 记住要点

c **Asegúrate de que entiendes estos nombres de lugares de trabajo.**
请理解这些工作地点的名字。

- tienda
- colegio
- oficina
- restaurante
- hospital
- campo

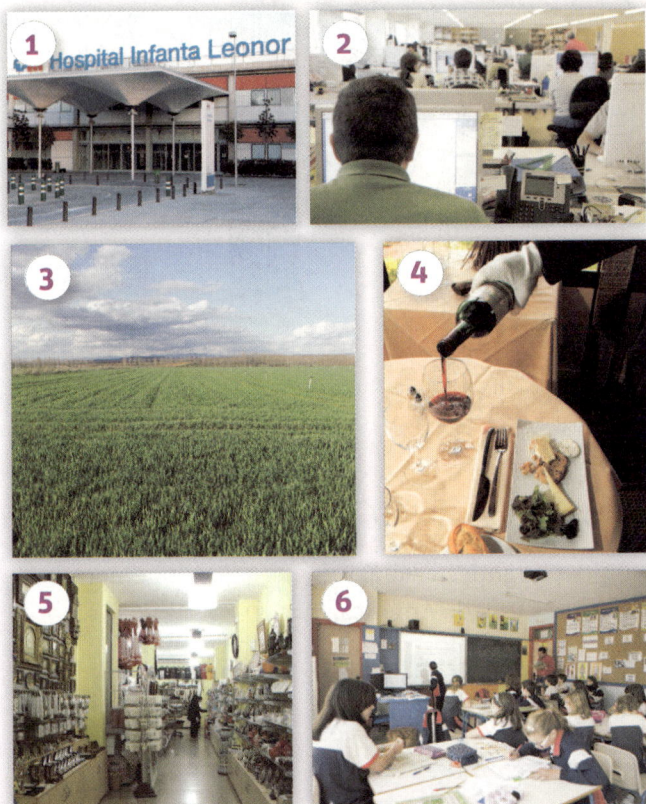

d **Relaciónalos con las fotos.**
请把这些名字和图片对应起来。

tienda → 5

e **Ahora piensa en las actividades profesionales de tu país. ¿Crees que hay muchas diferencias con España? Díselo a tus compañeros.**
现在想一想你的国家的一些职业活动。你觉得和西班牙有许多差异吗？请告诉同学。

COMUNICACIÓN

Preguntar y decir la profesión
- ¿Qué haces?
- Soy médico.

GRAMÁTICA

Género del sustantivo: masculino y femenino
Médico, escuela, estudiante.
(Ver resumen gramatical, apartado 2.1)

COMUNICACIÓN

Preguntar y decir dónde se trabaja
- ¿Dónde trabajas?
- (Trabajo) En un hospital.

Preguntar y decir qué se estudia
- ¿Qué estudias?
- (Estudio) Psicología.

GRAMÁTICA

Artículos indeterminados, singular

Masculino	Femenino
un (un banco)	una (una tienda)

(Ver resumen gramatical, apartado 4.2)

Presente de indicativo, singular

	TRABAJAR		ESTUDIAR
(yo)	trabajo	(yo)	estudio
(tú)	trabajas	(tú)	estudias
(él/ella)	trabaja	(él/ella)	estudia

(Ver resumen gramatical, apartado 7.1.1)

Interrogativos
- ¿*Qué* + verbo?
- ¿*Cuál* + verbo?

(Ver resumen gramatical, apartados 9.2 y 9.3)

COMUNICACIÓN

Preguntar y decir la dirección
- ¿Dónde vives?
- (Vivo) En la calle del Oso.
- ¿En qué número?
- En el 23.

Preguntar y decir el número de teléfono y de fax
- ¿Qué (número de) teléfono/fax tienes?
- No tengo teléfono/fax. / El 93 318 20 24.

Preguntar y decir la dirección de correo electrónico
- ¿Cuál es tu dirección de correo electrónico?
- cprado@teleline.es.

GRAMÁTICA

	VIVIR		TENER
(yo)	vivo	(yo)	tengo
(tú)	vives	(tú)	tienes
(él/ella)	vive	(él/ella)	tiene

(Ver resumen gramatical, apartados 7.1.1 y 7.1.2.5)

1 **Pasa la pelota. Piensa un número del 0 al 100 y dilo en voz alta. Después, pasa la pelota a un compañero. El que la recibe tiene que invertir❶ el orden de las cifras.** 传球游戏。先想好一个0-100之间的数字，并且大声说出来。然后把球传给一个同学。拿到球的同学必须把该数字的顺序颠倒后说出来。

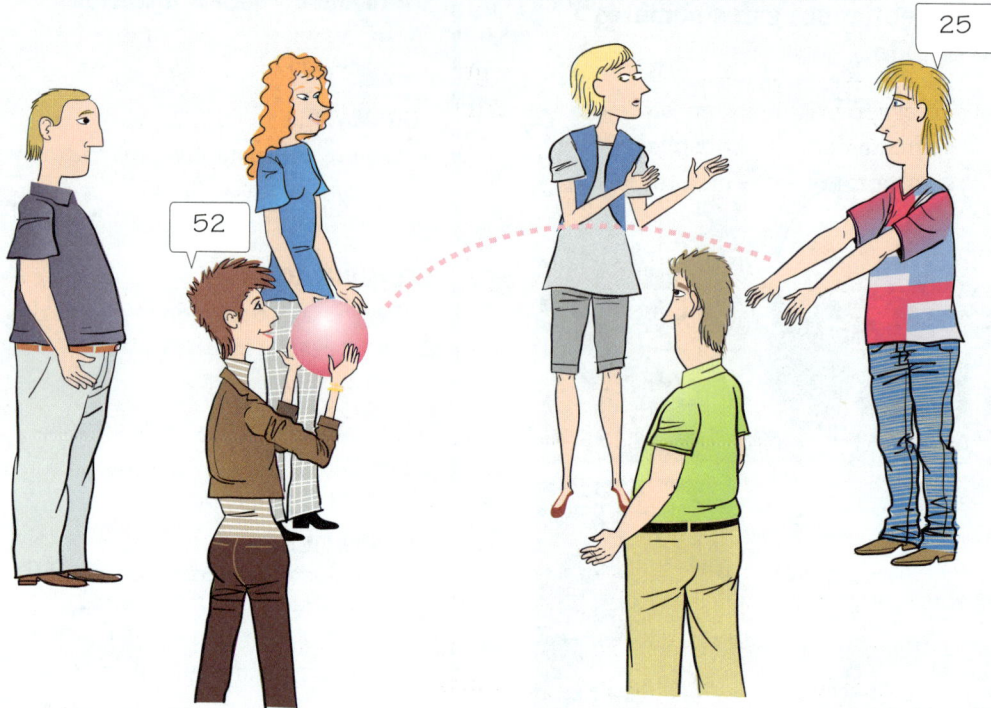

25

52

2 **Completa la ficha con estos datos.** 请用这些资料把卡片补充完整。

a
- Gutiérrez
- López
- Luisa
- lgutierrez@uav.es
- ingeniera
- 28001
- mexicana
- Madrid
- Pza. de América, 8

DATOS PERSONALES	
Nombre	
1.ᵉʳ apellido	Gutiérrez
2.º apellido	
Nacionalidad	
Profesión	
Dirección	
Código postal	
Ciudad	
Teléfono	91 581 59 26
Correo electrónico	

b **Juego de memoria❷. Cierra el libro y escribe las informaciones que recuerdes.**
记忆力游戏。现在把书合上，写出你记得的信息。

Se llama…

c **Compara con un compañero. ¿Quién tiene más informaciones correctas?**
请和同学对比一下。谁记的正确信息最多？

❶ Invertir *tr.* alterar el orden
❷ Memoria *f.* capacidad de recordar lo pasado

3 **Lee el texto y completa las frases con estas palabras.** 请阅读文章，并用这些单词把句子补充完整。

a
- colombianos
- españoles
- ecuatorianos
- europeos
- extranjeros
- marroquíes
- rumanos

1. Los extremeños son ....
2. Por continentes, los .... son el segundo grupo de extranjeros en Madrid.
3. El principal grupo extranjero en Madrid lo forman los ....
4. Los .... son el segundo grupo más numeroso.
5. Los .... son el principal grupo africano en Madrid.
6. Los .... son el grupo principal de la Europa del Este.
7. La mayoría de .... en Madrid son jóvenes.

Extranjeros① en Madrid

En Madrid es fácil encontrar gente de todas partes de España. Gallegos②, andaluces③, asturianos④, extremeños⑤, manchegos⑥... vienen a vivir y a trabajar a la capital de España. Pero no solo españoles; son también muchos los extranjeros que tienen Madrid como lugar de residencia⑦ y trabajo. Por continentes, el grupo más importante, por los lazos históricos y culturales con España, procede de Latinoamérica: Ecuador, Colombia, Perú, Argentina. En segundo lugar está Europa, y en tercer lugar, África. Asia, representada principalmente por los residentes chinos, ocupa el cuarto lugar. Por nacionalidades, los ecuatorianos son la nacionalidad extranjera más numerosa en Madrid, por delante de colombianos y marroquíes. También es importante la población⑧ de nacionales de algunos países de Europa del Este; los rumanos⑨ son el grupo más numeroso, seguidos de polacos⑩ y búlgaros⑪. En general, la población extranjera en Madrid es muy joven, con una edad media de 30 años, y hay prácticamente el mismo número de hombres que de mujeres.

b **Relaciona las frases con las fotos. Ponle a cada foto el número correspondiente.**
请把下列句子和图片对应起来。在图片上写出对应的句子号码。

1. Me llamo George Alexandru. Soy rumano y trabajo en la construcción.
2. Me llamo Yao. Soy china y trabajo como traductora.
3. Me llamo Elvy. Soy ecuatoriana y cuido a un matrimonio anciano.
4. Me llamo Fátima. Soy de Marruecos y soy cocinera en un restaurante.
5. Me llamo Marielka. Soy búlgara. Soy estudiante; estudio Derecho.

① Extranjero *adj.* que es de otro país
② Gallego *adj.* de Galicia.
③ Andaluz *adj.* de Andalucía
④ Asturiano *adj.* de Asturias
⑤ Extremeño *adj.* de Extremadura
⑥ Manchego *adj.* de la Mancha, región española
⑦ Residencia *f.* estancia en un lugar donde vive en forma habitual
⑧ Población *f.* conjunto de habitantes en un territorio
⑨ Rumano *adj.* de Rumanía
⑩ Polaco *adj.* de Polonia
⑪ Búlgaro *adj.* de Bulgaria

4

¿Tú o usted?
你还是您？

OBJETIVOS 学习目标
- **Dirigirse a alguien** 问候某人
- **Saludar** 打招呼
- **Responder a un saludo** 回应问候
- **Presentar a alguien** 介绍某人
- **Responder a una presentación** 回应介绍
- **Preguntar por una persona** 询问某人
- **Responder identificándose** 、明确地回复
- **Pedir confirmación** 请求确认

1 **Observa los dibujos y responde a la pregunta.** 请看图片并回答问题。

- ¿En qué situación existe una relación formal entre los personajes? 哪种情况属于正式的场合？

2 **Escucha y lee.** 请听录音并朗读。

🎧 1|33

1
- Buenos días, señora López. ¿Qué tal está?
- Muy bien, gracias. ¿Y usted?
- Bien también. Mire, le presento a la señorita Molina, la nueva secretaria. La señora López.
- Encantada.
- Mucho gusto.

2
- ¡Hola, Isabel! ¿Qué tal estás?
- Bien. ¿Y tú?
- Muy bien.
- Mira, este es Alberto, un amigo mío. Y esta es Ana, una compañera de trabajo.
- ¡Hola! ¿Qué tal?
- ¡Hola!

3 **En grupos de tres. Seguid los modelos anteriores y practicad:** 三人一组。请根据上面的范例练习。

- Un diálogo informal; usad vuestros nombres. 非正式场合对话；请使用名字。
- Un diálogo formal; usad vuestros apellidos. 正式场合对话；请使用姓氏。

4
a

Lee los diálogos y cópialos debajo del dibujo correspondiente.
请朗读对话，并且把这些对话写在对应的图片下面。

1
● ¿Es usted la señorita Plaza?
○ Sí, soy yo.

2
● Adiós, señorita Rubio.
○ Hasta mañana, señor Costa.

3
● ¿El señor Cortés, por favor? Soy Antonio Gallego, de SDE.
○ Un momento, por favor.

4
● Hola, buenos días, señor Sánchez.
○ Buenos días, señora Durán.

....
....

....
....

....
....

....
....

b **Escucha y comprueba.** 请听录音并核对。

1|34

5 **Observa de nuevo la actividad 4 y comenta con tu compañero.** 请重新看练习4，并和同学一起讨论。

- ¿Cuándo se dice *el señor, la señora, la señorita*? 什么时候使用el señor, la señora, la señorita?
- ¿Y *señor, señora, señorita*? 什么时候使用señor, señora, señorita?

6 **¿Qué dices en estas situaciones? Escríbelo debajo de cada dibujo. Observa las abreviaturas de** *señor,* *señora* **y** *señorita*. 以下情况你会怎么说？请在每张图片下面写出来。请仔细看señor, señora, señorita的缩写。

SR. AYALA

¿Srta. Gómez?

CORPORATIO

SRA. PALACIOS

SRA. GARCÍA

SR. CALVO

7 **Ahora vosotros. En grupos de tres.** 现在三人一组练习。

- Alumno A: Eres la Sra. Salinas, directora de Motesa. A同学：你是Sra.Salinas，Motesa公司的主管。
- Alumno B: Eres la Sra. Ruiz, secretaria de la Sra. Salinas. B同学：你是Sra.Ruiz，Sra.Salinas的秘书。
- Alumno C: Eres el Sr. Puerta, cliente de Motesa. C同学：你是Sr.Puerta，Motesa公司的客户。

La directora saluda al cliente y luego presenta a la secretaria y al cliente.
主管向客户打招呼，然后介绍秘书和客户。

8 **Fíjate. Después escribe las frases en la columna correspondiente.** 请注意。把句子写在对应的格子里。

Tú-Usted 你—您

Tú	Usted
¿Cómo **te** llamas?	¿Cómo **se** llama?
Estudi**as** español, ¿no?	Estudi**a** español, ¿no?
¿Tien**es** teléfono?	¿Tien**e** teléfono?
¿De dónde **eres**?	¿De dónde **es**?
¿Dónde viv**es**?	¿Dónde viv**e**?

- ¿Dónde trabajas?
- ¿Habla alemán?
- ¿Y usted?
- ¿Qué tal está?
- ¿Es usted la señorita Alonso?
- ¿Qué haces?

- Eres americano, ¿no?
- ¿Qué tal estás?
- ¿Qué estudia?
- Hablas francés, ¿no?
- ¿Eres estudiante?

Tú	Usted
¿Dónde trabajas?	

9 **Escucha los cinco diálogos y marca *tú* o *usted*.** 请听五段对话，并且标出"你"或者"您"。

1|35

	Tú	Usted			Tú	Usted
1.	☐	☐		4.	☐	☐
2.	☐	☐		5.	☐	☐
3.	☐	☐				

10 **Estás en una fiesta muy formal y no conoces a nadie. Hablas con algunas personas, te presentas y les preguntas sobre su nacionalidad, profesión, lenguas que hablan, el lugar donde viven...**

现在你身处一场非常正式的晚会，而且一个人都不认识。请和某些人聊天，自我介绍并且向他们询问国籍、职业、语言、居住地点等信息。

11 **Lee el cómic y pregunta al profesor qué significa lo que no entiendas.**

a 请看下列漫画，不理解的地方请询问老师。

EN LA PARADA DE _____ .

1. BUENOS DÍAS, SEÑORA IRENE.
   BUENOS DÍAS, MERCEDES.

EN EL DESPACHO DE _____ DONDE TRABAJA.

2. ¿TIENE UN MOMENTO PARA HABLAR DE UN CASO?
   SÍ, CLARO.

EN UNA _____ .

3. BUENAS TARDES, ¿QUÉ DESEA?
   UNOS PANTALONES.

EN UN _____ .

4. ¿QUÉ VAS A TOMAR?
   UN CAFÉ CON LECHE.

EN EL _____ .

5. ¡UF!
   ¡VENGA, MERCHE, UN POCO MÁS!

EN SU _____ .

6. ¡HOLA, CARIÑO!
   ¡HOLA, MERCHE! ¿QUÉ TAL EL DÍA?

b **¿En qué situaciones se da un tratamiento formal? ¿E informal?**   在哪些情况下使用正式称呼？非正式称呼呢？

c **Pregunta al profesor qué significan las palabras que no entiendas.**   不认识的单词，请询问老师。

- bar
- casa
- gimnasio
- autobús
- tienda
- abogados

d **Completa el cómic con ellas.**   请用这些单词把漫画补充完整。

e **En las viñetas 5 y 6, las personas que hablan con Mercedes tienen confianza o familiaridad con ella. ¿Cómo la llaman?**   在插图5和6中，那些与Mercedes说话的人和她很熟悉。他们是如何称呼她的？

f **Compara los nombres de las dos columnas. Intenta relacionar cada nombre familiar con el nombre del que procede.** 请比较下面两排名字。尝试着把昵称和正式的名字对应起来。

Nombres familiares	Nombres
• Pepe	Manuel
• Lola	Pilar
• Manolo	Dolores
• Paco	José
• Paca	Francisco
• Pili	Enrique
• Quique	Francisca

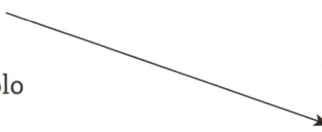

g **¿También se usan nombres familiares en tu lengua? ¿Puedes decir algunos?**
在中文里也使用昵称吗？你能说出几个吗？

Fonética 语音 El sonido /r̄/ 发音/rr/

12
a **Intenta decir estas palabras. ¿Qué tienen en común?** 尝试朗读下列单词。它们有什么共同点？

- Rosa
- perro
- Roma
- corre
- Enrique
- alrededor

b **Escucha y repite.** 请听录音并跟读。
🎧 1|36

c **Pronuncia otra vez esas palabras.** 再次朗读这些单词。

d **Fíjate en cómo se escribe el sonido /r̄/.**
请注意这个发音的书写规则。

r	rr
• Al principio de una palabra. *Rico* • En el interior de una palabra, después de *l, n, s.* *Alrededor Enrique*	• Entre vocales. *Perro*

13 **Ahora lee este trabalenguas en voz alta.** 现在请大声朗读这则绕口令。

"El perro de Roque no tiene rabo porque Ramón Rodríguez se lo ha robado."

Uso❶ de *tú, usted y vos*❷   tú 、usted和vos的用法

1
a

Lee este texto sobre el uso de *tú*, *usted* y *vos*. Pregúntale al profesor qué significa lo que no entiendas.

请阅读这篇关于tú，usted和vos用法的文章，不理解的地方，请询问老师。

En las relaciones formales se usa *usted* tanto en España como en Hispanoamérica. Sin embargo❸, en las relaciones informales o de confianza❹, en España se emplea❺ más *tú*; en Hispanoamérica generalmente❻ se usa mucho más *usted*. Además, el uso de *vos* está generalizado❼ en varios❽ países hispanoamericanos (Argentina, Uruguay y Paraguay son algunos de ellos). Las formas verbales❾ del presente usadas con *vos* en estos países son similares al infinitivo❿. Aquí tienes algunos ejemplos:

Verbo		Vos
Hablar	→	hablás
Trabajar	→	trabajás
Estudiar	→	estudiás
Tener	→	tenés
Vivir	→	vivís
Ser	→	sos

❶ Uso *m.* utilización de algo
❷ Vos *pron.* pronombre personal de segunda persona singular que se usa en algunos países americanos en lugar de *tú*
❸ Sin embargo = no obstante
❹ Confianza *f.* seguridad firme
❺ Emplear *tr.* usar
❻ Generalmente *adv.* que ocurre o se usa de forma común
❼ Generalizado *p.p.* participio de *generalizar*, hacer común
❽ Varios *adj.* diversos o algunos
❾ Verbal *adj.* relacionado con el verbo
❿ Infinitivo *m.* forma no personal de verbo

Plaza de la Independencia, Quito.

Museo Guggenheim, Bilbao.

Puerto Madero, Buenos Aires.

b
Lee de nuevo y responde a las preguntas.

请重新阅读一遍，并回答问题。

- ¿Qué se usa en México en las relaciones formales?
- ¿Qué se emplea en Hispanoamérica en las relaciones informales: *tú* o *usted*?
- ¿En qué tipo de relaciones se usa *vos*: en las formales o en las informales?
- ¿Con *vos* y con *tú* se usan las mismas formas verbales del presente?

2 a Observa lo que se puede decir en la misma situación informal en diferentes países.
请仔细看在不同的国家同一非正式场合的说法。

¿Qué lenguas hablas?

¿Qué lenguas hablás?

España

Argentina

¿Qué lenguas habla?

Colombia

b ¿Qué crees que dice en esa situación un ecuatoriano? ¿Y una uruguaya? 你认为在这个场合，一位厄瓜多尔人会怎么说？一位乌拉圭人呢？

3 Completa el cuadro con las frases correspondientes. 请用适当的句子把表格补充完整。

Usted	Tú	Vos
¿Dónde estudia?		
	¿Qué teléfono tienes?	
		¿Trabajás en un hospital?
¿Usted es médico?		
	¿Vives en Caracas?	

Recuerda 记住要点

COMUNICACIÓN

Dirigirse a alguien
- Formal: Buenos días, señora Herrero.
- Informal: Hola, Jorge.

Saludar
- Formal: ¿Qué tal está?
- Informal: ¿Qué tal (estás)?

Responder a un saludo
- Formal e informal: (Muy) Bien, gracias.

GRAMÁTICA

Pronombres personales sujeto
Tú, usted.
(Ver resumen gramatical, apartado 8.1)

COMUNICACIÓN

Presentar a alguien
- Formal: Mire, le presento a la señora Vela.
- Informal: Mira, esta es Luisa.

Responder a una presentación
- Formal e informal: Encantado/-a. / Mucho gusto.
- Informal: ¡Hola! (¿Qué tal?) / ¡Hola!

Preguntar por una persona
- ¿El señor Cortés, por favor?

Responder identificándose
- Hola, ¿eres Marta?
- Sí, soy yo.

Pedir confirmación
- Eres americano, ¿no?

GRAMÁTICA

Artículos determinados, singular
El, la.
(Ver resumen gramatical, apartado 4.1)
Al (a + el).
- Mire, le presento al señor Pérez.

Pronombres demostrativos, singular
Este, esta.
(Ver resumen gramatical, apartado 6.2)

Presente de indicativo

Verbo	Tú	Usted
SER	eres	es
ESTAR	estás	está
LLAMARSE	te llamas	se llama
HABLAR	hablas	habla
TRABAJAR	trabajas	trabaja
ESTUDIAR	estudias	estudia
VIVIR	vives	vive
TENER	tienes	tiene

1 **¿Tú o usted? Juego de diálogos. En grupos de cuatro (dos parejas). Cada pareja elige, por turnos, una**
a **forma verbal y representa un diálogo incluyéndola. Si lo hace correctamente, obtiene un punto.**

对话游戏"你"还是"您"。四人一组（每组两队）。每队轮流挑选一个动词形式，并用它表演对话。如果使用正确，该队赢得一分。

habla | estás | haces | es | estudia | trabajas | tiene | vive | llamas | está

¿Qué lenguas **habla**?

Inglés, portugués y un poco de español. ¿Y **usted**?

Yo hablo español, italiano y un poco de francés.

Hola, ¿qué tal **estás**?

Muy bien también.

Muy bien. ¿Y **tú**?

b **¿Qué pareja tiene más puntos?** 哪一队分数最高?

2 **La serpiente❶ de la _r_. Busca palabras en la serpiente.** 字母 r 蛇。在这条"蛇"里寻找单词。
a

SEÑORAPERROCAMAREROREPITEAMERICANOPERORENFEINGLATERRAPERIODISTAROSAENRIQUEMIRAURUGUAYCORREOSRICODIRECTORA

b **Todas tienen la letra _r_. Escribe cada una de ellas en la columna correspondiente según su pronunciación.**

所有的单词都包含字母r。根据发音把这些单词写在对应的格子里。

/r/	/r̄/
señora	perro

c **Añade otras palabras en cada columna. Puedes consultar el Libro del alumno.**

请在格子里补充更多的单词。可以查询学生用书。

d **Díctaselas a un compañero para que las copie en la columna adecuada. ¿Coinciden vuestras columnas?**

让同学听写这些单词，并写在正确的格子里。你们的格子一致吗?

❶ Serpiente _f._ reptil de cuerpo muy alargado y escamoso, que se mueve arrastrándose

3 **Los apellidos españoles. Lee el texto y subraya los apellidos.**

a 西班牙的姓氏。 请阅读下列文章并把姓氏划出来。

LOS APELLIDOS EN ESPAÑA

En España, como en casi todos los países latinoamericanos, cada persona tiene dos apellidos: el primero del padre y el primero de la madre. Por ejemplo, si una persona se llama Carmen López Alonso, López es el primer apellido de su padre y Alonso es el primero de su madre. Otra peculiaridad❶ es que las mujeres casadas conservan sus apellidos, no los cambian por los del marido.

En la vida social y profesional usamos❷ generalmente el primero, pero si es un apellido muy frecuente (García, por ejemplo) podemos usar también el segundo (García Aranda) o incluso solo el segundo (Aranda). También usamos los dos apellidos en los documentos: documento nacional de identidad, pasaporte❸, carné❹ de conducir❺, etc.

Por último, los cinco apellidos más frecuentes en España son: García, González, Fernández, Rodríguez y López, en este orden. García es el primer apellido de un millón y medio de españoles. Para otro millón y medio es el segundo.

Instituto Nacional de Estadística

b **Lee de nuevo y subraya la opción correcta.** 请重新阅读一遍，并划出正确的选项。

1. El primer apellido de una española es el primero **de la madre/del padre**.
2. Las mujeres casadas **tienen/no tienen** el apellido del marido.
3. Normalmente, en la vida profesional decimos **un apellido/dos apellidos**.
4. En un pasaporte español podemos leer **un apellido/dos apellidos**.
5. El apellido más popular en España es **García/López**.
6. Ese es el apellido de **tres millones/un millón y medio** de españoles.

4 **Juego de memoria. Cierra el libro y escribe los apellidos que recuerdes.**

a 记忆力游戏。现在请把书合上，写出你记得的姓氏。

García...

b **Compara con tu compañero. ¿Quién tiene más apellidos correctos? Podéis ver el texto.**
请和同学对比一下。谁正确地写出了最多的单词？ 现在可以看文章了。

c **Comenta con tus compañeros.** 请和同学一起讨论。

- ¿Cuántos apellidos se usan normalmente en tu país?
- ¿Una mujer casada tiene el apellido del marido?
- ¿Puedes decir algunos apellidos muy populares en tu país?

❶ Peculiaridad *f.* característica propia
❷ Usar *tr.* emplear un objeto para algo
❸ Pasaporte *m.* documento que acredita la identidad de alguien para viajar por otros países
❹ Carné *m.* documento personal que indica la identidad de alguien para ejercer ciertas actividades o alguna asociación o partido
❺ Conducir *tr.* manejar un vehículo

5

Mi familia
我的家庭

OBJETIVOS 学习目标
- **Pedir y dar información sobre la familia**
  请求和提供家庭信息
- **Pedir y dar información sobre el estado civil**
  请求和提供婚姻状况信息
- **Pedir y dar información sobre la edad**
  请求和提供年龄信息
- **Describir físicamente a una persona**
  描述外貌
- **Hablar del carácter de una persona**
  谈论某人性格
- **Identificar a una persona**　确认某人
- **Agradecer**　表达感谢

1 **Mira este dibujo de la familia Chicote y lee las frases que hay a continuación. Subraya los nombres de parentesco y tradúcelos a tu lengua.** 请看这张Chicote一家的图片，并朗读下面的句子。请划出表示亲属关系的单词，并且把它们翻译成中文。

JUAN　MARTA　GLORIA　ANA　PABLO　CARLOS　IRENE

FELIPE　MERCEDES

- La mujer de Pablo se llama Ana.
- Carlos es hijo de Ana.
- Marta y Gloria son hermanas de Carlos.
- Gloria es tía de Mercedes.

- Felipe es sobrino de Carlos y Gloria.
- El nieto de Ana se llama Felipe.
- Pablo es abuelo de Mercedes y Felipe.
- El padre de Felipe y Mercedes se llama Juan.

2 **Fíjate.** 注意。

Artículo determinado　定冠词

Masculino			Femenino		
el	padre	sobrino	**la**	madre	sobrina
	marido	abuelo		mujer	abuela
	esposo	nieto		esposa	nieta
	hijo	primo		hija	prima
	hermano	novio		hermana	novia
	tío			tía	

3 **Di el nombre de estos miembros de la familia Chicote.** 请说出Chicote家里这些成员的名字。

a
- Es el marido de Ana.
- Es la madre de Mercedes.
- Es la abuela de Felipe.
- Tiene dos hermanas.

b **Escribe algunas frases y léeselas a tu compañero. ¿Sabe quién es?**
请写一些句子，并读给同学听。他知道你写的是谁吗？

- Es la hermana de Gloria.
- Marta.

4 **Lee el texto y completa el árbol familiar con los nombres.**
请阅读下面的文章，并且用名字把家谱树补充完整。

Antonio y Lucía tienen un hijo, Ángel, que es el mayor, y dos hijas, Carmen y Sara. Ángel y Sara están solteros. En cambio, Carmen está casada con Diego y tienen un hijo, Javier, y una hija, Julia, que son sobrinos de Ángel y Sara.

- Ángel - Julia - Lucía - Javier - Carmen - Sara - Diego

Antonio

....

....

....

....

....

....

....

5 **Escucha y di qué miembro de la familia de la actividad anterior está hablando.**
请听录音并说出是上题中哪一位家庭成员在讲话。

1|37

6 Escucha y lee. ¿Entiendes todo?

🎧 1|38

请听录音并朗读。你能全部听懂吗?

Encuestadora	¿Estás casado?
Ramón	Sí.
Encuestadora	¿A qué te dedicas?
Ramón	Soy ingeniero.
Encuestadora	¿Y tu mujer?
Ramón	Es azafata.
Encuestadora	¿Tenéis hijos?
Ramón	Sí, tenemos una hija.
Encuestadora	¿Cuántos años tiene?
Ramón	Tres.
Encuestadora	¿Tienes hermanos?
Ramón	Un hermano y una hermana.
Encuestadora	¿Y a qué se dedican?
Ramón	Estudian periodismo los dos.
Encuestadora	¿Y tus padres?
Ramón	Mi padre es abogado, y mi madre, enfermera.
Encuestadora	Muchas gracias.

Fonética 语音   Entonación 语调

7 Intenta decirlo.   请尝试朗读这些句子。

a
- ¿A qué te dedicas?
- ¿Y tu mujer?
- ¿Tenéis hijos?
- Tenemos una hija.
- ¿Cuántos años tiene tu hija?
- ¿Tienes hermanos?

b **Escucha y comprueba.**   请听录音并核对。

🎧 1|39

8 Escribe las formas verbales en presente de indicativo que faltan.

写出这些动词缺少的陈述式现在时的形式。

Singular	Plural
tengo	tenemos
tienes	....
tiene	....
es	....
está	....
estudia	....
se dedica	....

9 **Escucha esta entrevista para una encuesta y completa la ficha.**
请听一段问卷调查的对话，并把卡片补充完整。

🎧
1|40

FICHA DE ENCUESTA	
Estado civil	Casada
Número de hijos	
hijas	
Profesión	Maestra
Profesión del marido	
de la mujer	
Profesión de los hijos	
de las hijas	
Número de hermanos	
hermanas	Dos
Profesión de los hermanos	
de las hermanas	
Profesión del padre	Está jubilado.
de la madre	

10
a **Haz una ficha como la de la actividad anterior y complétala. Anota también tu edad y la de tus familiares. Puedes usar el diccionario.**
仿照上题制作类似的卡片，并且填写完整。还要增加你和你家人的年龄信息。可以查阅字典。

b **Haz preguntas a tu compañero sobre él y su familia. Escribe sus respuestas en un papel.**
请问问同学关于他和他家人的情况，并把回答写在纸上。

- ¿Estás casado?
- Sí.
- ¿Tienes hijos?
- Sí, un hijo.

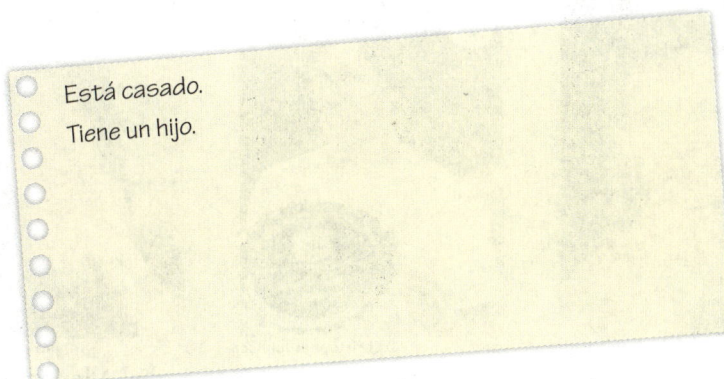

Está casado.
Tiene un hijo.

c **Dale el papel con las respuestas al profesor y pídele el papel de otro compañero.**
把写有回答的纸交给老师，并从老师那里换回另一个同学的纸。

d **Lee en voz alta el papel que te ha dado el profesor hasta que otro alumno reconozca a su familia.**
请大声说出老师给你的纸上所记录的信息，直到有同学听出是在描述他的家庭。

- Está casado, es profesor y tiene un hijo de 8 años. Tiene una hermana de 29 años.
  Su mujer es periodista…
- Soy yo.

Descripción de personas 人物描述

11

a Lee estas palabras. ¿Las entiendes?

请看下列单词。知道是什么意思吗?

GORDO DELGADO

MORENO RUBIO

GUAPO FEO

ALTO BAJO

JOVEN VIEJO

BIGOTE

PELO CORTO

PELO RIZADO

GAFAS

PELO LARGO

OJOS NEGROS

PELO LISO

OJOS AZULES

OJOS MARRONES

OJOS VERDES

CALVO

Barba

b Usa las palabras necesarias para describir a estas dos personas.

请用适当的单词来描述下列两位人物。

● alta, …   ● bajo, …

12

Relaciona las descripciones con las fotos.

请把文字描述和照片对应起来。

A Penélope Cruz, actriz
© Joelle Maslaton

B Rafael Nadal, tenista
© Christopher Johnson

C Isabel Allende, escritora
© paal / Paal Leveraas

D Federico Luppi, actor

1 Es bastante joven, fuerte y atractivo. Es moreno, tiene el pelo castaño y largo, y tiene los ojos marrones.

2 Es alto y bastante guapo. Tiene el pelo blanco y liso. Es un poco viejo y lleva bigote.

3 Tiene el pelo castaño, liso y muy largo. Es delgada y muy atractiva. Tiene los ojos marrones.

4 De pelo castaño y liso, tiene los ojos oscuros y grandes. Es alta, no es gorda ni delgada, y no es joven.

13 **Escribe las palabras de la actividad 11 en la columna correspondiente.**

a 请把练习11中的单词写在对应的格子里。

Es	Tiene	Lleva
joven	ojos marrones	gafas

b **Describe a una persona de la clase y no digas su nombre. ¿Saben tus compañeros quién es?**

请描述班上某位同学，但是不要说出名字。你的同学知道是谁吗？

14 **Lee este titular de un periódico.**   请阅读下面这张报纸新闻的标题。

a

CARMEN ALEGRE, la mujer del famoso industrial Roberto Duros, abandona a su marido

El mayordomo, testigo de la fuga

E

b **Ahora escucha la conversación entre Roberto y el mayordomo y di cuál de estos cuatro hombres es el amigo de Carmen.**   现在请听Roberto和管家之间的对话，并说出下列四位男士中哪一位是Carmen的朋友。

1|41

c **Piensa en una persona del apartado anterior y descríbesela a tu compañero. ¿Sabe quién es?**

请向同学描述上图中的一个人物。他知道你说的是哪个人吗？

15 **Lee estas palabras y pregúntale al profesor qué significan.**   请朗读下列单词，并询问老师这些单词的意思。

a

● inteligente ● tonto ● tímido ● simpático ● gracioso ● alegre ● antipático ● serio ● sociable ● trabajador

b **Di el femenino de cada una de ellas.**   请说出这些单词的阴性形式。

inteligente → inteligente   tonto → tonta

c **Forma cuatro parejas de contrarios.**   请把这些单词组成四对反义词。

inteligente ≠ tonto

16 Piensa en famosos de tu país o extranjeros e intenta completar el cuadro con sus nombres.

现在想一些国内外的名人，并试着把名字填到下面的表格中。

Una cantante simpática	
Un deportista muy trabajador	
Una actriz graciosa	
Un político inteligente	
Un escritor o director de cine serio	
Un actor antipático	

17
a Elige uno de los famosos de la actividad anterior o piensa en otro que puedas describir con palabras de la actividad 15. 请从上题中选一位名人，或者重新想一位你可以用练习15中单词描述的名人。

b Ahora descríbeselo a tus compañeros para ver si saben quién es. Háblales de:

现在请向同学描述这位名人，看看他们能猜出是谁吗？必须提到以下几个方面：

● su profesión   ● su nacionalidad   ● su carácter   ● su aspecto

¿Saben quién es?   他们知道你说的是谁吗？

● Es un deportista español. Es moreno y no es ni alto ni bajo. Es joven, guapo, bastante serio y muy trabajador.
○ ¿Es tenista?
● No.
■ ¿Es un futbolista?
● No.
□ ¿Es un piloto de carreras?
● Sí.
□ ¿Es Fernando Alonso?
● Sí.

18 **Enseña una foto de tu familia a tu compañero. Explícale quién es, a qué se dedica y cómo es cada uno de tus familiares.**

请拿一张你的家庭照片给同学看，并解释照片中分别是谁，他们是做什么的以及他们是怎么样的一个人。

- Mira, una foto de mi familia.
- A ver…
- Esta es…
- Y este, ¿quién es?

19 **Escribe un correo electrónico.** 请写一封电子邮件。

Paco, un estudiante español, va a pasar unos días en tu casa. Tú le escribes un correo electrónico y le hablas de tu familia: le presentas y le describes a cada uno de los familiares que viven contigo.

Paco是一名西班牙学生，将在你家住几天。你给他写一封电子邮件并谈谈你的家庭：向他介绍并描述同你一起生活的家庭成员。

Para: paco.vel@hispania.net
Cc:
Cco:
Asunto: Mi familia

Hola, Paco:

Muchas gracias por tu correo. Me alegra saber que vienes a mi casa el próximo verano.

Voy a hablarte de mi familia. Está formada por…

La población de América Latina 拉丁美洲的人口

1 **a** **Busca en el diccionario estas palabras, que sirven para hablar de los habitantes de América Latina.**
请在字典中查找这些单词，它们可以帮助我们谈论拉丁美洲的居民。

> indio/-a   blanco/-a   mestizo/-a   mulato/-a   negro/-a

b **Relaciónalas con las fotos.** 请把单词和这些照片对应起来。

1 → mestiza

2 **a** **Lee este texto. Puedes usar el diccionario.** 请阅读文章。可以查阅字典。

LA POBLACIÓN DE AMÉRICA LATINA

La población de América Latina está aumentando mucho y es muy joven: más de la tercera parte de sus habitantes tiene menos de 15 años. Es de diferentes razas[1] y podemos distinguir[2] los siguientes grupos:

Los indios americanos, de origen asiático (pasaron de Asia a América por el estrecho de Bering). En países como Guatemala, Ecuador, Perú, Bolivia o México son una parte importante de la población.

Los blancos, de origen europeo[3]. En Uruguay, Chile, Argentina o Costa Rica forman una gran mayoría.

Los mestizos, mezcla[4] de indio y blanco, son el grupo mayoritario[5] en muchos países de América Latina: en Honduras, El Salvador, México, Nicaragua, Paraguay y Venezuela, por ejemplo.

Los negros, llevados desde África durante[6] más de 300 años para trabajar como esclavos[7]. Viven principalmente en Cuba, Puerto Rico, República Dominicana, Panamá, Colombia y Venezuela.

Los mulatos, mezcla de negro y blanco, viven en los mismos países que la población negra.

[1] Raza *f.* grupos en que se dividen los seres vivos según caracteres diferentes

[2] Distinguir *tr.* conocer diferencias entre cosas

[3] Europeo *adj.* de Europa

[4] Mezclar *tr.* unir una cosa a otra hasta confundirlas

[5] Mayoritario *adj.* relacionado con la mayoría

[6] Durante *prep.* que indica el tiempo a lo largo del cual sucede algo

[7] Esclavo *m.f.* persona que carece de libertad bajo el dominio de otra

b **¿Verdadero o falso?**   判断对错。

	V	F
1. En América Latina hay muchos niños.	☐	☐
2. Los indios que viven en América Latina son de origen americano.	☐	☐
3. Los padres de una mestiza son de origen indio y blanco.	☐	☐
4. La mayoría de las argentinas son negras.	☐	☐
5. Los latinoamericanos negros son de origen estadounidense.	☐	☐
6. En Cuba hay muchos mulatos.	☐	☐

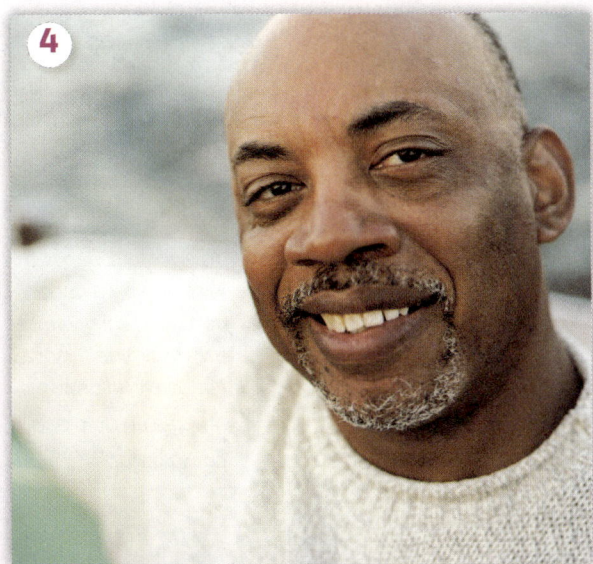

c **Comenta❶ con tus compañeros las informaciones que te parezcan más interesantes.**
请和同学一起讨论你觉得有意思的信息。

Recuerda 记住要点

COMUNICACIÓN

Pedir y dar información sobre:

El estado civil
- ¿Estás casado?
- No. (Estoy) Soltero. / Sí.

La familia
- ¿Tienes hermanos?
- Sí, una hermana. / No.

La edad
- ¿Cuántos años tiene tu hijo?
- Cuatro.

GRAMÁTICA

Presente de indicativo: *estar* y *tener*
(Ver resumen gramatical, apartados 7.1.2.1 y 7.1.2.5)

COMUNICACIÓN

Describir físicamente a una persona
- ¿Cómo es tu profesor?
- Es alto, tiene los ojos negros y lleva barba.

Hablar del carácter de una persona
- Mi hija Lucía es muy simpática y mi hijo Luis es bastante tímido.

Identificar a una persona
- ¿Quién es este?
- (Es) Mi hermano mayor.

GRAMÁTICA

El número gramatical: sustantivos y adjetivos calificativos

Singular	Plural
-o (sobrino)	*-os* (sobrinos)
-a (alta)	*-as* (altas)

(Ver resumen gramatical, apartados 2.2 y 3.2)

Posesivos
Mi(s), tu(s), su(s).
(Ver resumen gramatical, apartado 5.1)

Concordancia adjetivo-sustantivo: genero y número
- Mi hermano/-a es muy guapo/-a.
- Mis hermanos/-as son muy guapos/-as.

Interrogativos
¿Quién?, ¿cuántos/-as?, ¿cómo?
(Ver resumen gramatical, apartados 9.1, 9.6.2 y 9.7.1)
Muy, bastante.
(Ver resumen gramatical, apartado 16)

COMUNICACIÓN

Agradecer
- (Muchas) Gracias.

❶ Comentar *tr.* explicar o criticar un escrito para su comprensión y valoración

1 **Lee y pregunta al profesor qué significa lo que no entiendas. Luego, completa el cuadro con palabras de los textos.** 请阅读下面这些描述，不理解的地方请询问老师然后用文章中的单词把表格补充完整。

> Nosotros vivimos en pareja desde el año pasado.
> No estamos casados[1] y no tenemos hijos… de momento.

> Yo vivo con mi familia, que está formada por mis padres, dos hermanos más pequeños y yo, que soy la hija mayor.

> Yo estoy divorciada[2] de mi exmarido y vivo con mi actual pareja, una hija suya de 14 años y un hijo mío de 11.

> Yo vivo solo, pero en julio me voy a casar con mi novia y vamos a vivir juntos. Ahora ella vive con unas amigas en un piso[3] compartido[4].

Estados civiles	Relaciones familiares	Formas de vivir
casados	hijos	en pareja

[1] Casado *adj.* que ha contraído el matrimonio

[2] Divorciado *adj.* que se ha producido legalmente disolución del matrimonio

[3] Piso *m.* cada una de las viviendas en un edificio de varias alturas

[4] Compartido *adj.* que usa una cosa con otras personas

2 **Lee este texto. Puedes usar el diccionario.** 请阅读文章。可以查阅字典。

a

LA FAMILIA EN ESPAÑA

La familia es la institución mejor valorada por los españoles en las encuestas, pero ha experimentado[1] una gran transformación[2] en los últimos treinta años. Desde la legalización del divorcio en 1981 ha habido muchos cambios: existe la familia clásica[3], pero también otros modelos de familia como son los formados por madres o padres separados con sus hijos, por segundas parejas, por parejas de diferentes nacionalidades, por personas no casadas, etc.

La familia clásica, compuesta por un hombre y una mujer casados, con o sin hijos, es el modelo mayoritario (el 45,6 % de las familias). Además, más de un millón de personas viven en pareja sin estar casadas y uno de cada cinco niños nace[4] fuera del matrimonio.

En casi medio millón de casas viven una persona divorciada –mujer en un 87 %– y sus hijos. Tres millones de españoles viven solos y son cada vez más frecuentes los matrimonios entre personas de diferentes nacionalidades o grupos étnicos[5] (el 13,2 %).

¿Las causas[6] de estos cambios[7]? Algunas de las más importantes: ahora vivimos más años, la mujer trabaja fuera de casa y es más independiente[8], y hay más tolerancia[9] hacia las libertades[10] personales.

Instituto Nacional de Estadística

b **Asegúrate de que entiendes estas frases y subraya la opción correcta.**
请你看懂下面这些句子，并且划出正确的选项。

1. Los españoles tienen una idea muy **negativa/positiva** de la familia.
2. En España, el divorcio ha sido **legal/ilegal** los últimos veinticinco años.
3. Ahora los modelos de familia son **más/menos** tradicionales.
4. La familia clásica es la **más/menos** popular en España.
5. Más de un millón de personas solteras viven **solas/juntas**.
6. El 20 % de los niños que nacen son hijos de padres **solteros/casados**.
7. Ahora los españoles se casan **más/menos** con personas extranjeras.
8. La mujer tiene **más/menos** independencia económica ahora.

c **¿Crees que en tu país la familia es como en España? ¿Qué diferencias hay? Coméntalo con tus compañeros.** 你认为中国的家庭状况和西班牙的一样吗？两者有何差异？请和同学一起讨论。

[1] Experimentar *tr.* sufrir algún cambio o sentimiento
[2] Transformación *f.* cambio, conversión o modificación
[3] Clásico *adj.* que es tradicional
[4] Nacer *intr.* salir del vientre de la madre
[5] Étnico *adj.* relacionado con una etnia o una raza
[6] Causa *f.* motivo
[7] Cambio *m.* modificación o conversión
[8] Independiente *adj.* que no depende de otro y que tiene independencia
[9] Tolerancia *f.* respeto hacia las opiniones de los demás
[10] Libertad *f.* privilegio para hacer algo libremente

Repaso 1
复习课1

LECCIONES

- 1 SALUDOS Y PRESENTACIONES 问候与介绍
- 2 ORIGEN Y PROCEDENCIA 国籍与国别
- 3 INFORMACIÓN PERSONAL 个人信息
- 4 ¿TÚ O USTED? 你还是您?
- 5 MI FAMILIA 我的家庭

Una noticia 一则新闻

1 **Busca en esta noticia del periódico la información pedida y escríbela.**

a 请在这则新闻中寻找信息，并写在对应的横线上。

Juan Manuel Rojo es un empresario uruguayo afincado en Valencia que solo da trabajo a personas mayores de 50 años, a jóvenes en busca de su primer empleo y a padres o madres de familias con más de cuatro hijos.

Su empresa, creada en 1984, está dedicada a la fabricación de bicicletas, con resultados "óptimos".

Otra particularidad de la empresa es que todo trabajador que deja de fumar ve incrementado su salario en un 5 %.

un nombre de persona
Juan Manuel
....

el nombre de una ciudad
....

un apellido
....

una nacionalidad
....

una profesión
....

tres palabras relacionadas con la familia
....

un lugar de trabajo
....

b **Escucha a dos amigos comentar esa noticia y numera las palabras de tu lista que oigas.**

🎧 1|42 请听两位朋友如何评论这则新闻，并列出你听到的单词。

Cuestión de lógica 逻辑问题

2 **Lee este anuncio del periódico y calcula la edad de cada persona.**

a 请阅读这则报纸广告，并计算每个人物的年龄。

GANA
¡Un viaje de tres días para dos personas
A PARÍS
con todo pagado!

EL PROBLEMA ES EL SIGUENTE:

- Elena, Carmen y Julio son hermanos.
- Carmen es la mayor.
- Elena tiene 59 años.
- Julio tiene 8 años más que Elena.
- La diferencia entre Carmen y Elena es de 12 años.

Telefonea el lunes a las cinco de la tarde al programa *Lo sé* de **Radio Cero** (tel: 93 435 12 15), di la edad exacta de estas personas y gana.

b **Escucha y comprueba.** 请听录音并核对。

🎧 1|43

c **Escucha de nuevo y responde a estas preguntas sobre el ganador.**

🎧 1|44 请再听一遍，并回答以下这些关于获胜者的问题。

- ¿Cómo se llama?
- ¿Cuántos años tiene?
- ¿De dónde es?
- ¿Está casado?

Palabras, palabras 单词，单词

3 **Busca en las lecciones 1-5 y escribe:** 请在1—5课找出符合要求的单词，并写下来。

a
- Seis palabras que sean parecidas en tu lengua.
- Seis palabras que te gusten.
- Las seis palabras que usas con más frecuencia.

b **Compara con tu compañero. ¿Coincide alguna?** 请和同学对比一下，有没有一样的单词？

Juego de contrarios 反义词游戏

4
a **En parejas. Elige, por turnos, una de estas palabras y dísela a tu compañero. Él tiene que decir lo contrario. Si está bien, obtiene un punto. Gana el que obtiene más puntos.**
两人一组。轮流挑选一个单词并告诉同学。他必须说出这个单词的反义词。如果回答正确，就赢得一分。最后分数高的同学就赢得比赛。

- viejos
- sí
- bien
- grande
- inteligentes
- hombre
- corto
- simpática
- guapo
- delgadas
- casado
- menos
- rápido
- seria
- menor

Las tres en raya 三子游戏

5 **En grupos de tres. Por turnos, cada alumno elige una frase y hace la pregunta correspondiente. Si está bien, escribe su nombre en esa casilla. Gana el que obtiene tres casillas en raya.**
三人一组，轮流挑选一个句子，并根据这个句子进行对应的提问。如果说的问句正确，就把名字写在该格子里。谁获得三个连续的格子就赢得比赛。

Sí, dos hermanos.	No sé.	Medicina.	Alto y lleva barba.	Hablo inglés y alemán.
De Málaga.	No.	Inglés y ruso.	Es suizo.	91 258 40 48.
Estudio.	En la calle Jardines.	Gloria.	En una oficina.	Bien, gracias. ¿Y usted?
Fernández.	Sí, un hijo y una hija.	25.	T-O-N-T-O.	Es maestra.

Un escritor famoso 一位著名作家

6 ¿Sabes quién es Mario Vargas Llosa? Díselo a la clase.　你知道Mario Vargas Llosa吗？请告诉同学。

a

b Lee este texto sobre él y comprueba.　请阅读这篇有关他的文章，看看自己之前说的是否正确。

Mario Vargas Llosa, premio nobel de literatura 2010, es peruano y tiene también la nacionalidad española. Es escritor y académico, y escribe novelas, ensayos, obras de teatro y artículos de prensa para diferentes periódicos y revistas. Tiene más de 70 años, está casado y tiene dos hijos y una hija. De pelo gris y liso, es alto y fuerte, y tiene los ojos marrones.

©Arild Vågen

©Manuel González Olaechea y Franco

c Ahora subraya la opción correcta.　现在请划出正确的选项。

1. Mario Vargas Llosa es **sudamericano/norteamericano**.
2. **Es/No es** joven.
3. Tiene **una profesión/varias profesiones**.
4. Escribe para **un periódico/varios periódicos**.
5. Está **soltero/casado**.
6. **Es/No es** rubio.

Con un compañero 请和同学练一练

7 **Elige a un compañero al que no conozcas mucho y hazle preguntas para rellenar esta ficha con su
a información.** 请挑选一位你不是很熟悉的同学，并向他提问。根据回答把卡片补充完整。

Nombre		
Apellido		
Domicilio		
Edad		
Estado civil		
Profesión		
Lugar de trabajo		
Estudios		
Hermanos	número	
	profesión	
Hermanas	número	
	profesión	
Hijos		
Hijas		

b **Usa la información de la ficha y escribe sobre tu compañero. Describe también su carácter y cómo es
físicamente.** 请用卡片中的信息写一篇有关这位同学的小作文，要包括性格、外貌等。

c **Pasa el texto a tu compañero y corrige el suyo.** 请把你的小作文交给同学，并且修改他给你的作文。

d **Comentad los posibles errores y corregidlos.** 你们一起讨论一下作文中的错误并且一起修改。

e **En grupos de tres. Un alumno dice durante un minuto la información que tiene sobre su compañero.
Si comete un error, los otros dos alumnos le dicen "¡Para!" y continúa uno de ellos. Gana el que está
hablando cuando termina el minuto.**
三人一组。一位同学在一分钟之内说一些关于其他同学的信息，如果出现错误，另外两位立刻说"Para（停）！"，
然后这两位其中之一继续发言。当一分钟结束时，正在发言的同学赢得比赛。

f **Entrega a tu profesor el texto que has escrito para que lo ponga en una pared de la clase.**
把你写的小作文交给老师，他会把文章贴在教室的墙上。

6 Objetos
物品

OBJETIVOS 学习目标

- Expresar existencia 表达存在
- Pedir cosas en una tienda 在商店买东西
- Preguntar y decir cuál es la moneda de un país 询问和表达某国的货币
- Preguntar el precio 询问价格

1

a **Busca en el diccionario cuatro palabras que no conozcas.** 请在字典中查找四个你不认识的单词。

- un ordenador
- una mesa
- unos sobres
- unos libros
- una silla
- unos sellos
- un bolso
- una agenda
- un periódico
- unas llaves
- una postal
- un diccionario
- unos bolígrafos
- un cuaderno
- una lámpara
- unas cartas
- una goma (de borrar)
- una hoja de papel
- un mapa
- un teléfono móvil

b **Pregunta a tus compañeros por el resto.** 请问问同学其余单词的意思。

- *¿Cómo se dice… en…?*
- ………………………………
  No sé.

2 **Observa el dibujo y escribe la palabra correspondiente a cada número.**
请看图片，并且把单词和相应的数字对应起来。

1 → mesa

¿Cuántas sílabas tiene cada palabra?
每个单词有几个音节？

Fonética 语音

3
a
🎧 1|45

Escucha las palabras y escríbelas en la columna correspondiente. 请听录音，并把听到的单词写在对应的格子里。

me sa	a gen da	pe rió di co

b
🎧 1|46
Escucha y comprueba. 请听录音并核对。

c
🎧 1|47
Escucha y repite. 请听录音并跟读。

4 Fíjate. 注意。

Expresar existencia 表达存在。

Hay
un periódico.
unos sobres.
una agenda.
unas cartas.
unas postales.

5 ¿Tienes buena memoria? Tapa el dibujo de la actividad 2 y di qué hay en la mesa.

你记性好吗？请把第2题的图片盖住，并说出桌子上有哪些物品。

Hay un mapa.
Hay unos bolígrafos.

Números 数字

6 Escucha e identifica los números. 请听录音并辨别数字。

a
🎧 1|48

100 cien	101 ciento uno	200 doscientos	210 doscientos diez
300 trescientos	321 trescientos veintiuno	400 cuatrocientos	432 cuatrocientos treinta y dos
500 quinientos	543 quinientos cuarenta y tres	600 seiscientos	654 seiscientos cincuenta y cuatro
700 setecientos	765 setecientos sesenta y cinco	800 ochocientos	876 ochocientos setenta y seis
900 novecientos	987 novecientos ochenta y siete	1000 mil	1098 mil noventa y ocho
1100 mil cien	1102 mil ciento dos	2000 dos mil	2323 dos mil trescientos veintitrés
3000 tres mil	3544 tres mil quinientos cuarenta y cuatro		

b
🎧 1|49
Escucha y repite. 请听录音并跟读。

c Di estos números en voz alta:
请大声说出下列数字：

103   215   562   741   954
1035   2103   5374   6599   9953

d ¿Qué diferencias hay con tu lengua?
和中文有什么差异？

7 Escucha los diálogos y marca los números que oigas. 请听对话并标出听到的数字。

🎧
1|50

A. 270 ☐   127 ☐   C. 912 ☐   92 ☐   E. 500 ☐   50 ☐

B. 130 ☐   1300 ☐   D. 66 ☐   616 ☐

8 Pasa la pelota. Piensa un número y dilo en voz alta. Después pasa la pelota a un compañero. El que la reciba tiene que invertir el orden de las cifras.
传球游戏。请想好一个数字并大声说出来。然后开始传球。接到球的同学必须把数字的顺序颠倒一下并说出来。

417   714

9 Observa estos billetes y monedas. ¿Cuántos euros hay?
请看这些纸币和硬币。一共是多少欧元？

10 Mira esta lista y responde a las preguntas. 请看下表并回答问题。

a

DIVISAS EN EL MUNDO

Moneda	Comprador	Vendedor	Moneda	Comprador	Vendedor
Bolívares venezolanos	6,2023	6,1867	Dólares neozelandeses	1,8445	1,8437
Coronas checas	24,4760	24,4360	Forintos húngaros	263,8100	263,3200
Coronas danesas	7,4576	7,4574	Francos suizos	1,3144	1,3142
Coronas eslovacas	30,1260	30,1260	Lats letones	0,7105	0,7082
Coronas estonas	15,6466	15,6466	Libras esterlinas	0,8824	0,8823
Coronas islandesas	162,6200	162,1000	Litas lituanas	3,4547	3,4513
Coronas noruegas	7,7950	7,7903	Pesos argentinos	5,8459	5,8397
Coronas suecas	8,9709	8,9677	Pesos mexicanos	16,9338	16,9285
Dirhams marroquíes	11 ,3427	11,3140	Rands surafricanos	9,6011	9,5931
Dólares australianos	1,3691	1,3687	Reales brasileños	2,2746	2,2731
Dólares canadienses	1,3800	1,3796	Rublos rusos	40,4674	40,3997
Dólares de Hong Kong	11,2021	11,2011	Rupias indias	63,6121	63,5110
Dólares de Singapur	1,8134	1,8127	Yenes japoneses	122,6000	122,5900
Dólares de EE. UU.	1,4423	1,4422	Zlotys polacos	3,9614	3,9570

Unidades por cada euro a las 18.00 horas.

• ¿Cuál es la moneda de tu país?   • ¿Está en la lista?

b Pregunta a tu compañero cuál es la moneda de su país. 请问问同学在他的国家使用哪种货币。

11 **Mira las fotos y escribe en qué tiendas venden libros, sellos y bolígrafos.**

a 请看这些照片并写出分别在哪家商店出售书籍、邮票和圆珠笔。

librería   papelería   estanco

En una librería venden libros.

b **¿Qué otras cosas venden en esas tiendas? Dilas.** 在这些商店还出售哪些物品？说说看。

12 **Escucha y lee.** 请听录音并朗读。

a

Cliente	¿Tienen cuadernos?
Dependiente	Sí. Mire, aquí están. Tenemos todos estos.
Cliente	¿Puedo ver ese rojo?
Dependiente	¿Este?
Cliente	Sí, sí, ese. ¿Cuánto cuesta?
Dependiente	Un euro con setenta y cinco céntimos.
Cliente	Vale. Me lo llevo.

1|51

Tenemos todos estos.

¿Puedo ver ese rojo?

b **Practica el diálogo con tu compañero.** 请和同学练一练。

13 Fíjate. 注意。

Demostrativos 指示形容词

Singular/Plural	Masculino	Femenino
Singular	**este** • Este bolso	**esta** • Esta revista
Plural	**estos** • Estos bolsos	**estas** • Estas revistas

Singular/Plural	Masculino	Femenino
Singular	**ese** • Ese diccionario	**esa** • Esa agenda
Plural	**esos** • Esos diccionarios	**esas** • Esas agendas

14 Observa los dibujos y escribe cada frase en la burbuja correspondiente. Mira el modelo.

请看图片，并把句子写在对应的对话框中。请看范例。

Sí, esas.
¿Estas?
¿Puedo ver esas gafas negras?

¿Este?
Cincuenta y ocho euros con noventa y nueve céntimos.
¿Cuánto cuesta ese reloj?
Sí.

15 **Escucha los dos diálogos y completa el cuadro.** 请听两段对话并把表格补充完整。

	¿Qué quiere?	¿Cuánto cuesta?	¿Lo compra?
1.			
2.			

16 **Ahora vosotros.** 现在轮到你们练习了。

Alumno A

Estás en una papelería y quieres comprar dos cosas, pero solo tienes 10 euros. Decide qué vas a comprar.

Alumno B

Eres el dependiente de una papelería. Piensa en las cosas que vendes y en sus precios. Luego, atiende a los clientes.

Podéis empezar así: 你们可以这样开始对话：

- Buenos días. ¿Qué desea?
- Buenos días. ¿Tienen…? / Quiero…

Los mercados de artesanía① de Perú 秘鲁手工艺品市场

1

a **¿Sabes qué significa la palabra *mercado*? Observa las fotos y luego lee el texto; puedes usar el diccionario.**
你知道单词mercado是什么意思吗？请看图片，然后阅读文章；可以查阅字典。

En Perú hay una gran cantidad② de mercados de artesanía del país. Muchos de ellos están en la calle. Son muy populares, están abiertos de 9.00 a 21.00 y son de origen prehispánico③. En ellos venden artesanía contemporánea y reproducciones④ de objetos tradicionales de las diferentes civilizaciones⑤ prehispánicas de Perú, por ejemplo, de la cultura inca (años 1100-1530 d. C.⑥).

La artesanía peruana tiene influencias⑦ prehispánicas y españolas. Es muy variada, de colores muy vivos y muy creativa⑧. Allí se puede comprar, entre otras cosas:

● Cerámica⑨ de estilo moderno o antiguo.
● Jerséis y ponchos⑩ peruanos de muchos colores.
● Objetos de oro⑪ y plata⑫.
● Flautas⑬ andinas⑭, uno de los mayores símbolos de Perú.

oro

cerámica

plata

torito de Pucará

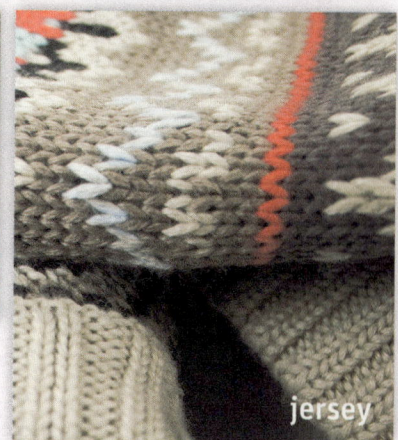
jersey

① Artesanía *f.* técnica de la fabricación de objetos a mano
② Cantidad *f.* número de unidades
③ Prehispánico *adj.* anterior a la llegada de los españoles a América
④ Reproducción *f.* acción de reproducir
⑤ Civilización *f.* conjunto de creencias, ciencias, costumbres de un grupo humano
⑥ d.C. después de Cristo
⑦ Influencia *f.* efecto
⑧ Creativo *adj.* que tiene la capacidad de creación

⑨ Cerámica *f.* técnica de fabricar objetos de porcelana o barro
⑩ Poncho *m.* prenda de forma de manta para cubrirse
⑪ Oro *m.* elemento metálico, muy sólido y pesado, de color amarillo brillante
⑫ Plata *f.* elemento metálico, que se extiende fácilmente, de color blanco brillante
⑬ Flauta *f.* un tipo de instrumento musical, de forma de tubo con agujeros
⑭ Andino *adj.* relacionado con los Andes

poncho peruano

flauta andina

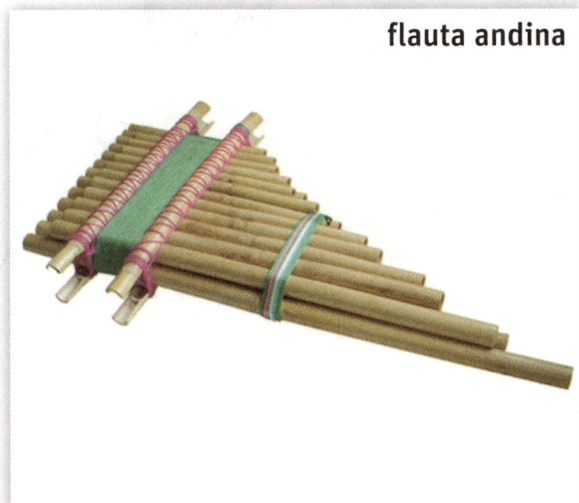

b **¿Verdadero o falso?**　判断对错。

	V	F
1. Los mercados de artesanía tienen origen español.	☐	☐
2. Todos están en la calle.	☐	☐
3. Allí solo se pueden comprar cosas antiguas.	☐	☐
4. La artesanía peruana tiene influencias de la civilización inca.	☐	☐

c **¿Qué es lo que te parece más interesante? Coméntalo con tus compañeros.**
你觉得哪一点最有趣？请和同学一起讨论。

Recuerda 记住要点

COMUNICACIÓN

Expresar existencia
- Hay una revista.
- Hay unos libros.

GRAMÁTICA

Artículos indeterminados, singular y plural
Un, una, unos, unas.

(Ver resumen gramatical, apartado 4.2)

Hay + un/una/unos/unas + sustantivo
- Hay un bolso.
- Hay una postal.
- Hay unos ponchos.
- Hay unas llaves.

(Ver resumen gramatical, apartado 10.1)

COMUNICACIÓN

Pedir cosas en una tienda
- Quiero/Quería una agenda.
- ¿Tienen agendas?
- ¿Puedo ver esa agenda?

GRAMÁTICA

Adjetivos y pronombres demostrativos

	Masculino	Femenino
Singular	este, ese	esta, esa
Plural	estos, esos	estas, esas

- ¿Cuánto cuesta este bolígrafo?
- ¿Cuánto cuesta este?

(Ver resumen gramatical, apartados 6.1 y 6.2)

COMUNICACIÓN

Preguntar y decir cuál es la moneda de un país
- ¿Cuál es la moneda de tu país?
- El dólar.

Preguntar el precio
- ¿Cuánto cuesta este diccionario?
- ¿Cuánto cuestan estas gafas?

GRAMÁTICA

Interrogativos
¿Cuál?, ¿cuánto?

(Ver resumen gramatical, apartados 9.3 y 9.6.1)

1 Juega al dominó. 多米诺骨牌游戏。

- En grupos de cuatro. Cada alumno toma siete fichas sin verlas. 四人一组。每位同学拿六张卡片，请不要偷看。
- Empieza a jugar el que tiene la ficha donde se lee "un sobre". La pone en la mesa y luego dice lo que hay dibujado en ella ("una llave"). 谁的卡片上写有 "un sobre" 先开始游戏。请把这张卡片放在桌上，然后说出卡片上所画的物品是什么 ("una llave")。
- El jugador que tiene la ficha donde se lee "una llave" pone esa ficha en la mesa y dice lo que hay dibujado en ella ("un libro"). 谁的卡片上写有 "una llave" 接着进行游戏。请把这张卡片放在桌子上，然后说出卡片上所画的物品 ("un libro")。
- Si un alumno no recuerda una palabra, pierde un punto. Gana el que pierde menos puntos. 如果有同学不记得单词，就被扣一分。最后谁被扣的分数最少就赢得比赛。

> Una llave.

2 Un juego con euros. Elige❶ cuatro monedas y cuatro billetes y escríbelos.
a 欧元游戏。请挑选四枚硬币和四张纸币并写下来。

❶ Elegir *tr.* seleccionar

(Una moneda de diez céntimos).
(Un billete de veinte euros).

b ¿Cuáles crees que ha elegido tu compañero? Díselo y anótate un punto por cada acierto.
你知道你的同学选择了哪些吗？猜猜看，每说对一次就获得一分。

- Una moneda de cincuenta céntimos.
- No.

c ¿Quién tiene más puntos? 谁的分数最高？

d Suma el valor de las monedas y billetes que has elegido en el apartado a). ¿Tienes más dinero que tu compañero? 请把你在 a）中选择的硬币和纸币相加并计算总额。你比同学更有钱吗？

3
a **Juego en cadena❶. En grupos de cuatro. Por turnos, un alumno dice que tiene una cosa. El compañero de la derecha repite todo lo que ha oído y añade❷ otra cosa que tiene. El juego termina cuando un alumno no repite todo correctamente o no añade algo correcto.**
链条游戏。四人一组轮流进行。一名同学先说他有某样物品。右手边的同学必须重复听到的句子，并且增添一样自己的物品。当有同学无法正确重复所有的句子或者没有正确增添物品的时候，游戏结束。

> Tengo un bolígrafo y un diccionario.

> Tengo un bolígrafo.

b ¿Qué grupo ha encadenado más cosas?
哪一组的"链条"上面物品最多？

❶ Cadena *f.* conjunto de piezas que se enlazan entre sí
❷ Añadir *tr.* agregar una cosa a algo

7 Mi pueblo, mi ciudad

我的乡镇，我的城市

OBJETIVOS 学习目标

- Hablar de la situación geográfica de una población 讲述城镇的地理位置
- Describir una población 描述城镇
- Hablar del número de habitantes 谈论居民的数量
- Preguntar y decir cuál es la capital de un país 询问和讲述国家的首都
- Expresar la causa 表达原因

1 **¿Verdadero o falso? Observa los mapas, lee las frases y señala si son verdaderas o falsas.**

a 判断对错。请看地图，阅读句子并判断对错。

NORTE
N
NOROESTE   NORESTE
O   OESTE   ESTE   E
SUROESTE   SURESTE
S
SUR

	V	F
1. Madrid está en el centro de España.	☐	☐
2. Sevilla está al sur de Madrid.	☐	☐
3. Barcelona está al noroeste de Sevilla.	☐	☐
4. Guatemala está entre México y Honduras.	☐	☐
5. Antigua está en el norte del país (Guatemala).	☐	☐
6. El Salvador está al sureste de Guatemala.	☐	☐

b **Mira las fotos de las ciudades de Barcelona y Antigua. ¿Qué puedes decir de ellas? Busca en el diccionario palabras para describirlas.**

请看Barcelona和Antigua这两座城市的照片。你会怎样描述呢？请在字典中查找可以用来描述这两座城市的单词。

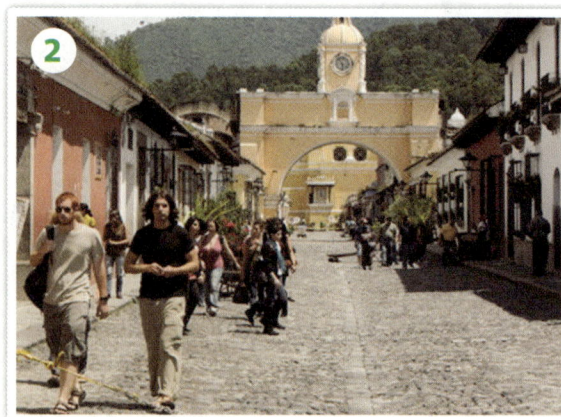

c **Relaciona las fotos con los siguientes textos.** 请把图片和下列文章对应起来。

Es una ciudad muy bonita y tranquila que está en el sur del país y muy cerca del océano Pacífico. Es bastante pequeña, pero tiene muchos monumentos históricos de un gran valor artístico. Hay muchas tiendas para comprar recuerdos porque es una ciudad turística.

Está en el noreste de España, no muy lejos de Francia, en la costa mediterránea. Tiene un puerto importante y playa. Es una ciudad de origen antiguo, pero también es muy moderna y dinámica. Es muy grande y tiene monumentos y museos que son famosos en el mundo entero.

2 **En parejas [A-B]. Escribid en cada caso el nombre de una ciudad que tenga esa característica.**

a 两人一组[A–B]。请你们一起写出符合下列特点的城市名字。

● Una ciudad muy grande.

....

● Una ciudad aburrida.

....

● Una ciudad turística.

....

● Una ciudad que está en el sur.

....

● Una ciudad que está en una región que tiene muchos bosques.

....

● Una ciudad moderna.

....

● Una ciudad que tiene un río muy famoso (y el nombre del río).

....

● Una ciudad que está cerca de un desierto.

....

● Una ciudad con un monumento muy famoso (y el nombre del monumento).

....

● Una ciudad que tiene un museo muy famoso (y el nombre del museo).

....

● Una ciudad con una playa muy bonita.

....

● Una ciudad que está en una isla.

....

● Una ciudad que está en la costa.

....

● Una ciudad que tiene un parque muy grande (y el nombre del parque).

....

b **Después, cambiad de parejas [A-A / B-B]. Explicadles a vuestros compañeros qué nombres habéis escrito.**

然后交换搭档[A–A/B–B]。跟同学说说你们都写了哪些名字。

3 **Fíjate.** 注意。

Ser-Estar

Ser: descripción de lugares
Ser用来描述地点

¿Cómo es?

● Barcelona es muy moderna y dinámica.
● Antigua es una ciudad pequeña y tranquila.

Estar: localización en el espacio
Estar用来表示空间位置

¿Dónde está?

● Barcelona está en el noreste de España.
● Antigua está en el sur del país, cerca del océano Pacífico.

4 **Escucha estos nombres de ciudades españolas y escríbelos en la columna correspondiente.**

a 请听一些西班牙城市的名字，并把它们写在对应的格子里。

🎧
1|53

/θ/ (za-ce-ci-zo-zu)	/k/ (ca-que-qui-co-cu)
Zamora	Mallorca ......

b **Ahora busca esas ciudades en el mapa de España y comprueba si las has escrito bien.**

现在请在西班牙地图上寻找这些城市，并核对一下你刚才写的是否正确。

c **Escucha y repite.** 请听录音并跟读。

🎧
1|54

5 **¿Dónde está?... Elige tres ciudades del mapa y pregunta a tu compañero dónde están. Tiene un minuto para buscar cada una de ellas y responder correctamente.**

请在地图上挑选三座城市，并问问同学这些城市在哪里。你的同学有一分钟时间寻找和回答。

- ¿Dónde está Alicante?
- Está en el sureste de España, en la costa mediterránea, al sur de Valencia.
- Sí.

6
a *¿Ser o estar?* **Completa estas frases con la forma verbal adecuada.** Ser还是estar？请用动词的适当形式把句子补充完整。

1. ....Es........ muy antigua.
2. .... en el sur de España.
3. .... cerca de Sevilla.
4. No .... una ciudad muy importante.
5. .... en la costa atlántica.
6. .... famosa por sus playas.
7. .... lejos de Madrid.
8. .... bastante pequeña.
9. No .... en el centro de España.

b **Mira otra vez el mapa de España y di qué ciudad puede ser.**
请再看一遍西班牙地图，猜一猜这是哪座城市。

7 **En grupos de tres o cuatro. Un alumno piensa en una ciudad, y los otros le hacen preguntas para adivinar cuál es. Él solamente puede responder "sí" o "no".**
三人或四人游戏。一名同学先想好一座城市，然后其他同学开始提问并猜一猜是哪座城市。注意，只能用sí或no回答。

- ¿Está en Europa?
- Sí.
- ¿Está en el norte de Europa?
- No.
- ¿En el sur de Europa?
- Sí.
- ¿Es una ciudad antigua?
- Sí.
- (...)

Más números 更多数字

8
a **Escucha e identifica los números.**
请听录音并辨别数字。

🎧 1|55

10 000	diez mil
100 000	cien mil
150 000	ciento cincuenta mil
200 000	doscientos mil
960 000	novecientos sesenta mil
1 000 000	un millón
1 400 000	un millón cuatrocientos mil
2 000 000	dos millones
12 800 000	doce millones ochocientos mil
13 970 000	trece millones novecientos setenta mil

b **Escucha y repite.** 请听录音并跟读。
🎧 1|56

c **Di estos números.** 请念出这些数字。

200

3000

74 000

650 000

831 000

1 250 000

2 500 000

9 345 000

9 **Relaciona.** 请把下列两排对应连起来。

- 3 507 000
- 4 112 000
- 1 970 000
- 2 910 002
- 460 000

unos tres millones y medio
dos millones aproximadamente
más de cuatro millones
casi tres millones
menos de medio millón

10 **Pregunta a tu compañero cuál es la capital de su país y cuántos habitantes tiene.**

请问问同学他所在国家的首都和人口。

- ¿Cuál es la capital de...?
- ...
- ¿Cuántos habitantes tiene?
- Más de... / Menos de... / Casi... / ... aproximadamente.

11 **En parejas. Juega con las tarjetas sin mirar la del compañero.** 两人一组，请不要看你同学的卡片。

Alumno A

1. Pregunta a tu compañero cuál es la capital de:
Perú/Colombia/Nicaragua

- ¿Cuál es la capital de Perú?

Pregúntale también cuántos habitantes tienen y escríbelo.

2. Responde a las preguntas de tu compañero.

MÉXICO
19 800 000 Ciudad de México
CUBA
BELICE
JAMAICA HAITÍ
GUATEMALA
2 700 000 Guatemala
1 600 000 San Salvador
EL SALVADOR
HONDURAS
NICARAGUA
COSTA RICA
San José 350 000
Caracas 5 000 000
PANAMÁ
Panamá 1 200 000
VENEZUELA
COLOMBIA
ECUADOR
1 500 000 Quito
PERÚ
BRASIL
La Paz 1 550 000
BOLIVIA
PARAGUAY

3. Comprueba con el mapa de tu compañero.

3. Comprueba con el mapa de tu compañero.

PARAGUAY
BOLIVIA
BRASIL
PERÚ
7 650 000 Lima
ECUADOR
1 500 000 Quito
Bogotá 6 800 000
COLOMBIA
Guayana Francesa (Francia)
SURINAM
PANAMÁ
Panamá 1 200 000
VENEZUELA
COSTA RICA
San José 350 000
Managua 2 500 000
NICARAGUA
EL SALVADOR
1 600 000 San Salvador
Tegucigalpa 1 300 000
GUATEMALA
2 700 000 Guatemala
HONDURAS
BELICE
CUBA
JAMAICA HAITÍ
REPÚBLICA DOMINICANA
Puerto Rico (EE. UU.)
BAHAMAS
MÉXICO

Pregúntale también cuántos habitantes tienen y escríbelo.

2. Pregúntale cuál es la capital de:
México/Bolivia/Venezuela

1. Responde a las preguntas de tu compañero.

Alumno B

12 **Lugares famosos. Usa las palabras del recuadro para decir por qué son famosos estos lugares.**

著名的地点。请使用方框中的单词来说明为什么这些地方很著名。

- Colombia
- La Rioja
- Pamplona
- La Mancha
- Málaga
- Cuba

| • Vino | • Café | • Tabaco | • Don Quijote | • Playas | • Fiestas de San Fermín |

Colombia es famosa por el café.

13 Escucha esta conversación y di cuál es la foto que corresponde a la ciudad o al pueblo del que están
a hablando.　请听对话，并说出下列哪张图片符合对话中谈论的城市或村镇。

1|57

b Escucha otra vez y completa el cuadro.　请再听一遍，并把表格补充完整。

1|58

Nombre de la población	
Situación	
Número de habitantes	
¿Cómo es?	
Es famosa por...	
¿Qué tiene?	

14 Lee estos significados de la palabra *pueblo* y subraya el que has estudiado.
a 请看单词pueblo的含义，并把你学过的释义划出来。

queño o de una aldea. **2** Dicho de una persona,
que tiene poca cultura o modales poco finos. □
FAMILIA: → pueblo.
pueblo [sustantivo] [masculino] **1** Población con pocos habitantes: *En mi pueblo hay muchos agricultores.* **2**
Conjunto de personas que viven en un país: *el
pueblo español.* **3** Grupo de las personas de un
país que no tienen poder: *El pueblo se levantó
contra el Gobierno.* □ SINÓNIMOS: **2** nación. FA-
MILIA: popular, popularidad, popularizar, populoso,
poblacho, populacho, pueblerino.
puente [sustantivo] [masculino] **1** Construcción que sirve para
cruzar un río o una carretera: *Este puente es muy*

b Y tú, ¿vives habitualmente en un pueblo o en una ciudad?　你习惯住在村镇还是城市？

15 Pregunta a tu compañero sobre su pueblo o su ciudad. Luego, háblale del lugar donde vives tú y enséñale
fotos o postales.　请问问同学他的村镇或城市。然后谈谈你居住的地方，并且展示一些照片或者明信片。

● ¿De dónde eres?
○ De...

16 Escribe sobre un pueblo o una ciudad importante, sin mencionar su nombre. Entrega la redacción a tu
profesor.　写一篇有关一座重要村镇或城市的小作文，不要提及名字。然后把作文交给老师。

Geografía de América Latina 拉丁美洲地理

1
a

Lee el texto y complétalo con estas palabras (puedes usar el diccionario). 请阅读文章，并用下列单词将它补充完整（可以查阅字典）。

- Andes
- Amazonas
- Caribe[1]
- Suramérica

América Latina está formada por diversos[2] países que fueron colonizados[3] por varias naciones europeas. Ocupa[4] parte de Norteamérica (México), Centroamérica, varias islas del mar Caribe y la mayor parte de .... Su geografía es muy variada.

RÍOS Y SELVAS

El río .... es el más importante del mundo. Contiene[5] la quinta parte del agua dulce de la Tierra. Sus selvas[6] ocupan territorios de muchos países de Suramérica y se calcula que en ellas habitan la mitad de las especies vivas del planeta.

Existen también otras grandes selvas en Venezuela (atravesadas[7] por el río Orinoco) y en Centroamérica.

MONTAÑAS

La cordillera[8] de los ...., que está situada[9] en la parte occidental de América del Sur, va desde Panamá hasta el sur de Chile. Su pico[10] más alto es el Aconcagua (6960 metros).

[1] Caribe *m.* de un pueblo indígena de las Antillas y del norte de América del Sur
[2] Diverso *adj.* distinto, diferente
[3] Colonizar *tr.* establecer colonias en un territorio
[4] Ocupar *tr.* llenar un espacio o tiempo
[5] Contener *tr.* encerrar algo en el interior

[6] Selva *f.* bosque tropical con una vegetación abundante
[7] Atravesar *tr.* cruzar
[8] Cordillera *f.* serie de montañas con características comunes
[9] Situar *tr.* poner en un lugar
[10] Pico *m.* cúspide puntiaguda de una montaña

Recuerda 记住要点

COMUNICACIÓN

Hablar sobre la situación geográfica de una población

- ¿Dónde está Sevilla?
- En el sur de España. / Al sur de Madrid.
- ¿Dónde está Lima?
- Entre el océano Pacífico y la cordillera de los Andes.

GRAMÁTICA

Estar: localización en el espacio

- Granada está en Andalucía.

  (Ver resumen gramatical, apartado 11.2)

COMUNICACIÓN

Describir una población

- Barcelona es una ciudad moderna y tiene playa.
- Quito es una ciudad muy antigua.

GRAMÁTICA

Ser: descripción de lugares

- Toledo es una ciudad antigua muy bonita.
- Lima es una ciudad industrial.

Identidad

- Bogotá es la capital de Colombia.

  (Ver resumen gramatical, apartado 11.1)

COMUNICACIÓN

Hablar del número de habitantes

- ¿Cuántos habitantes tiene Madrid?
- Más de tres millones.

Preguntar y decir cuál es la capital de un país

- ¿Cuál es la capital de Cuba?
- La Habana.

Expresar la causa

- ¿Por qué vives en este pueblo?
- Porque es muy tranquilo.
- Mi pueblo es famoso por el vino.

GRAMÁTICA

Interrogativos

¿Cuántos?, ¿cuál?, ¿por qué?
(Ver resumen gramatical, apartados 9.6, 9.3 y 9.8)

Porque, por.
(Ver resumen gramatical, apartado 20)

COSTAS

En casi todos los países hay muchos kilómetros de costa.

Puede ser tropical❶ (en el mar ...., por ejemplo,) o desértica❷, como en algunas zonas del norte de Chile.

b **Escribe dos preguntas sobre el texto y házselas a tus compañeros.**
请写出和文章有关的两个问题并向同学提问。

c **Comenta con tus compañeros las informaciones que te parezcan más interesantes.**
请和同学一起讨论你最感兴趣的信息。

❶ Tropical *adj.* relacionado con el trópico
❷ Desértico *adj.* relacionado con el desierto

1 **Madrid. Lee este texto incompleto[1] sobre Madrid. Puedes usar el diccionario.**

a 马德里。请阅读这篇有关马德里的文章。可以查阅字典。

Madrid

Madrid es la capital de .... desde 1562 y la ciudad española más grande: tiene más de tres millones de .... Su población está aumentando[2] y cada vez viven en ella más personas procedentes[3] de diferentes países y culturas[4]. Está situada en el .... del país, en una meseta[5], cerca de la sierra[6].

Madrid tiene muchos monumentos[7] de diferentes épocas históricas.

El Prado, su .... más famoso, es uno de los más importantes del mundo. Está muy bien comunicada[8], y Barajas, su ...., tiene vuelos a muchas partes del mundo, muchos de ellos a Latinoamérica.

Madrid es una ciudad antigua y moderna a la vez, y muy activa. Tiene una oferta cultural muy variada y mucha vida nocturna[9]. Esta es una de las razones por las que siempre hay muchos visitantes[10] en Madrid.

b **Complétalo. En el mapa puedes encontrar alguna información.**
请把文章补充完整。你可以在地图上找到一些信息。

BARAJAS

Madrid

ESPAÑA

Museo del Prado

c **Comprueba con el profesor.** 向老师求证一下吧。

2 **Juego de memoria. Cierra el libro y escribe las informaciones que recuerdes. Luego, compara con un compañero. ¿Quién tiene más informaciones correctas?**
记忆力游戏。请把书合上，写出你记得的信息。然后和同学比一比。谁记的正确信息更多？

1 Incompleto *adj.* parcial, no completo

2 Aumentar *intr.* incrementar

3 Procedente *adj.* que procede de algún lugar

4 Cultura *f.* conjunto de costumbres o conocimientos de un pueblo o una época

5 Meseta *f.* llanura extensa y elevada

6 Sierra *f.* cordillera de poca extensión

7 Monumento *m.* construcción que tiene valor histórico, arqueológico o artístico

8 Comunicado *adj.* para describir un lugar al que se puede comunica con facilidad

9 Nocturno *adj.* relacionado con la noche

10 Visitante *m.f.* la persona que visita un lugar

3 **Latinoamérica. Lee las frases y señala si son verdaderas o falsas. El mapa te puede ayudar.**

a 拉丁美洲。请阅读句子并判断对错。这张地图可以帮助你。

	V	F			V	F
1. Montevideo está cerca de Buenos Aires.	☐	☐	**6.** Quito está lejos del mar Caribe.		☐	☐
2. Lima es la capital de Perú.	☐	☐	**7.** Chile tiene muchas playas.		☐	☐
3. Bogotá está en la costa del océano Pacífico.	☐	☐	**8.** La isla de Cuba está en el océano Pacífico.		☐	☐
4. El río Amazonas pasa por Perú.	☐	☐	**9.** La Habana es famosa por el tango.		☐	☐
5. Caracas está en el norte de Nicaragua.	☐	☐	**10.** Buenos Aires está en el oeste de Argentina.		☐	☐

b **Sustituye las frases falsas por otras verdaderas.**   请用正确信息替换错误的句子。

4 **Mira el mapa de Latinoamérica y escribe frases verdaderas y frases falsas.**

a 请看拉丁美洲地图，并写一些反映真实的和不真实的句子。

b **Pásaselas a tu compañero para que descubra cuáles son falsas y las sustituya por otras verdaderas.**

把句子给同学，请他指出哪些是错误的，并且改正。

8

Mi casa y mi habitación

我的房子，我的房间

OBJETIVOS　学习目标

- **Describir una casa**　描述房子
- **Describir una habitación**　描述房间
- **Expresar existencia**　表达存在
- **Expresar localización en el espacio**
  表达空间位置

1　**Relaciona las fotos con estos nombres de habitaciones.**　请把图片和表示房间名称的单词对应起来。

- salón
- dormitorio
- cuarto de baño
- comedor
- cocina
- estudio

1 → salón

2　**Lee este anuncio. Puedes mirar el diccionario.**

a　请看这则广告。可以查阅字典。

b　**Escribe lo que sabes sobre ese piso. Usa *está*, *es* y *tiene*.**　请写出你所知道的关于这间公寓的信息。请使用está 、es和tiene。

Está en la plaza de la Luna.
Es nuevo.
Tiene cuatro dormitorios.

VENDO PISO

Plaza Luna, nuevo, exterior, cuatro dormitorios, calefacción, ascensor, garaje, aire acondicionado, suelos de madera. Mucha luz, céntrico y bien comunicado. Muy barato.

Tel.: 91 275 85 90.

3 **Escucha la conversación entre Rosa y un amigo sobre la nueva casa de Rosa. Marca lo que oigas.**

请听一段对话，Rosa和朋友谈论她的新家。标出你所听到的内容。

2|1

El piso de Rosa tiene:	dos/tres/cuatro habitaciones.
Está:	en el centro / cerca del centro / lejos del centro.
Es:	interior / antiguo / tranquilo / bonito / pequeño / grande.
Da a una calle:	ancha / estrecha / con mucho tráfico.
Tiene:	teléfono / calefacción / aire acondicionado / mucha luz / jardín.
No tiene:	garaje / ascensor / terraza / techos altos.

4 **Ahora, siguiendo el modelo anterior, cuéntale a tu compañero cómo es tu casa. Luego, toma nota de lo que él te diga sobre su casa.** 现在，按照前面的范例向你的同学描述你的房子。然后记录下你同学告诉你的内容。

5 **Busca en el diccionario cinco palabras de la lista.** 请在字典中查找下面词汇表中任意五个单词。

a
- sofá
- ducha
- lámpara
- televisión
- mesilla
- microondas
- frigorífico
- sillón
- escalera
- estantería
- armario
- lavaplatos
- bañera
- lavabo
- cama
- lavadora
- cocina eléctrica / de gas
- DVD

b **Pregunta a tus compañeros por el resto.** 其余单词的意思请问问同学。

c **Escribe debajo de cada dibujo la palabra correspondiente.** 请在每幅图下面写出对应的单词。

ducha ....

....

....

6
a

Escucha estas palabras y escríbelas en la columna correspondiente.
请听单词并把它们写在对应的格子里。

2|2

▇▇		▇▇▇		▇▇▇		▇▇▇▇▇		
so	fá	lám	pa ra	es ca	le ra	fri go	rí fi	co

b

Escucha y subraya la sílaba más fuerte de esas palabras. 请听录音并划出这些单词的重读音节。

2|3

7 **Mira las fotos de la actividad 1 y elige una habitación. Descríbesela a tu compañero. ¿Sabe cuál es?**
请看练习1的图片，选择一个房间并向同学描述。他知道是哪一间吗？

- Hay una mesa…
- ¿Es la cocina?
- No. También hay…
- ¿Es…?

8 **Observa los dibujos y numera las frases.** 请看图片，并把句子和序号对应起来。

¿Dónde está el niño?　　No sé.

1 　　**2**

3　　**4**

5 　**6** 　**7** 　**8** 　**9**

1	Delante de la televisión.		Debajo del sofá.		Al lado de la lavadora.
	Entre el lavabo y el váter.		Encima de la mesa.		Detrás de la mesilla.
	A la izquierda del gato.		En el frigorífico.		A la derecha del perro.

9 **Fíjate.** 注意。

Adverbios y preposiciones 副词和前置词

delante de	detrás de
debajo de	encima de, sobre
a la izquierda de	a la derecha de
dentro de	fuera de
cerca de	lejos de
al lado de	
en	
enfrente de	
alrededor de	
entre... y...	

10 **Un alumno "esconde" su cuaderno en alguna parte de la casa de la actividad 1.**
Sus compañeros tienen que adivinar dónde está, y para ello le hacen preguntas. Podéis grabarlo.

一名同学把作业本"藏"在第1题房子里的某个地方。其他同学必须通过提问猜出在哪里。可以记录有关信息。

- ¿Está en el comedor?
- No.
- ¿Está en el dormitorio?
- Sí.
- ¿Está encima de la cama?
- No.

11 **Escucha y numera las habitaciones descritas.** 请听录音并按顺序排列这些房间。

2|4

A

B

C

D

En parejas. ¿Qué hay en el salón? 两人一组。客厅里有什么？

Alumno A

1. Pregunta al alumno B qué hay en el salón de su dibujo y haz una lista en tu cuaderno de las cosas que él te diga.

2. Ahora pregúntale dónde están esas cosas y dibújalas donde él te diga.

3. Comprobad.

1. Responde a las preguntas de tu compañero. Luego, pregúntale qué hay en el salón de su dibujo y haz una lista en tu cuaderno de las cosas que él te diga.

2. Responde a tu compañero. Luego, pregúntale dónde están las cosas de tu lista y dibújalas donde él te diga.

3. Comprobad.

Alumno B

13 Pregunta a tu compañero cómo es su habitación, qué muebles hay y dónde está colocado cada uno.
a Dibuja un plano con su ayuda.

请问问同学他的房间怎么样，有什么家具以及它们的摆放位置。在他的帮助下画出一张平面图。

b Usa las notas que has tomado en la actividad 4 y mira el plano del apartado anterior para escribir sobre la casa y la habitación de tu compañero.

写一篇关于你同学的房子和房间的小作文，请使用第4题中记录的信息和上题所画的平面图。

c Intercambia tu texto con otros compañeros. Lee tres o cuatro textos. ¿Encuentras algo interesante?

和其他同学交换作文。读一读其中的三到四篇。你发现有趣的内容了吗？

14 ¿Te acuerdas de Paco, el estudiante español que va a pasar unos días en tu casa? En la actividad 19
a de la lección 5 le describiste a tu familia en un correo electrónico. Ahora le envías otro para describirle tu casa y la habitación donde se va a alojar.

你记得Paco吗，就是那位将在你家住几天的西班牙学生？在第5课练习19中，你在电子邮件中向他描述了你的家庭。现在请向他发送另一封邮件，向他描述你的房子和他将住宿的房间。

Para:	paco.vel@hispania.net
Cc:	
Cco:	
Asunto:	Mi casa y tu habitación

Hola, Paco:
Hoy voy a describirte mi casa y la habitación donde te vas a alojar. Mi casa…

b Envía el mensaje a la persona que te indique el profesor.   请把你写的内容发送给老师指定的人。

c Dibuja un plano con la información del correo electrónico que recibas y enséñaselo al compañero que te lo ha enviado.   根据你收到的电子邮件画一张平面图，并给发送邮件的同学看一看。

La vivienda① en España 西班牙的住宅

1 **Observa las fotos. Decide cuál de ellas puede corresponder a:** 请看照片。下列句子和哪张照片相对应?

A

B

- [ ] Un pueblo blanco del interior de Andalucía.
- [ ] Un pueblo castellano.
- [ ] Un pueblo turístico de la costa mediterránea.
- [ ] Una casa de campo del norte de España.
- [ ] Un pueblo de pescadores② de la costa cantábrica③.
- [ ] Una ciudad española grande.

D

C

E

F

① Vivienda *f.* construcción donde se habita
② Pescador *m.f./adj.* que pesca
③ Cantábrico *adj.* relacionado con Cantabria

2
a **¿Cómo crees que es la vivienda ideal del español medio? Coméntalo con un compañero.**

你认为哪一个是普通西班牙人理想的住宅？请和同学一起讨论。

b **Lee este artículo y comprueba si esa vivienda es parecida a la que habéis descrito.**

请阅读文章，看看文中的住宅是不是类似于你们所描述的。

LA VIVIENDA DEL ESPAÑOL MEDIO

La vivienda que desea comprar el español medio es un piso que mide❶ entre 80 y 100 metros cuadrados❷.

Para él, la situación es muy importante: la prefiere cerca de su centro de trabajo y bien comunicada.

Tiene 2, 3 o 4 dormitorios (depende❸ del tipo de familia), un salón-comedor muy grande, cocina y uno o dos baños. Los suelos del salón y de los dormitorios son de parqué, las ventanas tienen doble cristal❹, y las puertas exteriores e interiores son de madera.

Es exterior y tiene mucha luz natural, ascensor y calefacción.

c **¿Hay algo que te sorprende❺? Coméntaselo a la clase.**

有没有让你感到惊讶的地方？请告诉同学。

3
a **Piensa en tu vivienda ideal. Puedes hacer un plano de ella.**

现在想想你的理想住宅。你可以画一张平面图。

b **En grupos de tres. Descríbesela a tus compañeros y escucha lo que te digan ellos. ¿Es tu vivienda ideal como la de alguno de ellos?**

三人一组。请向同学描述你的理想住宅，并听听他们所说的。你的理想住宅和他们的一样吗？

Recuerda 记住要点

COMUNICACIÓN

Describir una casa
- ¿Cómo es?
- Antigua y bastante grande.
- ¿Cuántas habitaciones tiene?
- Tres.
- ¿Está bien comunicada?
- Sí.

Describir una habitación
- ¿Qué hay en el comedor?
- (Hay) Una mesa, cuatro sillas...
- ¿Dónde está el sofá?
- (El sofá está) Enfrente de la ventana.

GRAMÁTICA

Verbo *ser*: descripciones
- Mi casa es bastante antigua.
  (Ver resumen gramatical, apartado 11.1)

Verbo *estar*: localización en el espacio
- La cocina está al lado del salón.
  (Ver resumen gramatical, apartado 11.2)

Hay + artículo indeterminado + sustantivo
- Hay una cama.
  (Ver resumen gramatical, apartado 10.1)

Artículo determinado + sustantivo + *está(n)*
- El armario está a la derecha de la ventana.
- Los sillones están enfrente del sofá.
  (Ver resumen gramatical, apartado 10.2)

❶ Medir *tr.* averiguar la dimensión de algo
❷ Cuadrado *m.* figura de cuatro lados iguales y cuatro ángulos rectos
❸ Depender *intr.* estar subordinado a algo
❹ Cristal *m.* vidrio transparente
❺ Sorprender *tr.* producir sorpresa

1 **Busca las moscas. Mira el dibujo y busca las moscas. Escribe dónde están.**

a 找苍蝇。请看图找苍蝇，并写出它们在哪里。

Hay una mosca encima de la mesilla, detrás de la lámpara.
Hay otra (mosca)…

b **Compara con tu compañero y corregid las frases.**　请和同学对比一下，然后一起改正句子。

2 **Pon tú otras cinco moscas en esa habitación. Dibújalas a lápiz.**

a 现在请你在上图房间里放五只苍蝇。用铅笔画出来。

b **Dile a tu compañero dónde están y descubre dónde están las dibujadas por él. ¿Ha puesto alguna en el mismo lugar que tú?**　请告诉同学它们在哪里，并找出他画的苍蝇在哪里。有没有恰好在同一位置的情况？

3 **Una adivinanza❶. En grupos de cuatro. Por turnos, un alumno piensa en un objeto de la clase y sus compañeros intentan adivinar cuál es. Para ello, le hacen preguntas solamente sobre su localización, a las que él responde "sí" o "no".**　猜谜游戏。四人一组轮流进行。一名同学先想好教室里的一件物品，其他同学试着猜出是什么。注意，只能问关于位置的问题，回答的时候只能用sí 或no。

● ¿Está detrás de ti?
○ No.
■ ¿Está delante de ti?
○ Sí.
□ ¿Está a la derecha de ti?
○ Sí.
● ¿Está en la pared?
○ No.
■ ¿Está en el suelo?
○ Sí.
□ Es la papelera.
○ Sí.

❶ Adivinanza *f.* enigma, acertijo

4 **Lee lo que dicen estas personas y pregunta al profesor qué significa lo que no entiendas. ¿Cuáles de**
a **ellas habitan en una vivienda propia?** 请阅读下面这些人物所说的话。如果有不理解的地方可以询问老师。
其中哪一个人住在自己的房子里？

"Yo vivo en un piso de alquiler❶ con una amiga y dos .... de clase. Tiene cuatro habitaciones y la mía no es muy grande, pero es bonita y bastante .... para estudiar. Yo prefiero vivir con otras personas, compartir❷ el piso con ellas, porque es más barato y menos aburrido❸."

Cristina, 20 años

"Yo vivo con mi novia en un apartamento❹ que compramos en el centro. Es bastante pequeño, pero es precioso, está muy bien decorado❺ y tiene .... luz. También está muy bien situado, algo muy importante para nosotros porque somos muy .... y salimos mucho."

Gustavo, 30 años

"Yo vivo aún con mi ...., en casa de mis padres. Sé que eso tiene ciertos inconvenientes❻, pero es muy cómodo. Me gustaría independizarme y vivir solo en un estudio o un ...., pero no puedo porque no tengo trabajo fijo y ahora estoy en paro❼."

Eduardo, 25 años

"Nosotros vivimos en un chalé❽ alquilado en un pueblo .... de Madrid. Es un chalé un poco viejo, bastante grande, y tiene un .... donde los niños juegan mucho y nosotros trabajamos bastante en él. El pueblo está muy bien .... por tren y autobús, pero nosotros nos movemos normalmente en coche."

Andrea y Gerardo, 40 y 43 años

"Yo vivo sola en un .... que compré el año pasado. Para mí es la forma ideal de vivir porque soy muy .... Vives mucho más tranquila❾ y haces lo que quieres en cada momento."

Gloria, 38 años

b **Completa con estas palabras. Antes, asegúrate de que entiendes todas.**
请用下列单词把文章补充完整。在此之前，请确定你已经理解了所有这些单词。

- familia
- compañeros
- tranquila
- mucha
- comunicado
- jardín
- apartamento
- cerca
- estudio
- sociables
- independiente

c **Y tú, ¿cómo vives? ¿Vives como alguna de esas personas? Díselo a la clase.**
你呢？你住在哪里？和这些人物一样吗？请告诉同学。

❶ Alquiler *m.* que se alquila
❷ Compartir *tr.* usar una cosa con otras personas
❸ Aburrido *adj.* que aburre
❹ Apartamento *m.* vivienda pequeña, generalmente en un edificio que hay otras parecidas
❺ Decorado *adj.* que adorna
❻ Inconveniente *m.* dificultad para hacer algo
❼ Paro *m.* situación del desempleo
❽ Chalé *m.* vivienda de una o dos plantas, generalmente con un jardín
❾ Tranquilo *adj.* quieto

9 Gustos
喜好

OBJETIVOS 学习目标
- Expresar gustos 表达喜好
- Expresar coincidencia y diferencia de gustos 表达喜好的一致性和差异性
- Expresar diversos grados de gustos 表达喜好的各种级别

1
a ¿Entiendes estas palabras y expresiones? Pregunta a tus compañeros o al profesor qué significan las que no conozcas. 你理解下列单词和词组吗？有不懂的请询问同学或老师。

bailar
ver la televisión
escuchar la radio
jugar al fútbol
salir
las discotecas
jugar al tenis
el fútbol
el teatro
leer
la música
esquiar
las motos
los ordenadores
el cine
navegar por internet
chatear
viajar
correr

b ¿Cuáles de ellas sirven para hablar de cosas que normalmente haces fuera de casa? Escríbelas.
上面的单词和词组中，哪些用来描述通常户外进行的活动？把它们写下来。

bailar

c Asegúrate de que entiendes estos nombres y relaciona cada uno de ellos con un verbo del apartado a).
请理解这些名词，把它们和a)中的动词对应起来。

la lectura   los viajes   el chat   los juegos   el esquí   el baile

la lectura → leer

Fonética 语音   La sílaba fuerte 重读音节

2   **Escucha estas palabras y escríbelas en la columna correspondiente.**

a   请听单词并把它们写在对应的格子里。

2|5

▬▬	▬▬ ▬▬	▬▬ ▬▬	▬▬ ▬▬ ▬▬
sa lir			

b   **Añade otras palabras de la actividad 1.**   请把练习1的单词补充进来。

c   **Subraya la sílaba fuerte de todas ellas.**   请把所有单词的重读音节划出来。

d   **Comprueba con el profesor y practica con su ayuda las palabras más difíciles de pronunciar.**
请向老师求教，并在他的帮助下练习最难发音的单词。

3   **Observa los dibujos y lee las frases. ¿Las entiendes?**   请仔细看图并朗读句子。你理解它们的意思吗？

a

> Me gusta…
>
> Me gustan…

> No me gusta…
>
> No me gustan…

- Me gusta el fútbol.
- Me gusta ir al cine.
- Me gustan las motos.

- No me gusta el tenis.
- No me gusta ver la televisión.
- No me gustan los ordenadores.

b   **Comenta con tu compañero por qué unas veces se dice "gusta" y otras "gustan". Díselo al profesor. ¿Qué diferencias hay con tu lengua?**   请和同学一起讨论为什么有时候是 "gusta" 而有时候是 "gustan"。请告诉老师。和中文有差别吗？

4   **Marca tus gustos personales.**   请标出你的个人喜好。

	Me gusta	Me gustan	No me gusta	No me gustan
los ordenadores				
el teatro				
ir a conciertos				
el español				
las motos				
bailar				
las películas de aventuras				
viajar				

5 **Observa.** 请仔细看图。

a

Mismos gustos 相同的喜好 | Gustos diferentes 不同的喜好

b **Pregunta a tu compañero si le gustan las cosas y las actividades de tiempo libre presentadas en la actividad 1. ¿En cuántas coincidís?** 问问你的同学是否喜欢练习1中介绍的事物和业余活动。你们有相同的爱好吗？

- ● ¿Te gusta el teatro?
- ○ Sí, ¿y a ti?
- ● A mí también.

6 **Escribe sobre los gustos de tu compañero.** 请把你同学的爱好写下来。

A (John) le gusta(n)… y…, pero no le gusta(n)… ni…

7 **En parejas. Usad estas palabras para descubrir dos aspectos de la clase de español que os gustan a los dos y otros dos que no os gustan. Decídselo a la clase.** 两人一组。请使用下列单词描述一下你们喜欢西班牙语课的两个方面和不喜欢的两个方面。然后告诉同学。

Nos gusta(n)… y…

No nos gustan(n)… ni…

- ● hablar
- ● escuchar grabaciones
- ● el profesor / la profesora
- ● este libro
- ● el horario
- ● leer
- ● la gramática
- ● escribir
- ● los deberes

8 **Mira el dibujo y lee las frases. Luego, escríbelas ordenándolas de más a menos. Pregunta al profesor**

a **las palabras que no conozcas.** 请看图并朗读句子。然后根据喜好的程度由高到低的顺序把它们写下来。不认识的单词请询问老师。

1. ¡Me encanta! Es precioso.

2. ....

3. ....

4. ....

5. No me gusta nada. Es horrible.

b **Y a ti, ¿te gusta ese cuadro? Díselo a la clase.**

你呢？你喜欢这幅画吗？请告诉同学。

9 Escucha estos sonidos y fragmentos de música y di si te gustan o no.

🎧 请听一些声音和音乐片段，并且说一说你是否喜欢。
2|6

10 Fíjate en el cuadro y después completa las frases. Puedes usar el diccionario.

a 请仔细看这张表格，然后把句子补充完整。可以查阅字典。

Pronombre		Verbos *gustar* y *encantar*	
(A mí)	Me	gusta encanta	el cine. escuchar música.
(A ti)	Te		
(A él/ella/usted)	Le		
(A nosotros/nosotras)	Nos	gustan encantan	las motos. los libros.
(A vosotros/vosotras)	Os		
(A ellos/ellas/ustedes)	Les		

1. A mi compañero ....
2. A mí ....
3. A los hombres les encanta.. .
4. A las mujeres les ....
5. A mi profesor... .
6. A los estudiantes no... .
7. .... los estudiantes que no hablan español en clase.
8. .... viajar fuera de mi país.

b Lee en voz alta lo que has escrito. ¿Coincides con alguno de tus compañeros?

请大声说出你写的句子。和其他同学有一致的地方吗？

11 ¿Verdadero o falso? Escucha y marca. 判断对错。请听录音并标出答案。
🎧 2|7

                          V F

1. A Carlos le gusta mucho el esquí. ☐ ☐
2. A María no le gusta nada el fútbol. ☐ ☐
3. A Carlos no le gusta leer. ☐ ☐
4. A los dos les encanta bailar. ☐ ☐
5. Carlos y María tienen los mismos gustos. ☐ ☐

12 **a** **Cuestión de lógica. Lee las claves y completa el cuadro.** 逻辑问题。请阅读下列提示并完成表格。

1. La enfermera vive en Barcelona.

2. Al abogado le gusta el esquí.

3. A Manolo le encanta el tenis.

4. Manolo no es abogado.

5. Javier vive en Valencia.

6. El que vive en Bilbao es periodista.

7. A Luisa le gusta mucho el fútbol.

Nombre	Profesión	Ciudad	Le gusta

b **Prepara otro problema de lógica.** 请准备另一个逻辑问题。

c **Dáselo a tu compañero para ver si lo resuelve.** 把问题交给你的同学，看看他是否能够解决。

13 **a** **¿Conoces bien a tu compañero? Marca sus posibles gustos en este cuestionario.**
你了解你的同学吗？在下列问卷中标出他可能的喜好。

	Le encanta(n)	Le gusta(n) mucho	Le gusta(n)	No le gusta(n)	No le gusta(n) nada
ver la televisión					
estar mucho en casa					
los niños					
la música clásica					
el *rock*					
las revistas de moda					
chatear					
las películas de ciencia ficción					
ir a sitios desconocidos					

b **Ahora pregúntale y marca sus respuestas con otro color.** 现在问一问他，并用水彩笔把回答标出来。

c **Comparad las respuestas con los posibles gustos. ¿Quién tiene más aciertos?**
把答案和可能的喜好比一比。谁猜中的最多？

14 **Un poema. Lee este poema y asegúrate de que entiendes todo. ¿Tienes tú alguno de esos gustos?**

a 一首诗歌。请朗读并理解这首诗歌。你有这些喜好吗?

GUSTOS

Me encanta jugar con niños.
Me gusta mucho viajar a lugares desconocidos.
Me gustan las playas tranquilas.
No me gustan las ciudades muy grandes.
No me gustan nada los lunes por la mañana.

No me gusta nada la gente antipática.
No me gustan los teléfonos móviles.
Me gusta la gente alegre.
Me gustan mucho los sábados por la tarde.
Me encantan las islas pequeñas.
Pero lo que más me gusta es estar con la gente que más quiero.

b **Ahora escribe tu propio poema. Puedes seguir la estructura propuesta y pensar en:**

现在请自己写一首诗歌。你可以按照书中提供的结构和思路编写。

- personas
- lugares
- objetos
- días de la semana
- actividades de tiempo libre...

GUSTOS

Me encanta(n)…

Me gusta(n) mucho…

Me gusta(n)…

No me gusta(n)…

No me gusta(n) nada…

No me gusta(n) nada…

No me gusta(n)…

Me gusta(n)…

Me gusta(n) mucho…

Me encanta(n)…

Pero lo que más me gusta es…

c **Dáselo al profesor, que lo colocará en una pared de la clase. Lee los poemas de tus compañeros. ¿Hay alguno que te guste mucho?** 把诗歌交给老师,他会贴在教室的墙上。读一读同学的诗歌。你有特别喜欢的吗?

Música latinoamericana 拉丁美洲音乐

1
a

Escucha estos fragmentos❶ de música latinoamericana y relaciónalos con las fotos.
请听一些拉丁美洲音乐片段，并把它们和图片对应起来。

🎧 2|8

1. ....
2. ....
3. ....
4. ....
5. ....
6. ....

MÚSICA ANDINA

TANGO

©Edil Villa

SALSA

RANCHERA

❶ Fragmento *m.* trozo de algo

b ¿Con qué país o países asocias❶ cada tipo de música?

你把每种音乐和哪个或哪些国家联系在一起？

- Yo asocio la salsa con…
- Yo también la asocio con…

MÚSICA CUBANA

CUMBIA

©Jdvillalobos

c Escucha otra vez la música y piensa en las respuestas a estas preguntas:

请再听一遍音乐并思考这些问题的答案。

- ¿Cuáles de esos tipos de música te gustan más?
- ¿Conoces alguna otra canción de esos estilos?
- ¿Conoces otros tipos de música latinoamericana?

d Comenta las respuestas con tus compañeros.

请和同学一起讨论答案。

Recuerda 记住要点

COMUNICACIÓN

Expresar gustos
- Me gustan las discotecas y las motos.
- No me gusta el fútbol ni el tenis.
- Me gusta leer, pero no me gusta el cine.

GRAMÁTICA

Verbos *gustar* y *encantar*

gusta + | **verbo en infinitivo** / **nombre singular**
- ¿Te gusta bailar?
- ¿Te gusta el teatro?

***gustan* + nombre plural**
- ¿Te gustan los coches?

(Ver resumen gramatical, apartado 12)

Pronombres de objeto indirecto

(a mí)	me
(a ti)	te
(a él/ella/usted)	le
(a nosotros/nosotras)	nos
(a vosotros/vosotras)	os
(a ellos/ellas/ustedes)	les

- A vosotros os gusta mucho la música clásica, ¿verdad?

(Ver resumen gramatical, apartados 8.2 y 8.4)

COMUNICACIÓN

Expresar coincidencia y diferencia de gustos
- Me gusta mucho este cuadro.
- A mí también. / A mí no.
- No me gustan los ordenadores.
- A mí tampoco. / A mí sí.

GRAMÁTICA

También, tampoco, sí, no.

(Ver resumen gramatical, apartado 13)

COMUNICACIÓN

Expresar diversos grados de gustos
- A mi abuela le encanta bailar.
- A Pepe le gusta mucho ver la televisión.
- Me gusta la clase de español.
- A Olga no le gustan los niños.
- No me gusta nada este disco.

❶ Asociar *tr.* unir algo a otros para un fin

1 **¡Es mentira[1]! Escribe frases verdaderas y frases falsas expresando tus gustos.**

a 说谎游戏。请写一些关于表达你喜好的真实和虚假的句子。

> No me gustan nada las discotecas[2].
> Me encanta chatear.

b **En parejas. Dísela a un compañero con el que no has trabajado en esta lección. Cuando crea que una frase es falsa, dice "¡Es mentira!". Si realmente es falsa, obtiene un punto; si es verdadera, lo obtienes tú.**

两人一组。把这些句子告诉一位本课从未合作过的同学。当他认为句子是假话时，就说"¡Es mentira!"。如果确实是假话，就赢得一分；反之，你赢得一分。

> No me gustan nada las discotecas.

> Sí, es verdad; me gustan las discotecas.

> ¡Es mentira! Sí te gustan las discotecas.

> Un punto para mí.

c **Coméntale qué otras frases falsas no ha descubierto[3]. Anótate un punto por cada una de ellas. ¿Quién tiene más puntos?**　告诉同学还有哪些是说假话的句子他尚未觉察。每句得一分。谁的分数最高？

2 **Los gustos del profesor. Formad dos equipos (A y B). Comenta con los miembros de tu equipo qué gustos**
a **creéis que tiene el profesor y escribidlos.**　老师的喜好。现在组成两队（A-B）。和成员讨论一下你们认为老师有哪些喜好并且写下来。

> (A la profesora) Le gusta mucho bailar. También le gustan las películas de terror.

b **Por turnos. Un alumno le dice un gusto al profesor y este le confirma si ha acertado o no. En caso afirmativo, obtiene un punto para su equipo, y si la frase está bien, obtiene otro punto.**

轮流进行。一位同学向老师说出一种喜好，然后老师确认正确与否。如果喜好猜测正确，该队得一分，如果句子也没有错误，还可以再得一分。

> Te gusta mucho bailar.

> Sí, me gusta mucho bailar. Un punto para tu equipo. Y como la frase está bien, otro punto.

> Te gustan las películas de terror[4].

> No, no me gustan nada. Pero la frase está bien, así que un punto para tu equipo.

c **¿Qué equipo tiene más puntos?**　哪一队分数最高？

① Mentira *f.* expresión contraria a lo que se cree o se sabe
② Discoteca *f.* lugar público que se baila, se entretiene o se bebe
③ Descubrir *tr.* encontrar algo escondido o ignorado
④ Terror *m.* espanto, miedo fuerte

3 Un cómic. Lee este cómic y averigua qué significa lo que no entiendas.

a 漫画。请看漫画，并查一查你不理解的地方。

LOS ESPAÑOLES Y LOS DEPORTES

1 A MUCHOS ESPAÑOLES LES GUSTAN MUCHO LOS DEPORTES Y EL MÁS POPULAR ES EL FÚTBOL. LOS EQUIPOS DE FÚTBOL MÁS FAMOSOS SON LOS DE LAS CIUDADES MÁS GRANDES Y HAY UNA GRAN RIVALIDAD① ENTRE ELLOS.

2 LOS PERIÓDICOS②, LA RADIO, LA TELEVISIÓN E INTERNET LE PRESTAN MUCHA ATENCIÓN (DEMASIADA, EN OPINIÓN DE MUCHAS PERSONAS QUE NO SON AFICIONADAS③ AL FÚTBOL).

¿ESTA NOCHE TAMBIÉN HAY FÚTBOL EN LA TELEVISIÓN?

SÍ.

3 MUCHOS AFICIONADOS VEN LOS PARTIDOS EN LA TELEVISIÓN EN SU CASA O EN BARES. PREFIEREN④ REUNIRSE CON AMIGOS PARA VERLOS JUNTOS Y DISFRUTAR⑤ (O SUFRIR) JUNTOS.

¡GOL!

4 PERO NO TODO ES FÚTBOL: EN ESPAÑA HAY TAMBIÉN OTROS DEPORTES MUY POPULARES COMO SON EL BALONCESTO, EL TENIS, EL CICLISMO⑥, EL AUTOMOVILISMO⑦ Y EL MOTOCICLISMO⑧.

5 EN GENERAL, A LOS ESPAÑOLES LES GUSTA PRACTICAR DEPORTE. LO HACEN EN SU TIEMPO LIBRE HOMBRES Y MUJERES, JÓVENES Y ADULTOS, RICOS Y POBRES...

6 OTROS, SIN EMBARGO, PRACTICAN FRECUENTEMENTE EL "DEPORTE" DE VER MUCHO DEPORTE, NO IMPORTA CUÁL, EN LA TELEVISIÓN DEL SALÓN DE SU CASA: VEN PARTIDOS DE FÚTBOL, DE BALONCESTO, DE TENIS, CARRERAS⑨ CICLISTAS⑩ O AUTOMOVILÍSTICAS, ETC.

b Lee de nuevo y escribe nombres de deportes.
请再看一遍，并写出这些运动的名字。
Fútbol

c ¿Puedes decir el nombre de algunos deportistas españoles y el deporte que practican? 你能说出一些西班牙运动员的名字和从事的运动吗？
Rafael Nadal juega al tenis…

¿Y conoces algunos equipos españoles de fútbol, baloncesto u otro deporte? 你知道西班牙足球队、篮球队或其他运动队吗？

d ¿Eres aficionado a algún deporte? ¿Practicas alguno? ¿Cuál y cuándo? Díselo a la clase. 你爱好运动吗？你自己做运动吗？是什么运动？什么时候做呢？请告诉同学。

① Rivalidad *f.* competencia
② Periódico *m.* publicación de carácter informativo que sale diariamente
③ Aficionado *adj.* que siente afición a algo
④ Preferir *tr.* mostrar preferencia por algo
⑤ Disfrutar *tr.* sentir placer o gozar
⑥ Ciclismo *m.* deporte de la bicicleta
⑦ Automovilismo *m.* deporte que se practica con automóvil
⑧ Motociclismo *m.* deporte que se practica con motocicleta
⑨ Carrera *f.* competencia deportiva de velocidad
⑩ Ciclista *m.f.* relacionado con el ciclismo

10 Mi barrio, horarios públicos y el tiempo
我的社区，公共作息
时间和天气

OBJETIVOS 学习目标

- Describir un barrio 描述社区
- Expresar preferencias 表达偏好
- Preguntar y decir la hora
  询问和回答时间
- Preguntar e informar sobre horarios públicos
  询问和表达公共作息时间
- Hablar del tiempo atmosférico
  谈论天气

---

1 Lee las palabras del recuadro y asegúrate de que las entiendes. 请朗读并理解图中的单词。

estación de metro Ⓜ	parque	iglesia ✝	colegio *abc*	biblioteca 📚
centro comercial 🛍	oficina de información ⓘ	parada de autobús Bus		hospital ✚
cine 🎞	supermercado 🛒	ayuntamiento 🚩	tienda 🏷	bar 🍸 farmacia ✚
aparcamiento 🅿	calle peatonal 🚶	teatro 🎭	restaurante 🍴	cajero automático 🏧

Fonética 语音　　　　La sílaba más fuerte 重读音节

2

a Escucha y subraya la sílaba más fuerte de cada una de las palabras de la actividad anterior.
🎧 请听录音并划出上题中每个单词的重读音节。
2|10

b Escucha y repite.　请听录音并跟读。
🎧
2|11

---

3 ¿Masculino o femenino? Escribe las palabras de la actividad 1 en la columna correspondiente. Puedes consultar el diccionario. 阳性还是阴性？请把练习1的单词写在对应的格子里。可以查阅字典。

un	una
parque	estación de metro

4 Observa el dibujo de una parte de un barrio. ¿Cuántas palabras de la actividad 1 puedes utilizar para decir lo que hay? 请看这张社区图片。你能用练习1中多少单词来描述图中有什么？

Hay una parada de autobús.

5 En parejas. Por turnos, elige una de las cosas del dibujo y dile a tu compañero dónde está. Él tiene que adivinar qué es. Si lo necesitas, puedes consultar la actividad 9 de la lección 8.

两人一组。轮流选择图中的某物，并把位置告诉同学。他必须猜出是什么。如有必要，你可以查阅第8课练习9。

- Está a la derecha de la calle, después del cine, enfrente de la farmacia.
- (Es) La oficina de información.
- Sí.

6 ¿Tienes buena memoria? Cierra el libro y escribe lo que hay en esa parte del barrio.

a 你记性好吗？请把书合上，并写出在这一片社区有什么。

b Compara con tu compañero. ¿Quién ha escrito más palabras correctamente?

请和同学对比一下。谁写的单词最多最正确？

Describir un barrio 描述社区

Lee y asegúrate de que entiendes todo. 请阅读并理解文章。

"Hablar de mi barrio es hablar de la parte de mi ciudad que más me gusta. Vivo en el barrio de Maravillas, que es un barrio antiguo y céntrico. Está muy bien comunicado, hay muchas paradas de autobús y dos estaciones de metro. En general, es bastante tranquilo, tiene bastantes calles estrechas y algunos edificios preciosos. En mi barrio puedes comprar de todo y hacer muchas cosas: hay muchas tiendas, supermercados, bares, restaurantes, cines, teatros, bibliotecas…

Lo que más me gusta de mi barrio es que vive mucha gente joven y es muy alegre. Lo que menos, que hay pocas zonas verdes y que hay mucho tráfico en algunas calles. Mi sitio preferido es una plaza muy pequeña y muy agradable, sin ruido, con árboles y poca gente, ideal para ir allí a leer o con algún amigo."

b **¿Verdadero o falso?** 判断对错。

	V	F
1. Es un barrio muy moderno.	☐	☐
2. Está bastante cerca del centro.	☐	☐
3. No es muy ruidoso.	☐	☐

	V	F
4. No es un barrio aburrido.	☐	☐
5. Hay muchos parques.	☐	☐
6. Su lugar preferido es un edificio precioso.	☐	☐

8 **Fíjate.** 注意。
a

Cuantificadores con sustantivos 修饰名词的不定词

mucho/-a/-os/-as	En mi barrio hay **muchas** tiendas.
bastante(s)	También hay **bastantes** restaurantes.
algún, alguna/-os/-as	Hay **algunas** calles peatonales.
poco/-a/-os/-as	Hay **pocas** zonas verdes.

b **Escribe informaciones sobre tu barrio con esos cuantificadores.** 请用上面的程度形容词描述你的社区。

En mi barrio hay algunos supermercados.

9 **¡Es mentira! Escribe frases con informaciones verdaderas y falsas sobre tu barrio. Puedes usar estas**
a **palabras y expresiones.**   说谎游戏。请写一些关于你的社区真实和虚假的句子。可以使用下列单词和词组。

- Es
- Está
- Hay/Tiene
- Lo que más me gusta
- Lo que menos me gusta
- Mi sitio preferido

b **Dile a tu compañero esas frases y algunas de 8b. Cuando crea que una frase es falsa, dice "¡Es mentira!".**
Si realmente es falsa, obtiene un punto; si es verdadera, lo obtienes tú. ¿Quién tiene más puntos?
请把这些句子和练习8b所写的句子告诉同学。当他认为句子是虚假的，就说"¡Es mentira!"。如果确为虚假的，
就赢得一分；如果是真实的，你赢得一分，看谁的分数最高？

10 **Observa estas fotografías de tres barrios de Madrid. Comenta las características de cada uno de esos**
a **barrios con tus compañeros.**   请仔细看马德里三个城区的照片。和同学一起讨论每个城区的特点。

El barrio A es antiguo y tiene calles peatonales.

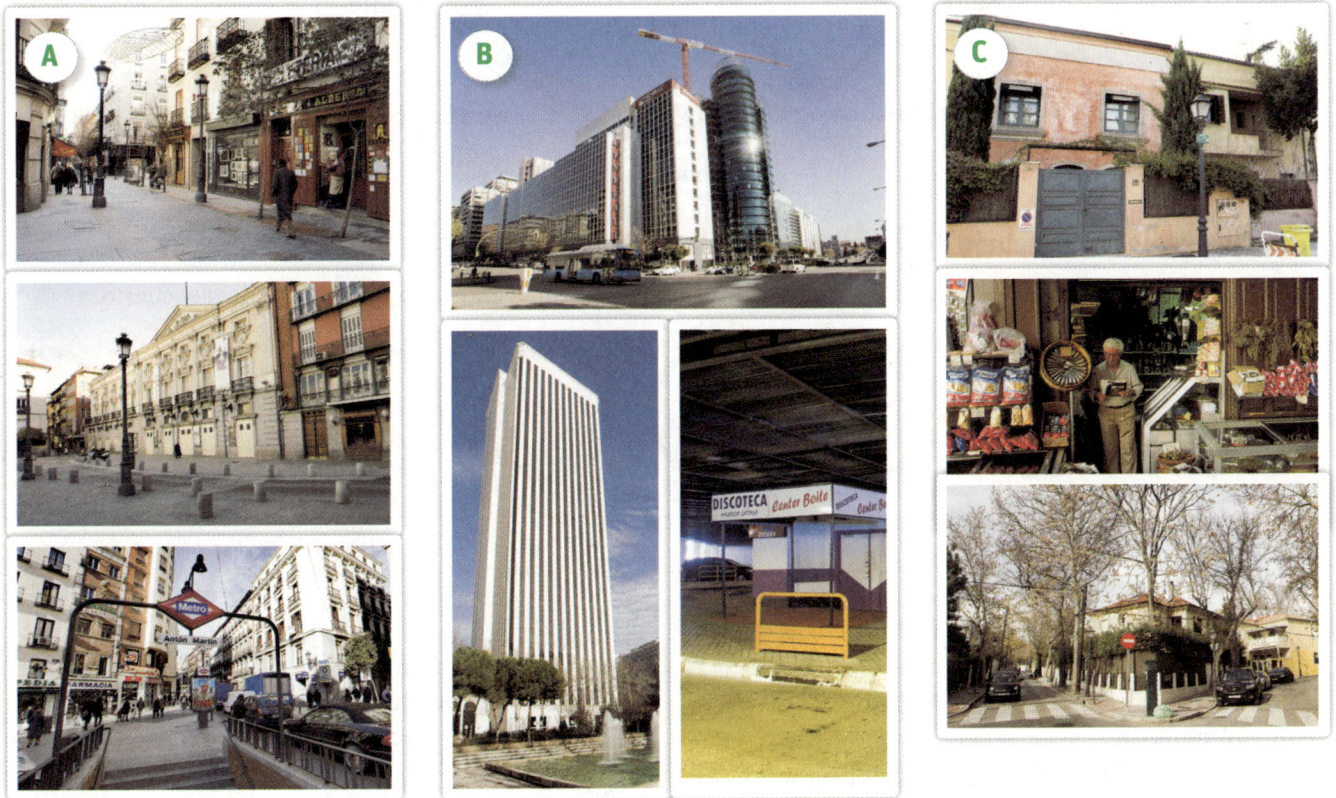

b **Escucha a tres personas describiendo esos barrios y di de cuál habla cada una. Escucha de nuevo y completa**
el cuadro.   请听三个人描述这些城区，并说出他们分别谈论的是哪个城区。然后再听一遍，并完成表格。

2|12

	Lo que más le gusta	Lo que menos le gusta
1		
2		
3		

c **Escucha otra vez. ¿Qué otras características tiene cada barrio?**
请再听一遍。每个城区还有哪些其他特点？

2|13

11 **En grupos de cuatro. Describe tu barrio a tus compañeros y escucha la descripción de sus barrios.**
¿Te gustaría vivir en alguno de ellos? ¿En cuál? ¿Por qué?   四人一组。请向同学描述你的社区，并听
一听他们对各自社区的描述。你喜欢住在其中的某个社区吗？是哪一个？为什么？

A mí me gustaría vivir en el barrio de... porque...

¿Qué hora es? 几点了?

12 **Observa este dibujo con atención.** 请仔细看这张图。

en punto
un minuto
dos minutos
tres minutos
cuatro minutos
cinco

cinco

diez

diez

cuarto

menos

y

cuarto

veinte

veinte

veinticinco

veinticinco

media

13 **Escribe estas horas debajo de los relojes correspondientes.** 请把这些时间写在相应的时钟下面。

a
• las cinco y media   • las cinco menos diez   • las once en punto   • las doce y cuarto

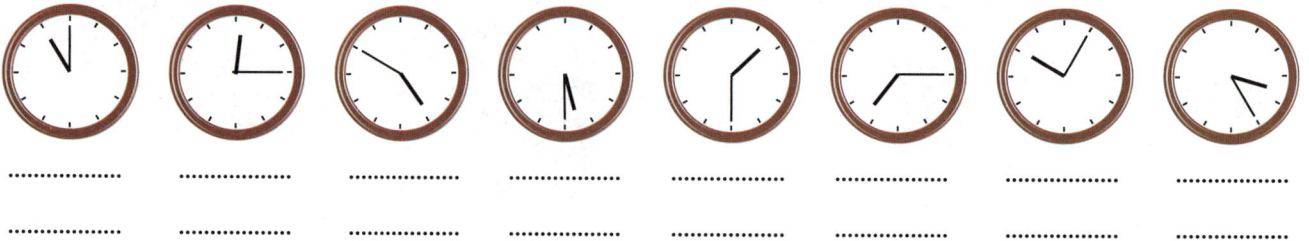

....

....

b **Ahora escribe las horas que faltan.** 现在请写出未写明的时间。

14 **Fíjate en el cuadro. Luego, pregúntale la hora a tu compañero.**

请仔细看这张表格。然后向同学询问时间。

La hora 时间

• ¿Qué hora es?

		en punto.
○ Es la una	y	media. cuarto. cinco. dos minutos.

○ Son las dos
    las tres
    las cuatro
	menos	cuarto.
		cinco.
		diez.
		dos minutos.

15 **Escucha y subraya las horas que oigas.**

🎧 2|14 请听录音并划出听到的时间。

1.	2:30	12:30

2.	8:15	8:40

3.	3:25	2:35

4.	6:10	5:50

16 **Juega con tu compañero y di una hora. Tu compañero cambia la posición de las agujas del reloj y dice la hora correspondiente.** 请和同学一起玩。你说一个时间，你的同学把时钟的指针互换位置，并说出对应的时间。

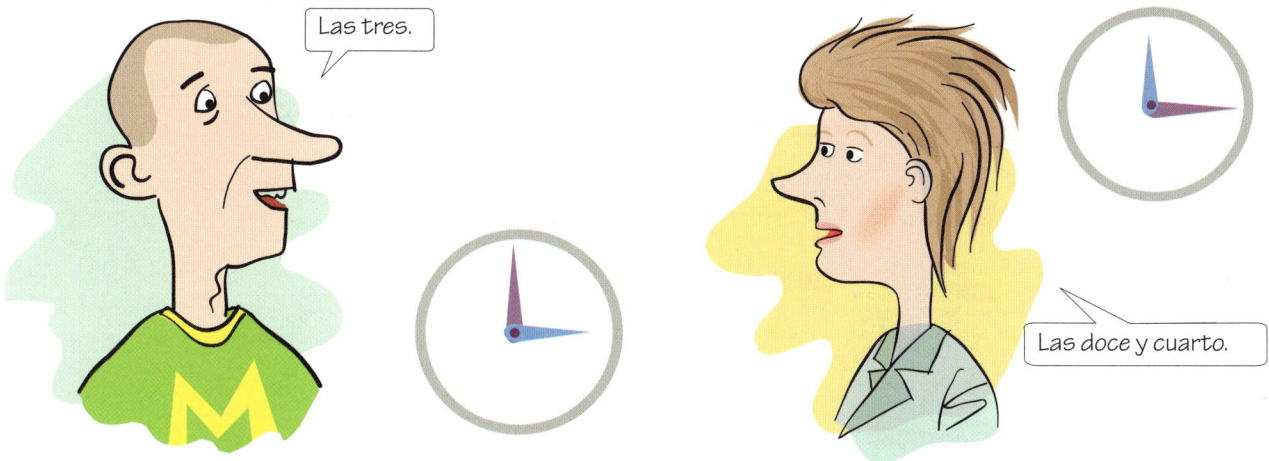

> Las tres.

> Las doce y cuarto.

Días de la semana y horarios públicos
一个星期各天的表示和公共作息时间

17 **Mira esta agenda y ordena los días de la semana. Escríbelos.**
a 请看这本记事本，把一星期各天按顺序排列，并写下来。

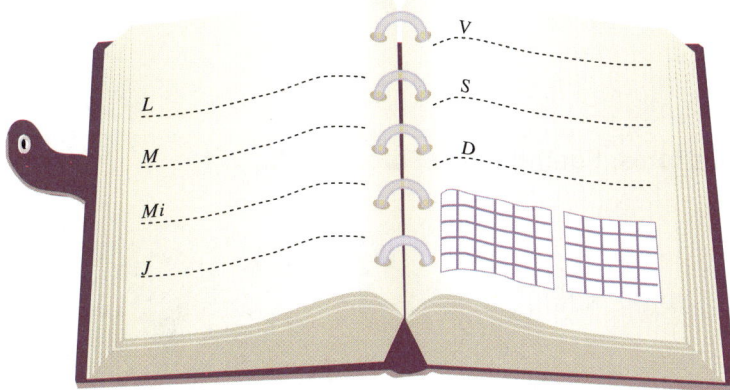

- jueves
- domingo
- miércoles
- martes
- sábado
- viernes
- lunes

lunes

b **Escucha y comprueba. Luego, repite.** 请听录音并核对，然后重复一遍。

2|15

18 **Observa este cartel con el horario de una tienda y responde a las preguntas.**
a 请看这张海报，上面写有一家商店的作息时间表，然后回答问题。

- ¿A qué hora abre esa tienda por la mañana?
- ¿Y por la tarde?
- ¿A qué hora cierra?
- ¿Qué horario tiene los sábados?

b **¿Hay alguna coincidencia con los horarios de tu país?**
和中国相比，作息时间有一致的地方吗？

> **Horario comercial**
> **ABIERTO**
>
> **De lunes a viernes**
> Mañanas: 9.30-14.00
> Tardes: 17.00-20.30
> Sábados tarde cerrado

Los meses del año 月份

19
a Mira el calendario y lee los meses del año.
请看日历并朗读一年中的每个月份。

ENERO
L M M J V S D

FEBRERO
L M M J V S D

MARZO
L M M J V S D

ABRIL
L M M J V S D

MAYO
L M M J V S D

JUNIO
L M M J V S D

JULIO
L M M J V S D

AGOSTO
L M M J V S D

SEPTIEMBRE
L M M J V S D

OCTUBRE
L M M J V S D

NOVIEMBRE
L M M J V S D

DICIEMBRE
L M M J V S D

20 Elige un día de ese calendario. Tus compañeros tienen que adivinar cuál es.
请选择日历中的某一天。你的同学必须猜出是哪一天。

- ¿Es en agosto?
- No, después.
- ¿En noviembre?
- No, antes.
- ¿En octubre?
- Sí.
- ¿Es un lunes?
- No.
- ¿Un jueves?
- Sí.
- ¿Es el día 20?
- No, antes.

b Escucha los nombres de los meses y subraya la sílaba más fuerte.
请听月份的名字，并划出重读音节。

2|16

El tiempo 天气

21 Relaciona las palabras y expresiones con las fotos. Puedes usar el diccionario.
请把下列表达和照片对应起来。可以查阅字典。

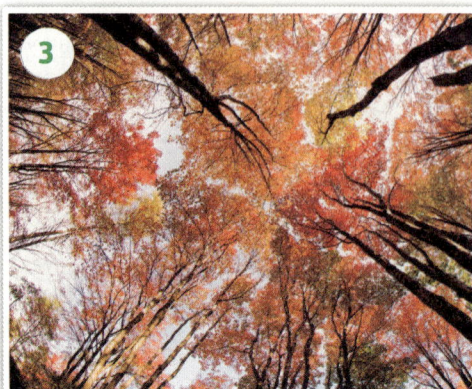

Hace calor.
Hace frío.
Hace sol.
Hace viento.
Hace buen tiempo.
Hace mal tiempo.
Llueve.
Nieva
Está nublado.
Hay niebla.

22 **¿Entiendes los nombres de las cuatro estaciones?** 你理解表示四季的名词吗？

a
- la primavera
- el verano
- el otoño
- el invierno

b **¿En qué estación o estaciones del año te hacen pensar las fotos de la actividad 21? Díselo a tus compañeros.**
练习21中的照片让你想起了一年中哪个季节？请告诉同学。

- A mí, la foto número 1 me hace pensar en…
- A mí también. /A mí, en…

c **Piensa en cuál es tu estación preferida y por qué. Puedes pedir ayuda al profesor. Luego, coméntalo con tres compañeros.** 请想好一个你最喜欢的季节以及原因。可以向老师求助。然后和其他三位同学一起讨论。

- ¿Cuál es tu estación preferida?
- La primavera, porque (hace buen tiempo, todo está verde, los días son largos y puedes…).
- Pues mi estación preferida es…

23 **Fíjate.** 注意。

Hablar del tiempo atmosférico 谈论天气

- ¿Qué tiempo hace en La Paz en otoño?

Hace (muy)	buen / mal	tiempo.

Hace	(mucho) (bastante)	calor. frío. sol. viento.

Llueve / Nieva	(mucho). (bastante). (poco).

24 **Piensa en una ciudad o en un lugar que tiene un clima que te gusta mucho.**

a 你最喜欢哪座城市或哪个地方的气候？好好考虑一下。

b **En grupos de tres. Describe el clima a tus compañeros y dales también alguna información sobre esa ciudad o ese lugar (país, situación, habitantes, por qué es famosa...). ¿Saben cuál es?**
三人一组。请向同学描述气候，并向他们提供一些这座城市或这处地点的信息（所在国家、位置、人口、因何出名……）。他们知道你说的是哪里吗？

En primavera hace…   En otoño…

25 **Un amigo extranjero va a venir a vivir a tu ciudad. Quiere elegir barrio y te pregunta cómo es el tuyo y el clima de tu ciudad a lo largo del año. Envíale un correo electrónico informándole.**
一位外国朋友要来你的城市居住。他想挑选一个社区，并向你询问你所在的社区怎么样，以及你的城市一年中的气候。请向他回一封电子邮件告诉他这些信息。

Para:	
Cc:	
Cco:	
Asunto:	

Horarios públicos en España 西班牙的公共作息时间

1
a

Lee el siguiente texto y completa el cuadro.
请阅读文章并完成表格。

Si quieres ir de compras, te conviene❶ saber que la mayoría de las tiendas y supermercados abren todos los días excepto❷ los domingos. El horario normal es de nueve y media de la mañana a dos de la tarde y desde las cinco hasta las ocho y media de la tarde. Sin embargo, algunos grandes almacenes❸ tienen un horario continuo❹ de diez de la mañana a nueve o diez de la noche y abren algunos domingos.

Al banco se puede ir de lunes a viernes entre las ocho y media de la mañana y las dos de la tarde. Algunos abren también por la tarde un día a la semana, pero muy pocos.

Si necesitas los servicios de algún centro oficial❺, tienes que ir de nueve de la mañana a dos de la tarde, y los fines de semana están cerrados. Otros servicios públicos como Correos tienen horario continuado, de ocho y media de la mañana a nueve y media de la noche los días laborables❻. Los sábados abren solo por la mañana, de ocho y media a dos; los domingos no hay servicio.

	DE LUNES A VIERNES		FINES DE SEMANA	
	Abren	**Cierran**	**Abren**	**Cierran**
tiendas				
supermercados				
grandes almacenes				
bancos				
centros oficiales				
Correos				

❶ Convenir *intr.* ser oportuno o útil

❷ Excepto *adv.* menos, salvo

❸ Almacén *m.* lugar donde depositan mercancías

❹ Continuo *adj.* que ocurre sin interrupción o de forma constante

❺ Oficial *adj.* que procede de alguna autoridad

❻ Laborable *adj.* relacionado con el trabajo

Recuerda 记住要点

COMUNICACIÓN

Describir un barrio

- Mi barrio es bastante tranquilo y está muy cerca del centro. En mi barrio hay muchas plazas, pero hay pocos parques.

GRAMÁTICA

Cuantificadores

Mucho/-a/-os/-as; bastante(s); algún, alguna/-os/-as; poco/-a/-os/-as.

- En mi barrio hay muchas tiendas.
- Hay bastantes calles estrechas.
- Hay algunas calles peatonales.
- Hay pocos supermercados.

(Ver resumen gramatical, apartado 16)

COMUNICACIÓN

Expresar preferencias

- Mi sitio preferido es la plaza de Olavide.
- Lo que más me gusta de mi barrio es que está muy bien comunicado.

GRAMÁTICA

Verbo *gustar*

(Ver resumen gramatical, apartado 12)

COMUNICACIÓN

Preguntar y decir la hora

- ¿Qué hora es/tienes?
- (Es) La una y cuarto./(Son) Las tres y media.

Preguntar e informar sobre horarios públicos

- ¿A qué hora abren las tiendas por la tarde?
- A las cinco.

GRAMÁTICA

Preposiciones

a	● Abren a las cinco.
de	● Abren a las cinco de la tarde.
por	● Abren los sábados por la tarde.

COMUNICACIÓN

Hablar del tiempo atmosférico

- ¿Qué tiempo hace en Zaragoza en verano?
- Hace mucho calor y llueve muy poco.

GRAMÁTICA

Presente de indicativo. Verbos irregulares

- LLOVER: llueve (**o-ue**)
- NEVAR: nieva (**e-ie**)

Muy–mucho

(Ver resumen gramatical, apartados 15 y 16)

b **¿Verdadero o falso?** 判断对错。

	V	F
1. Los centros oficiales abren los sábados por la mañana.	☐	☐
2. Los grandes almacenes están cerrados todos los domingos.	☐	☐
3. Los martes, a las 8.45, los bancos están abiertos.	☐	☐
4. Las tiendas cierran a la hora de la comida.	☐	☐
5. Todos los supermercados están cerrados todos los domingos.	☐	☐
6. Correos abre los domingos por la mañana.	☐	☐

2 **Habla con tus compañeros sobre los horarios de los establecimientos❶ públicos de tu país. ¿Son diferentes a los de España?**

请和同学一起讨论在中国一些公共场所的作息时间。和西班牙有区别吗?

❶ Establecimiento *m.* lugar donde ejercen una actividad comercial o industrial

Materiales complementarios   补充材料

1 **El dominó de las horas.**   "时间"多米诺骨牌游戏。

- En grupos de cuatro. Cada alumno toma siete fichas sin verlas.
  四人一组。每位同学拿七张卡片，不要偷看哦。
- Empieza a jugar el que tiene la ficha donde se lee "las dos menos veinticinco". La pone en la mesa y dice la hora que marca el reloj de la ficha.   谁的卡片上写有 "las dos menos veinticinco"   先开始游戏。请把这张卡片放在桌上，然后说出卡片上时钟指示的时间。
- El jugador que tiene la ficha donde se lee la hora que ha dicho su compañero continúa el juego.
  谁的卡片上写有上一位同学所说的时间接着进行游戏。
- Si un jugador no dice correctamente la hora, pierde un punto. Gana el que pierde menos puntos.
  如果有同学没有正确说出时间，就被扣一分。最后谁被扣分数最少就赢得比赛。

2 **El juego del mapa del tiempo.** 天气地图游戏。

a **Alumno A:** Dibuja❶ a lápiz un símbolo❷ del tiempo junto a cada ciudad. Responde "sí" o "no" a lo que te diga tu compañero y cuenta el número de frases que dice para adivinar el tiempo que hace hoy en esas ciudades.

A同学：用铅笔在每座城市边画一个天气符号。当同学问你的时候，只回答Sí或No。你的同学共用了几句话全部猜对这些城市今天的天气？数一数。

sol	lluvia
nieve	nublado
niebla	viento

Alumno B: Intenta adivinar lo antes posible el tiempo que hace hoy en cada una de las ciudades del mapa.

B同学：猜一猜地图上这些城市今天的天气。猜得越快越好。

- Hoy llueve en Bilbao.
- No.
- Está nublado.
- No.
- Hay niebla.
- No.
- Hace sol.
- Sí.

b **Comprobad. Borrad❸ los símbolos y cambiad de papel.** 比一比。现在擦掉刚才画的符号并互换角色。

c **¿Quién de los dos ha adivinado antes el tiempo que hace hoy en esas ciudades?**

你们两个人谁最早猜中所有城市今天的天气？

❶ Dibujar *tr.* pintar una figura
❷ Símbolo *m.* imagen que representa un concepto
❸ Borrar *tr.* eliminar

Repaso 2
复习课2

Juego de palabras　词语游戏

1
a **Tienes dos minutos para buscar los contrarios de:**　现在你有两分钟时间寻找下列单词或词组的反义词形式：

- cerca
- debajo
- a la derecha
- no me gusta nada
- modernas
- norte
- cerrado
- aburrida
- bonitos
- delante
- ruidosa
- poco

b **En parejas. Por turnos, elige una de esas palabras o expresiones y dísela a tu compañero. Él tiene que decir lo contrario. Si está bien, obtiene un punto. Gana el que obtiene más puntos.**
两人一组，轮流选择其中一个单词或词组，并告诉你的同学。他必须说出反义词。如果正确，就获得一分。最后分数最高的同学就赢得比赛。

¿Dónde están los muebles?　家具在哪里？

2
a **Escucha y haz una lista de los muebles que hay en la habitación de Alfonso.**
请听录音，并列出Alfonso房中的家具。

🎧 2|17

b **Escucha de nuevo y dibuja cada mueble (o escribe su nombre) en el lugar donde está.**
请再听一遍，并按照位置画出（或写出）各个家具。

🎧 2|18

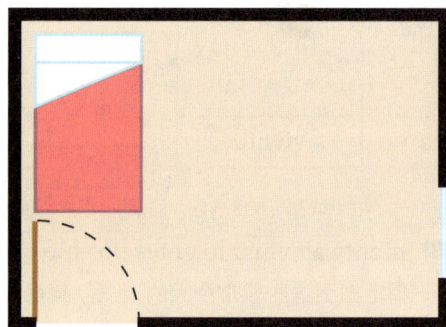

3
a **Coloca los muebles de la lista en el salón. Dibújalos o escribe sus nombres donde quieras.**
请把表单中的家具摆放在客厅。你可以根据自己的想法把它们画出或写出来。

- una mesa redonda
- cuatro sillas
- un sofá
- un sillón
- una mesita cuadrada
- una estantería

b **Ahora dile a tu compañero dónde está cada mueble para que lo dibuje o lo escriba donde tú le digas.**
现在请把每个家具的位置告诉你的同学，他必须按照你的说法画出或写出来。

c **Compara tu salón con el de tu compañero. ¿Ha colocado bien todos los muebles? Coméntalo con el profesor. Si quieres, puedes repetir la actividad con otro compañero.**　把你的客厅和同学对比一下。所有家具都摆放正确了吗？请告诉老师。如果你愿意，也可以和其他同学再做一遍这个练习。

4 Escucha estos dos fragmentos de música. 请听两段音乐片段。

a

🎧 2|19

b En parejas. Pensad en una persona a la que creáis que le gusta mucho uno de esos dos fragmentos.
两人一组。请想一个你们认为会非常喜欢其中一段音乐的人物。

c Escribid sobre ella (sexo, edad, profesión, barrio donde vive, descripción física, carácter y gustos).
你们一起写一篇关于这个人物的小作文（性别、年龄、职业、居住的社区、外貌、性格和喜好）。

d Hablad con otra pareja sobre esa persona. ¿Tiene muchas cosas en común con la persona sobre la que han escrito ellos? 请和另外一组同学一起讨论一下这个人物。你们组的人物和他们组所写的人物有很多共同点吗?

Juego de frases 句子游戏

5 En grupos de cuatro. Juega con un dado y una ficha de color diferente a la de tus compañeros.
四人一组。一个骰子，以及每人一张不同颜色的卡片。

● Por turnos. Tira el dado y avanza el número de casillas que indique.
轮流掷骰子，并根据掷出的数字在下面的格子中前进。

● Di una frase correcta con la(s) palabras(s) de la casilla donde estás. 根据你所在格子中的单词造句。

● Si tus compañeros dicen que está mal, retrocede a donde estabas.
如果你的同学说你的句子不正确，请你退回之前所在的格子。

	1 cuánto	2 hay	3 a mí	4 bastante	5 jugar	6 a la izquierda
SALIDA						
20 por	21 encanta	22 calor	23 también	24 verdad	7 nos
19 pocos	32 ver	33 les	34 tampoco	25 cuál	8 está
18 es	31 lo que	LLEGADA	35 hasta	26 mi	9 qué
17 se	30 por qué	29 dedicas	28 detrás	27 preferido	10 gustan
16 debajo	15 ir	14 al	13 ti	12 quién	11 tiempo

¿Verdadero o falso? 真的假的？

6 **Marca lo que creas en la columna "Antes de leer".** 请先在"Antes de leer"栏中标出你的看法。

a **ANTES DE LEER**

V F

☐ ☐ **1.** Sevilla está en el centro de España.

☐ ☐ **2.** Está a unos 500 kilómetros de Madrid.

☐ ☐ **3.** Por Sevilla pasa un río.

☐ ☐ **4.** Tiene un millón de habitantes aproximadamente.

☐ ☐ **5.** En Sevilla hay muchas casas de color blanco.

DESPUÉS DE LEER

V F

☐ ☐

☐ ☐

☐ ☐

☐ ☐

☐ ☐

b **Ahora lee estos dos párrafos de un folleto turístico y marca la columna "Después de leer". Compara tus respuestas con las anteriores.** 现在请阅读一份旅游手册中的这两段话，然后在"Después de leer"栏中判断对错。请和你之前的判断比较一下。

SEVILLA

Sevilla, la ciudad más importante de Andalucía, se halla situada al sur de Madrid, a 542 kilómetros. Por ella pasa el río Guadalquivir, al que los romanos llamaron Betis. Es puerto fluvial y escala de muchas compañías de navegación españolas y extranjeras. También está excelentemente comunicada por vuelos directos a Alicante, Barcelona, Bilbao, Canarias, Madrid, Málaga, Palma de Mallorca, Santiago de Compostela y Valencia.

La estructura urbana de Sevilla, cuya población supera los 700 000 habitantes, fue construida en la Edad Media pensando en cómo evitar el calor del verano. Por eso tiene tantas calles estrechas, pasajes y plazas pequeñas. Las casas suelen ser blancas, con flores en las ventanas, y muchas de ellas tienen un patio, herencia a la vez romana y árabe.

7
a En parejas. Escribid un texto de presentación de la ciudad donde estáis. Podéis consultar folletos turísticos, internet, etc. Incluid también una lista de lugares de interés y marcadlos en un plano de esa ciudad.
两人一组。一起写一篇小作文介绍一下你们的城市。可以查阅旅游手册、互联网等。你们还可以列出一些旅游景点以及在城市地图中把它们标出来。

b Pasad el texto a otra pareja y corregid el suyo. Comentad con la otra pareja los posibles errores. Si habéis cometido errores, escribid de nuevo el texto. 请两组互改作文。和他们讨论一下出现的错误。如果你们也出现了错误，请重新写一遍。

c Pegad el texto, el plano y alguna foto de esa ciudad en una cartulina grande y ponedla en una pared de la clase. 请把小作文、地图和城市照片贴在一张大纸板上，然后挂在教室的墙上。

11 Un día normal
平常的一天

OBJETIVOS 学习目标
- Hablar de hábitos cotidianos
  谈论日常习惯
- Preguntar y decir a qué hora se hacen las cosas 询问和回答几点做某事

1

a Mira este dibujo del número 6 de la calle de la Rosaleda a las ocho de la mañana de un día normal.
Luego, lee el texto y subraya lo que no entiendas.
请看图片，这是Rosaleda街6号平常某天早晨八点的情况。请阅读课文并划出你不理解的地方。

"Todos los días me levanto a las tres de la tarde, me ducho y como a las cuatro, más o menos. Luego paso la tarde leyendo novelas policíacas o voy al cine. Ceno sobre las diez de la noche y empiezo a trabajar a las once. Me encanta la noche y mi trabajo. Termino de trabajar a las seis y media de la mañana y vuelvo a casa un cuarto de hora más tarde. Desayuno a las siete, leo el periódico, me lavo los dientes y siempre me acuesto a las ocho."

OFICINA

VUELVES UN POCO TARDE.

COMO TODOS LOS DÍAS.

b Di a qué persona del dibujo corresponde ese texto. 请说出课文与图片中的哪个人物的情况相符。

2 Y tú, ¿a qué hora haces esas cosas normalmente? Escríbelo. Fíjate en el texto de la actividad anterior.
你呢？通常你几点做这些事情？请写下来。请参考上一题的课文。

Me levanto a las… Desayuno a las…

3 Escucha y repite lo que oigas solo si es verdadero. Si es falso, no digas nada.
请听录音，如果是真实的，请重复一遍，如果是虚假的，不用说话。

2|20

4 Completa el cuadro con las formas verbales que faltan. Puedes consultar el texto de la actividad 1.
请用适当的动词形式完成表格。可以参考练习1的课文。

PRESENTE DE INDICATIVO, SINGULAR 陈述式现在时，单数变位

	Verbos terminados en *-ar*				
	TRABAJAR	**DESAYUNAR**	**TERMINAR**	**CENAR**	**EMPEZAR**
yo	trabajo	desayuno			empiezo
tú	trabajas		terminas		empiezas
él/ella/usted	trabaja			cena	

	LLAMARSE	**LEVANTARSE**	**DUCHARSE**	**LAVARSE**	**ACOSTARSE**
yo me	llamo				
tú te	llamas	levantas			acuestas
él/ella/usted se	llama		ducha	lava	

	Verbos terminados en *-er*				
	TENER	**COMER**	**LEER**	**HACER**	**VOLVER**
yo	tengo			hago	
tú	tienes	comes		haces	vuelves
él/ella/usted	tiene		lee		vuelve

	Verbos terminados en *-ir*	
	VIVIR	**SALIR**
yo	vivo	salgo
tú	vives	sales
él/ella/usted	vive	

Verbo *ir*	
yo	
tú	**vas**
él/ella/usted	**va**

5　Escucha las palabras y escríbelas en la columna correspondiente.　请听单词并把它们写在对应的格子里。

a

2|21

▬ ▬	▬ ▬ ▬	▬ ▬ ▬ ▬
	ter mi nas	

b　**Subraya la sílaba fuerte de esas palabras.**　请把这些单词的重读音节划出来。

c　**¿Qué tienen en común todas esas formas verbales? Díselo al profesor.**
所有这些动词的形式有什么共同点吗？请告诉老师。

6　**En grupos de cuatro. Habla con tus compañeros y pregúntales a qué hora hacen habitualmente estas**
a　**cosas. Anótalo.**　四人一组。和你的同学谈一谈，问一问他们平常几点钟做这些事情，然后记录下来。

		Tú			
Levantarse					
Desayunar					
Empezar	a trabajar				
	las clases				
Comer					
Terminar	de trabajar				
	las clases				
Volver a casa					
Cenar					
Acostarse					

- ● ¿A qué hora te levantas?
- ○ A las… (de la…). ¿Y tú?
- ● …

b　**Mira el cuadro y responde a las preguntas.**　请看上面的表格并回答问题。

¿Quién de vosotros se levanta antes?

¿Quién come antes?

¿Quién cena más tarde?

¿Quién se acuesta más tarde?

¿Quién vuelve a casa más tarde?

7 **Escucha la conversación de Eduardo con una amiga sobre su tía y haz una lista de las horas que oigas.**

a 请听一段Eduardo和一位朋友之间关于他阿姨的谈话，并把你听到的时间列出来。

🎧 2|22

b **Escucha de nuevo y escribe qué hace la tía de Eduardo a cada una de esas horas.**

🎧 2|23 请再听一遍，并写下Eduardo的阿姨在每个时间点都做了什么事情。

8 **En grupos de tres. ¿Qué creéis que hacen en un día normal los otros vecinos de Rosaleda, 6? Elegid dos**
a **de ellos y decidid qué hace cada uno.** 三人一组。你们觉得Rosaleda街6号的其他居民在平常的一天都做些什么？请选择其中的两位居民，你们可以安排每个人的活动。

- Yo creo que el señor Andrés no trabaja.
- Se levanta a…

b **Decídselo a la clase. ¿Están de acuerdo vuestros compañeros?** 请告诉同学。他们同意你们的说法吗？

9 **Observa este dibujo y lee el texto. Tu profesor tiene la información que falta. Pídesela y completa los espacios en blanco.** 请看下图并阅读课文。老师有缺少的信息。你可以向老师提问并把空格补充完整。

Se llama .... y vive en ....

con .... Todos los días se levanta a las

.... y desayuna en casa.

Luego va a trabajar. Es .... Por las mañanas

trabaja en .... Por las tardes ....

.... Vuelve a casa a las ....,

cena con .... y se acuesta a las

....

- ¿Cómo se llama?
- ○ ....
- ¿Dónde vive?
- ○ ...
- ¿Con quién vive?
- ○ ...

10 **¡Crea otro personaje diferente! Fíjate en el**
a **esquema anterior y escribe sobre un personaje imaginario. Puedes usar el diccionario.** 你来创造一个不同的人物吧！请参考上面的提纲，写一篇关于一个虚构人物的小作文。可以查阅字典。

b **Pregunta a tu compañero por su personaje. ¿Es más raro que el tuyo?**
请向同学询问他们的人物。是不是比你的人物更奇特？

11 En grupos de seis. Elige a una de estas personas y piensa qué hace todos los días y a qué hora. Luego, díselo a tus compañeros. ¿Saben quién es? 六人一组。选择其中一个人物，考虑一下他每天做什么以及几点做这些事情。然后请告诉同学，他们知道你说的是谁吗？

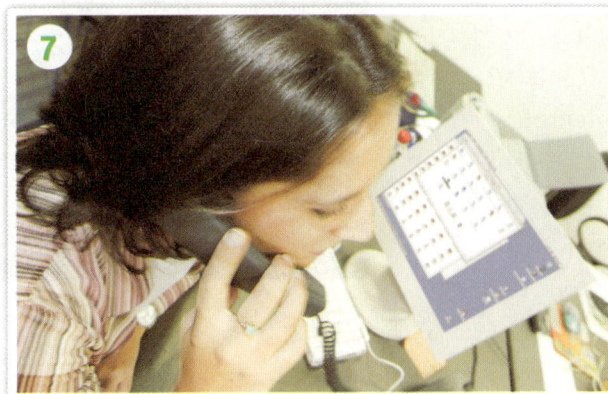

Forges y el humor Forges和他的幽默

1
a **Averigua qué es un chiste.**   请查一查什么是chiste。

b **Lee estos dos chistes. ¿Los entiendes? ¿Cuál te gusta más?**
请看这两幅幽默漫画。你能理解吗？你喜欢哪一幅？

1

2

❶ Humorista *m.f.* persona dedicada profesionalmente al humorismo

❷ Mostrar *tr.* exponer o presentar

❸ Visión *f.* capacidad de ver u opinión particular sobre algo

❹ Crítico *adj./m.f.* de la crítica o persona dedicada a la crítica

❺ Cotidiano *adj.* diario

❻ Cómico *adj.* que hace reír

❼ Ingenioso *adj.* que tiene ingenio

❽ Culto *adj.* relacionado con la cultura o formación intelectual, o se refiere al homenaje religioso

❾ Participar *intr.* tomar parte en una actividad

c **Los dos han sido creados por Forges, famoso dibujante humorístico español. Lee esta información sobre él con ayuda del diccionario.**
这两幅都是由西班牙著名幽默漫画家Forges创作的。请使用字典阅读下面这段关于他的文章。

El humorista❶ Antonio Fraguas, Forges, dibuja chistes sobre la vida social y política de España desde 1964. En ellos muestra❷ una visión❸ crítica❹ de las situaciones de la vida cotidiana❺ y política con la que se identifican muchos ciudadanos. Tiene un estilo gráfico personal y muy cómico❻, con un sentido del humor muy inteligente. En sus textos, muy ingeniosos❼, usa lenguaje culto❽ y popular, representativo del lenguaje de la calle. Además, muchas veces usa palabras que crea él mismo. Colabora habitualmente con periódicos y revistas, y participa❾ en diferentes programas de radio. Ha publicado varios libros, es muy popular y ha ganado varios premios.

© Sandra Besga

d **Si lo deseas, puedes buscar en internet más información sobre Forges y leer algunos chistes suyos.**
如果你愿意，可以在互联网上寻找关于Forges更多的信息并看看他的漫画。

2

a
Ahora lee este chiste sobre lo que hace este señor un día normal. 现在请看这幅关于一位先生在平常一天做的事情的幽默漫画。

OYE; YO ME VUELVO AL MINISTERIO, QUE A LAS 12 EMPIEZA LA CLASE DE YOGA

b
En parejas, responded a las preguntas. Podéis usar el diccionario. 两人一组，一起回答这些问题。可以查阅字典。

- ¿Dónde trabaja ese señor?
- ¿Qué profesión tiene?
- ¿Qué hora crees que es? ¿Por qué?
- ¿Es normal tener una clase de yoga en el trabajo?
- ¿Qué quiere expresar el autor de ese chiste?

c
Comentad vuestras respuestas con la clase. 请和同学一起讨论你们的回答。

Recuerda 记住要点

COMUNICACIÓN

Hablar de hábitos cotidianos
- ¿A qué hora te levantas?
- A las ocho.
- ¿Comes en casa?
- No, en el trabajo.
- ¿Qué haces por la tarde?
- Voy a clase de música.

Preguntar y decir a qué hora se hacen las cosas
- ¿A qué hora te acuestas?
- (Me acuesto) A las once aproximadamente.

GRAMÁTICA

Presente de indicativo, singular

Verbos regulares
Desayunar, comer, terminar, cenar, leer, levantarse, ducharse, lavarse.

(Ver resumen gramatical, apartado 7.1.1)

Verbos irregulares

	IR
(yo)	**voy**
(tú)	**vas**
(él/ella/usted)	**va**

(Ver resumen gramatical, apartado 7.1.2.1)

	(e–ie) EMPEZAR	(o–ue) VOLVER	(o–ue) ACOSTARSE
(yo)	emp**ie**zo	v**ue**lvo	me ac**ue**sto
(tú)	emp**ie**zas	v**ue**lves	te ac**ue**stas
(él/ella/usted)	emp**ie**za	v**ue**lve	se ac**ue**sta

(Ver resumen gramatical, apartado 7.1.2.2)

	(-g-) HACER	(-g-) SALIR
(yo)	ha**g**o	sal**g**o
(tú)	haces	sales
(él/ella/usted)	hace	sale

(Ver resumen gramatical, apartado 7.1.2.4)

Pronombres reflexivos, singular
Me, te, se.

(Ver resumen gramatical, apartado 8.3)

1 **Las tres en raya. En grupos de tres. Por turnos, cada alumno elige un verbo y lo conjuga, en la persona indicada, en presente de indicativo. Si lo hace correctamente, escribe su nombre en esa casilla. Gana quien obtiene tres casillas seguidas.** 三子游戏。三人一组，轮流选择一个动词，并根据指定人称把动词变位（陈述式现在时）。如果变位正确，就把名字写在这个格子里。谁获得三个连续的格子就赢得比赛。

EMPEZAR (tú)	VOLVER (tú)	IR (yo)	DESAYUNAR (usted)	PODER (yo)
SABER (usted)	ABRIR (él)	ACOSTARSE (tú)	QUERER (yo)	CERRAR (ella)
DEDICARSE (tú)	CONOCER (yo)	TERMINAR (él)	LEVANTARSE (ella)	SALIR (yo)
CENAR (yo)	VIVIR (tú)	LEER (yo)	COMER (ella)	TENER (usted)

Empezar, tú: empiezas.

Bien.

2
a

Lee este texto. Puedes usar el diccionario.　请阅读文章。可以查阅字典。

HORARIOS DEL ESPAÑOL MEDIO

Una de las cosas que más sorprenden[1] a los extranjeros cuando visitan España son los horarios que tenemos. Descubren que la gente se acuesta tarde, se levanta pronto y duerme menos que en otros países.

Un español medio se levanta entre las siete y las ocho de la mañana. Desayuna poco, va a su centro de trabajo en transporte[2] público[3] o privado[4] y empieza a trabajar entre las ocho y las nueve de la mañana. A media mañana, sobre las diez o las once, hace un descanso[5], generalmente va al bar y toma algo con la bebida (un bocadillo[6] o un pincho[7], por ejemplo). Muchas de las personas que trabajan también por la tarde comen en algún restaurante cerca del trabajo entre la una y las tres, y salen de trabajar a las seis o bastante más tarde. Habitualmente no vuelven directamente a casa y quedan con amigos, toman una copa[8] en algún bar o *pub*, o hacen otras cosas, como, por ejemplo, ir a alguna clase o a algún acto.

El español medio cena tarde en casa, entre las nueve y las diez de la noche; ve la televisión bastante rato y, claro, se acuesta tarde. En opinión[9] de muchos especialistas[10], los horarios de la televisión son en parte responsables de eso porque hay programas que empiezan a altas horas de la noche y la gente se acuesta cuando terminan.

b　**Escribe frases con informaciones verdaderas o falsas sobre lo que hace un día normal el español medio.**　请根据一个普通西班牙人在平常一天的活动写出一些真实或虚假的信息。

Normalmente, el español medio duerme mucho.

c　**Díselas a tu compañero. ¿Sabe cuáles son verdaderas y cuáles son falsas?**　请告诉同学。他知道哪些是真实的哪些是虚假的吗?

d　**¿Qué diferencias encuentras entre España y tu país? Díselas a la clase.**　你发现西班牙和中国之间有什么区别吗? 请告诉同学。

En mi país, la gente...; en cambio, en España...

[1] Sorprender *tr.* producir sorpresa

[2] Transporte *m.* medio utilizado para el traslado

[3] Público *adj.* para todo el pueblo

[4] Privado *adj.* que pertenece a una sola persona o un solo grupo

[5] Descanso *m.* reposo, pausa

[6] Bocadillo *m.* trozo de pan cortado en dos partes con algún alimento en su interior

[7] Pincho *m.* un tipo de aperitivo

[8] Copa *f.* líquido alcohólico que contiene un vaso

[9] Opinión *f.* idea o concepto sobre algo

[10] Especialista *m.f.* que tiene especialidad o conocimiento especial sobre algo

12 El fin de semana
周末

OBJETIVOS 学习目标
- Hablar de hábitos y actividades del fin de semana 谈论周末的习惯和活动
- Decir con qué frecuencia hacemos cosas 表达我们做事的频率

1
a Busca en un diccionario o pregunta el significado de las palabras o expresiones del recuadro que no conozcas. 请查阅字典或询问表格中不认识的单词或词组。

ir de compras	ir a conciertos	lavar la ropa	limpiar la casa
pasear	montar en bicicleta	cocinar	ir al campo
ir a la montaña	esquiar	comer/cenar fuera	hacer deporte
hacer la compra	ir de copas	ver exposiciones	hacer gimnasia

b Observa los dibujos y escribe debajo de cada uno la palabra o expresión correspondiente.
请仔细看图，并把单词和词组写在对应的图片下方。

Montar en bicicleta ....

....

2 **¿Te gusta hacer las cosas de la lista anterior? ¿Y a tu compañero? Coméntalo con él.**

你喜欢做前面列出的事情吗？你的同学呢？请和他一起讨论。

- A mí no me gusta ir de compras, ¿y a ti?
- A mí | tampoco.
sí.
me gusta mucho.
me encanta.

3 **Lee lo que dicen estas personas. ¿Qué actividades de 1a mencionan?**

请阅读这两段文字。其中提到了第1a题中哪些活动？

TIEMPO LIBRE

"Los sábados nos levantamos tarde. Por la mañana hacemos la limpieza y la compra. Por la tarde leemos un poco o escuchamos música, y por la noche cenamos fuera, vamos al cine o a algún concierto... y luego de copas. Los domingos por la mañana normalmente vamos a ver alguna exposición y a veces comemos con la familia. Luego pasamos la tarde en casa y nos acostamos pronto."

Maite Larrauri y Juan Pozas.
Enfermera y arquitecto. Casados. 28 y 32 años.

Elena Ramos.
Médica. Divorciada. 51 años.

"Pues yo voy al campo muchos fines de semana. Los sábados que estoy en Madrid me levanto a la hora de todos los días y a veces voy de compras. Por la tarde siempre salgo con algún amigo y vamos al cine, al teatro, a bailar... Los domingos son mucho más tranquilos: me gusta comer en casa y por la tarde no salgo. Es cuando realmente descanso."

4 Completa este esquema gramatical. Puedes consultar el texto anterior.

请把下表补充完整。可以参考上一题的文章。

PRESENTE DE INDICATIVO, PLURAL 陈述式现在时，复数变位

Verbos terminados en -ar			
	CENAR	**PASEAR**	**LEVANTARSE**	**ACOSTARSE**
nosotros/nosotras	cen**amos**	pase**amos**	**nos** levant**amos**	
vosotros/vosotras	cen**áis**	pase**áis**	**os**	**os** acost**áis**
ellos/ellas/ustedes	cen**an**	pase**an**	**se**	**se** acuest**an**

Verbos terminados en -er			
	HACER	**COMER**	**LEER**	
nosotros/nosotras	hac**emos**		le**emos**	volv**emos**
vosotros/vosotras	hac**éis**	com**éis**		volv**éis**
ellos/ellas/ustedes	hac**en**			vuelv**en**

Verbos terminados en -ir	
VIVIR	**SALIR**
nosotros/nosotras	viv**imos**	
vosotros/vosotras	viv**ís**	
ellos/ellas/ustedes	viv**en**	

Verbo ir	
nosotros/nosotras	
vosotros/vosotras	**vais**
ellos/ellas/ustedes	**van**

Fonética 语音   Diptongos 二重元音

5
a
2|24
Escucha estas palabras y escríbelas en la columna correspondiente.   请听单词并写在对应的
格子里。

/ai/	/ei/
bailar	veinte

b Escucha y comprueba.   请听录音并核对。
2|25

c Escucha y repite.   请听录音并跟读。
2|26

6 Escucha esta conversación entre Sara y Alfonso sobre lo que hacen el fin de
a semana. Numera las actividades siguiendo el orden en que las oigas.　请听Sara和Alfonso之间关于周末活动的谈话。根据你听到
2|27　的顺序在这些活动前写出序号。

		Sara y su marido	Alfonso y su mujer
	Pasear		
1	Ir al campo		
	Trabajar en el jardín		
	Ir al cine		
	Salir		
	Ir al teatro		
	Limpiar la casa		
	Montar en bici		
	Ir a conciertos		

b A Sara y a su marido les gusta mucho el campo, y a Alfonso y a su mujer, la ciudad. ¿Qué actividades
crees que hace cada pareja? Márcalo en el cuadro.　Sara和丈夫非常喜欢乡村，而Alfonso和妻子则喜欢城
市。你觉得两对夫妻各自会做哪些活动？在表格中标出来。

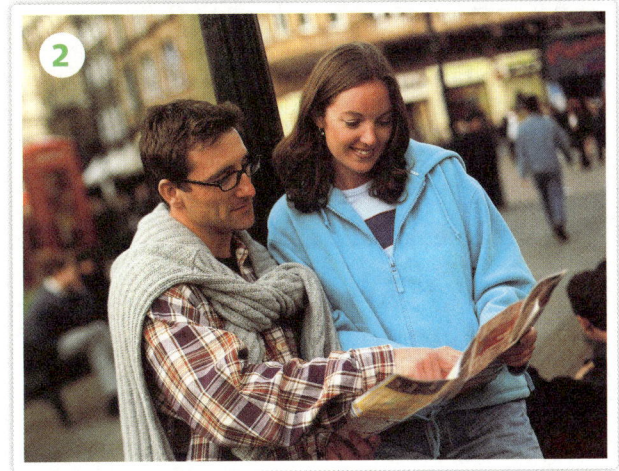

c Escucha y comprueba.　请听录音并核对。
2|28

7 En parejas (A-B). Imaginad que sois amigos y vivís juntos. Escribid cinco cosas que hacéis juntos y tres
que hacéis por separado los fines de semana.　两人一组（A–B）。请想象一下你们是朋友并住在一起。请
写出周末一起做的五件事情和各自分别做的三件事情。

Siempre vamos al campo…

8 Cambio de parejas (A-A y B-B). Hablad de lo que hacéis los fines de semana.
现在交换同伴（A–A和B–B）。谈一谈你们周末的活动。

- ¿Qué hacéis los fines de semana?
- Pues (nos levantamos sobre las diez…). ¿Y vosotros?
- Nosotros (nos levantamos antes, sobre las…).

9 En parejas (A-B) de nuevo. Comentad lo que hacen esos amigos los fines de semana. ¿Hacen algo
divertido o algo raro?　重新组队（A–B）。讨论一下其他同学周末的活动。有什么有趣或奇怪的地方吗？

Frecuencia 频率

10 **Observa.** 请仔细看图。

a

| Siempre | Normalmente | A menudo | A veces | Nunca |

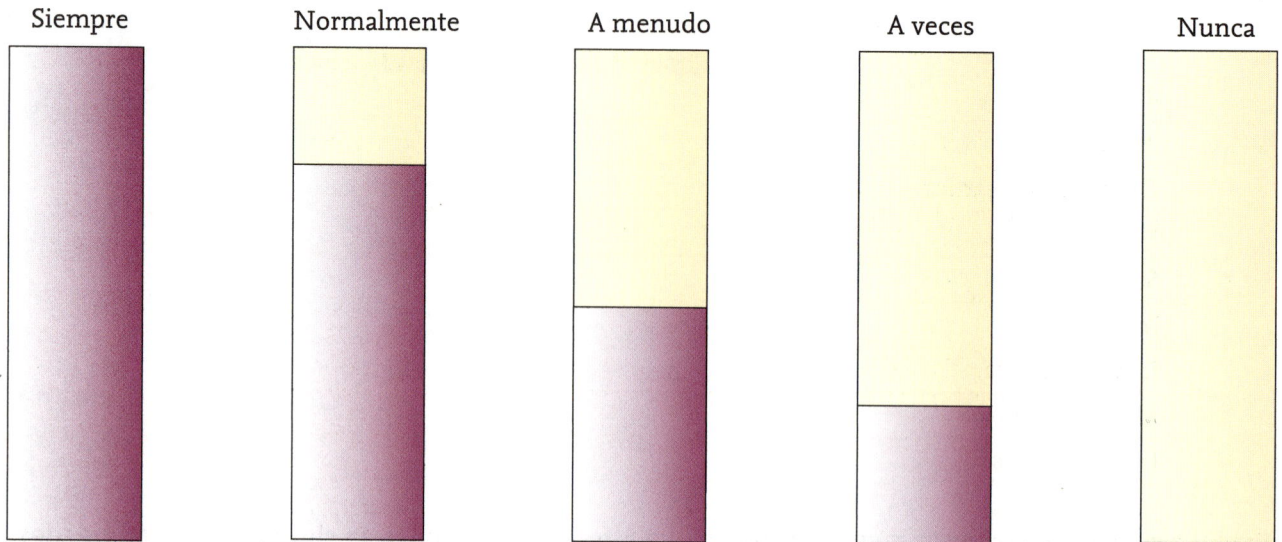

b **Lee de nuevo los textos de la actividad 3 y busca esas expresiones de frecuencia. ¿Cuántas aparecen?**
请重新阅读练习3的文章，找出频率表达方式。出现了哪些？

c **Piensa en las cosas que haces tú los sábados y escríbelo.** 请考虑一下周六你做的事情并写下来。

○ Siempre ....
○
○ Normalmente ....
○
○ .... a menudo.
○
○ A veces ....
○
○ No .... nunca ....

11 **¿Verdadero o falso? Pregunta a tus compañeros.** 真的假的？请问问同学。

	V	F
1. Dos personas de esta clase se acuestan siempre tarde.	☐	☐
2. Uno de vosotros no ve nunca la televisión.	☐	☐
3. Cuatro personas de esta clase llevan siempre vaqueros.	☐	☐
4. Todos vais al cine a menudo.	☐	☐
5. Dos de vosotros llegáis normalmente tarde a clase.	☐	☐
6. Tres personas de esta clase no hacen nunca los deberes.	☐	☐

● ¿Te acuestas siempre tarde?
○ Sí/No, ¿y tú?
● Yo │ también.
│ no.
│ tampoco.
│ sí.

12 **Piensa en lo que haces los fines de semana. Si necesitas alguna palabra, pídesela al profesor.**

a 请想一下周末你做的事情。如果有不会的单词可以向老师求助。

b **Habla con tu compañero sobre sus fines de semana y toma nota.**
请和同学说说他的周末活动，并记录下来。

13 **Usa la información de la actividad anterior y escribe sobre los fines de semana de tu compañero.**

a 请用上题中记录的信息写一篇关于你同学周末活动的小作文。

b **Dale el papel que has escrito al profesor y pídele otro.**
把写好的小作文交给老师，并拿回一份其他同学写的作文。

c **Lee en voz alta el papel que te ha dado el profesor hasta que otro alumno reconozca su información y diga: "¡Soy yo!".**   请大声朗读你拿到的作文，直到有同学听出写的是他并说出"¡Soy yo！"。

La teleadicción❶ 电视瘾

1
a

Lee este artículo y pregunta al profesor qué significa lo que no entiendas.
请阅读文章，有不理解的地方可以向老师提问。

ADICTOS❷ A LA TELEVISIÓN

Ver la televisión es la actividad que más realizan los europeos en su tiempo libre. Según los resultados de un informe❸ elaborado❹ por el Open Society Institute (OSI), los ciudadanos de la Unión Europea (UE) consumen❺ 217 minutos diarios frente al televisor. Los más "teleadictos" son los húngaros❻, con 274 minutos, y los polacos❼, con 250 minutos al día. Los españoles ven la televisión 217 minutos, cantidad de tiempo que coincide exactamente con la media europea. Quienes más la ven son los mayores de 64 años (306 minutos),

las clases medias y bajas (238 minutos), y las mujeres (236 minutos). Los niños la ven 218 minutos, algo que mucha gente considera preocupante. Y el día que tiene una mayor audiencia❽ televisiva es el domingo (234 minutos). El informe revela❾ que el televisor o "caja

tonta", como la llaman no pocos españoles, es la primera fuente de información para los europeos. También muestra que estos prefieren las cadenas❿ públicas a las privadas⓫ y que es el medio más influyente⓬ para formar la opinión pública.

La Nación

b **Ahora escribe las respuestas a estas preguntas.** 现在请写出你对这些问题的回答。

1. ¿Qué es la UE?
2. ¿Qué es lo que más hacen los europeos en su tiempo libre?
3. ¿Cuántos minutos diarios están los españoles delante del televisor?
4. ¿En qué país de la UE se ve más la televisión?
5. ¿Qué personas ven más la televisión en España?
6. ¿De qué forma llaman en este artículo a las personas que ven mucho la televisión?
7. ¿Cómo llaman muchos españoles a la televisión?
8. ¿Cuál es el medio de comunicación más usado por los europeos?

❶ Teleadicción *f.* dependencia de la televisión
❷ Adicto *adj.* muy aficionado o apegado a algo
❸ Informe *m.* noticia o dato
❹ Elaborar *tr.* trazar o preparar un proyecto o un producto
❺ Consumir *tr.* utilizar algo para cubrir necesidades o gustos
❻ Húngaro *adj.-s* de Hungría
❼ Polaco *adj.-s* de Polonia
❽ Audiencia *f.* conjunto de personas que siguen un programa de radio o de televisión
❾ Revelar *tr.* descubrir o manifestar
❿ Cadena *f.* conjunto de emisoras que difunden el mismo programa o conjunto de establecimientos que pertenecen a una misma empresa
⓫ Privado *adj.* de propiedad ni estatal ni pública
⓬ Influyente *adj.* que tiene poder o influencia

Recuerda 记住要点

2 **Piensa en estas cuestiones. Puedes usar el diccionario. Luego, coméntalas con tus compañeros.** 请思考一下这些问题。可以查阅字典。然后和同学一起讨论一下。

1. ¿Crees que en tu país veis la televisión más que en España?

2. ¿Qué personas crees que ven más la televisión en tu país?

3. Y tú, ¿ la ves mucho? ¿Cuántas horas al día?

4. ¿La ves los fines de semana?

5. ¿Qué tipo de programas te gustan?

3 **En parejas. Escribid un aspecto positivo y otro negativo que tiene la televisión. Podéis usar el diccionario. Luego, decídselo a la clase.** 两人一组。一起写一些有关电视的积极和消极方面。可以查阅字典。然后告诉同学。

4
a **Mira este chiste.** 请看这幅幽默漫画。

b **En parejas. ¿Podéis dibujar otro chiste sobre la televisión?** 两人一组，你们能画一幅有关电视的幽默漫画吗？

COMUNICACIÓN

Hablar de hábitos y actividades del fin de semana

- ¿Qué haces los sábados por la mañana?
- Normalmente me levanto tarde y luego hago la compra.
- Nosotros salimos todos los sábados por la tarde. ¿Y vosotros?
- Nosotros también.

GRAMÁTICA

Presente de indicativo, singular y plural
Verbos regulares
(Ver resumen gramatical, apartado 7.1.1)

Verbos irregulares

IR	(o–ue) VOLVER	(o–ue) ACOSTARSE
voy	vuelvo	me acuesto
vas	vuelves	te acuestas
va	vuelve	se acuesta
vamos	volvemos	nos acostamos
vais	volvéis	os acostáis
van	vuelven	se acuestan

(Ver resumen gramatical, apartados 7.1.2.1 y 7.1.2.2)

(-g-) HACER	(-g-) SALIR
hago	salgo
haces	sales
hace	sale
hacemos	salimos
hacéis	salís
hacen	salen

(Ver resumen gramatical, apartado 7.1.2.4)

Pronombres reflexivos, plural
Nos, os, se.
(Ver resumen gramatical, apartado 8.3)

COMUNICACIÓN

Decir con qué frecuencia hacemos cosas
- Siempre llego tarde a clase.
- Normalmente me levanto a las ocho.
- Mi amigo Raúl me escribe a menudo.
- A veces llega tarde a clase.
- No hago nunca los deberes.
- Nunca hago los deberes.

GRAMÁTICA

La frecuencia
Siempre, normalmente, a menudo, a veces, nunca.
(Ver resumen gramatical, apartado 14.1)

1
a

Juegos de verbos. En grupos de cuatro. Juega con un dado y una ficha de color diferente a la de tus compañeros. 动词游戏。四人一组。需要一个骰子，以及每人一张不同颜色的卡片。

SALIDA	**1** COMER (ustedes)	**2** PASEAR (yo)	**3** LEVANTARSE (nosotras)	**4** VOLVER (vosotros)	**5** LEER (tú)
19 LEVANTARSE (ellos)	**20** SALIR (él)	**21** TIRA OTRA VEZ	**22** LEER (vosotros)	**23** EMPEZAR (nosotros)	**6** COCINAR (ellos)
18 VIVIR (nosotras)	**31** ESCRIBIR (nosotros)	**32** SALIR (vosotras)	**33** DEDICARSE (ustedes)	**24** HACER (ellas)	**7** TIRA OTRA VEZ
17 SABER (tú)	**30** ESQUIAR (ellas)	LLEGADA	**34** ACOSTARSE (vosotros)	**25** LLAMARSE (nosotras)	**8** IR (usted)
16 PASEAR (vosotras)	**29** IR (nosotras)	**28** UN TURNO SIN TIRAR	**27** VER (vosotros)	**26** VOLVER (usted)	**9** DEDICARSE (vosotras)
15 VER (ella)	**14** UN TURNO SIN TIRAR	**13** ACOSTARSE (nosotros)	**12** VIVIR (ustedes)	**11** EMPEZAR (yo)	**10** HACER (nosotros)

b

Por turnos. Tira el dado y avanza el número de casillas que indique. Di la forma verbal en presente de indicativo. Si tus compañeros dicen que está mal, retrocede a donde estabas. 轮流掷骰子，并根据掷出的数字在格子中前进。说出所在格子中动词的陈述式现在时的正确形式。如果你的同学说你变位不正确，请你退回之前所在的格子。

2 El fin de semana. Lee lo que dicen Mónica y Enrique sobre sus fines de semana.

a 周末。请阅读Mónica和Enrique关于周末的叙述。

"Normalmente, los sábados nos levantamos tarde. Por la mañana hacemos deporte: vamos a la piscina❶ y nadamos❷ un rato, pues nos gusta mucho. Luego hacemos la compra y comemos en casa. Muchos sábados dormimos la siesta y después salimos, casi siempre con amigos. A veces vamos al cine, a veces vamos de copas… y siempre volvemos a casa tarde y nos acostamos tarde. Los domingos por la mañana desayunamos tranquilamente y luego paseamos o montamos en bicicleta. Después de comer vemos un poco la televisión, leemos el periódico, entramos en internet… Muchos domingos por la tarde preparamos cosas para la semana siguiente, repasamos❸ lo estudiado en la clase de inglés durante la semana y hacemos los deberes❹, claro."

b Juego de memoria. Cierra el libro y escribe frases expresando lo que hacen Mónica y Enrique.

记忆力游戏。请把书合上，写出Mónica和Enrique的活动。

(Normalmente,) Los sábados se levantan tarde.

c Compara con tu compañero. ¿Quién tiene más frases correctas?   请和同学比一下。看谁写的正确的句子更多？

3 ¿Haces tú también los fines de semana algunas de las cosas de la actividad 2a? Escríbelo.

a 你周末也做练习2a中的活动吗？请写下来。

Yo también hago deporte los sábados por la mañana.

b Compara con tu compañero y averiguad en qué coincidís.   请和同学比较一下，看看你们有哪些一致的地方。

c Comentad esas coincidencias a la clase. ¿Qué pareja coincide en más cosas?

请告诉同学这些一致点。哪一组的共同点最多？

Eva y yo hacemos deporte los sábados por la mañana.

❶ Piscina *f.* estanque destinado a la natación u otras actividades acuáticas
❷ Nadar *intr.* avanzar sobre el agua con movimientos del cuerpo
❸ Repasar *tr.* volver a mirar lo que se ha estudiado
❹ Deberes *m.pl.* trabajos de la escuela que se hacen en casa

13 El trabajo
工作

OBJETIVOS 学习目标

- **Hablar del trabajo o los estudios**
  谈论工作或学习
- **Expresar condiciones de trabajo**
  表达工作条件
- **Expresar aspectos positivos y negativos del trabajo** 表达工作的积极和消极方面
- **Hablar sobre medios de transporte**
  谈论交通工具
- **Preguntar y decir con qué frecuencia hacemos cosas** 询问和回答我们做事的频率

1 **Lee estas palabras y expresiones y pregunta al profesor qué significan las que no conozcas.**

a 请看这些单词和词组，不理解的地方请询问老师。

- taxista
- hace fotos
- da clases
- empresaria

- fotógrafo
- profesora
- atiende a los pasajeros
- trabaja en el Ministerio

- corta el pelo
- conduce un taxi
- músico
- funcionario

- toca la guitarra
- azafata
- peluquero
- tiene una empresa

b **Completa con las palabras y frases del recuadro.** 请用上面的单词和词组把下面的句子补充完整。

1

Tomás es *músico.*
Toca la guitarra
en un grupo de *rock*.

2

Olga es ....
....
por Madrid.

3

Margarita es ....
....
de Matemáticas en un instituto.

4

Javier es ....
....
de Trabajo.

5

Elisa es ....
....
de un avión.

6

Nacho es ....
....
para revistas de moda.

7

Jaime es ....
....
en una peluquería unisex.

8

María Luisa es ....
....
de informática.

2 **En grupos de tres o cuatro. Piensa en lo que haces en tu trabajo. Si eres estudiante, elige una profesión**
a **que te guste.** 三人或四人一组。考虑一下在工作中你做的事情。如果你是学生，可以选择一个你喜欢的职业。

b **Explícaselo como puedas a tus compañeros.** 尽你所能向同学解释你的工作。

> Soy dentista.

> No entiendo.

c **¿Hace alguno de tus compañeros algo curioso o interesante? ¿Has aprendido alguna palabra nueva?**
Díselo a la clase. 有没有同学做一些奇特或有趣的事情？你学到新单词了吗？告诉同学。

Medios de transporte 交通工具

3 **Observa los dibujos y di qué medios de transporte puedes utilizar en tu pueblo o tu ciudad.**
请仔细看图，并说出在你的乡镇或你的城市使用哪种交通工具。

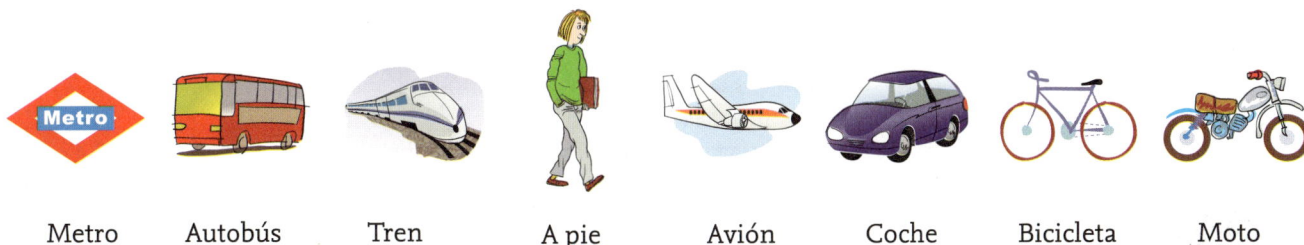

| Metro | Autobús | Tren | A pie | Avión | Coche | Bicicleta | Moto |

4 **Fíjate.** 注意。
a

Ir-Venir

| Ir Venir | en | coche autobús metro moto tren taxi bicicleta avión |
| | | andando a pie |

b **Escucha y lee.** 请听录音并朗读。

2|29

- ●¿Cómo vas al trabajo?
- ○En coche.
- ●¿Cuánto tardas en llegar?
- ○Unos veinte minutos. Y tú, ¿cómo vienes a clase?
- ●Andando.
- ○¿Y cuánto tardas?
- ●Diez minutos.

c **Escucha y repite.** 请听录音并跟读。

2|30

5 **Habla con tus compañeros y descubre**
estas informaciones.
请和同学谈一谈，并找出以下信息。

- ●¿Cuál es el medio de transporte más usado
  por la clase?
- ●¿Quién tarda menos en llegar a clase?
- ●¿Quién tarda más?

Frecuencia 频率

6 **Ordena de más a menos estas expresiones de frecuencia.** 请根据由高到低的程度排列这些活动频率的表达方式。

- una vez al día
- tres veces al mes
- cuatro o cinco veces al año
- nunca
- muchas veces al día
- una vez cada tres días
- una vez |a la |semana
          |por |

1. muchas veces al día
   ....
2. ....
3. ....
4. ....
5. ....
6. ....
7. ....

7 **Pregunta a tus compañeros y escribe el nombre de uno de ellos en cada caso.** 请问问同学，并在每种情况旁写下他们的名字。

¿Quién...	Nombre
… toma el tren una vez a la semana?	
… trabaja cuarenta horas a la semana?	
… coge el metro una vez cada dos días?	
… tiene dos días libres por semana?	
… viaja en avión una vez cada tres o cuatro meses?	
… estudia una hora al día?	
… toma el autobús varias veces al día?	

- ¿Cuántas veces tomas el tren a la semana?
- Ninguna. |¿Y tú?
  Una. |
  Dos. |
  … |
- Yo, siete veces más o menos.

- ¿Cuántas horas trabajas a la semana?
- Cuarenta. ¿Y tú?
- Cuarenta también.
  Yo no trabajo. Estoy en paro.
  …

8
a ¿Con qué frecuencia haces estas cosas en tu trabajo? Escríbelo en la columna correspondiente. Si eres estudiante, imagínate que tienes la profesión que has elegido en la actividad 2a. 在工作中你做这些事情的频率是怎样的？请写在对应的格子里。如果你是学生，请想象一下你在练习2a中选择的职业。

	Tú	Tu compañero
Ir al extranjero		
Hablar con tu jefe		
Comer con clientes		
Hablar por teléfono		
Llegar tarde		
Celebrar videoconferencias		
Tener reuniones de equipo		
Enviar correos electrónicos		

b Ahora pregúntale a tu compañero y anota sus respuestas. 现在请问问同学，并记录他们的回答。

- ¿Vas al extranjero a menudo?
- Sí. (Una vez al mes).
  Bastante. (Una vez cada cuatro meses más o menos).
  No. (Voy poco). (Una vez cada dos años).
  No. (No voy nunca).

c Comparad vuestras respuestas. ¿Coincidís en algo? 请你们比较一下各自的回答。有一致的地方吗？

9 **Lee lo que dicen Olga y Jaime.** 请看Olga和Jaime说的话。

> Lo que más me gusta de mi trabajo es hablar con la gente. Lo que menos, el horario.

> Pues a mí lo que más me gusta es que es un trabajo creativo. Lo que menos, que gano poco.

10 **Piensa en lo que más y en lo que menos te gusta de:** 请考虑一下关于这些方面你最喜欢和最不喜欢的地方。

a
- tu trabajo o tus estudios
- el centro donde estudias
- tu pueblo o tu ciudad
- la clase de español
- el español

Pídele ayuda al profesor si la necesitas. 如果需要，可以向老师求助。

b **Coméntalo con tu compañero.** 请和同学一起讨论。

11 **Relaciona las preguntas y las respuestas (solo hay una posibilidad para cada caso).**

a 请把问题和回答对应起来（每个问题只有一个回答）。

- ¿Trabajas los fines de semana?
- ¿Qué horario tienes?
- ¿Cuántas horas trabajas al día?
- ¿Cuántas vacaciones tienes al año?
- ¿Te gusta tu trabajo?
- ¿Qué es lo que más te gusta de tu trabajo?
- ¿Qué es lo que menos te gusta de tu trabajo?

Un mes.
Ocho.
El sueldo. No gano mucho.
Que puedo conocer a mucha gente.
Sí, los sábados por la mañana.
De nueve a dos y de tres a seis.
Sí, me encanta.

b **Escucha y comprueba.** 请听录音并核对。

🎧 2|31

Fonética 语音   Entonación 语调

12 **Escucha y repite.** 请听录音并跟读。

🎧 2|32
- ¿Cuántas horas trabajas al día?
- ¿Qué horario tienes?
- ¿Trabajas los fines de semana?
- ¿Cuántas vacaciones tienes al año?
- ¿Qué es lo que más te gusta de tu trabajo?
- ¿Y lo que menos?

13 **Escucha esta entrevista y completa el cuadro.** 请听一段采访并把表格补充完整。

🎧
2|33

Profesión	
Horas de trabajo al día	
Días libres	
Vacaciones	
Lo que más le gusta de su trabajo	
Lo que menos le gusta de su trabajo	
¿Está contento con su trabajo?	

14 **En parejas. Preparad las preguntas para una encuesta sobre las condiciones de trabajo.**

a 两人一组。请为一份有关工作条件的调查准备一些问题。

1. Profesión
   ¿A qué se dedica?
   ....

2. Número de horas de trabajo a la semana
   ....

3. Horario
   ....

4. Días libres
   ....

5. Vacaciones
   ....

6. Lo que más le gusta
   ....

7. Lo que menos le gusta
   ....

8. ¿Está contento con su trabajo?
   ....

b **Antes de realizar la encuesta, piensa en tus respuestas a esas preguntas. Si no tienes trabajo, elige uno e imagínate las condiciones.**

在做调查之前，先考虑一下你自己的回答。如果你没有工作，请选择一项职业或想象一些条件。

c **Ahora, haced la encuesta. El alumno A es el encuestador y el alumno B es el encuestado.**

现在你们一起做调查。A同学是社会调查员，B同学是被调查者。

Podéis empezar así: 你们可以这样开始：

Mire, soy de Radio… y estoy haciendo una encuesta sobre las condiciones de trabajo. ¿Podría hacerle unas preguntas?

Podéis terminar así: 你们可以这样结束：

Bien, pues esto es todo. Muchas gracias por su colaboración.

145 ciento cuarenta y cinco

Viajar por Perú 秘鲁之旅

1
a Lee estas frases y pregúntale al profesor qué significan las palabras que no entiendas.
请朗读这些句子，不理解的地方请询问老师。

	V	F
1. El medio de transporte que más utilizan los peruanos es el barco[1].	☐	☐
2. La carretera[2] Panamericana comunica Perú con otros países latinoamericanos.	☐	☐
3. Por el río Amazonas se puede navegar.	☐	☐
4. La gente va a Machu Picchu en autobús.	☐	☐
5. La línea[3] de tren más alta del mundo pasa por los Andes.	☐	☐

b Lee el texto y señala[4] si esas frases son verdaderas o falsas.   请阅读文章，并指出上面句子的对错。

Viajar por Perú

Perú es un país muy montañoso[5] en el que viajar es a veces una experiencia inolvidable[6] que nos permite descubrir paisajes espectaculares[7] y de una gran belleza[8].

El medio de transporte más popular es el ómnibus[9] o autobús, y la carretera más importante es la Panamericana, que une los diferentes países latinoamericanos.

Sin embargo, no es posible ir en ómnibus a todas las zonas del país. A muchos lugares de la selva[10] amazónica[11], por ejemplo, solo se puede llegar en barco, navegando lentamente por las misteriosas[12] aguas del río Amazonas u otros ríos, lo que es una experiencia extraordinaria[13].

[1] Barco *m.* vehículo flotante dedicado al transporte por el agua
[2] Carretera *f.* camino público para el tránsito de vehículos
[3] Línea *f.* raya, traza fina
[4] Señalar *tr.* indicar o mostrar
[5] Montañoso *adj.* que tiene montañas
[6] Inolvidable *adj.* que resulta imposible de olvidarse
[7] Espectacular *adj.* impresionante

[8] Belleza *f.* armonía que produce un placer o admiración
[9] Ómnibus *m.* vehículo dedicado al transporte público de gran capacidad
[10] Selva *f.* bosque tropical con una vegetación abundante
[11] Amazónico *adj.* relacionado con Amazonas
[12] Misterioso *adj.* relacionado con el misterio
[13] Extraordinario *adj.* impresionante, fuera de lo común

Recuerda 记住要点

El tren es el único medio de transporte que nos lleva a algunos lugares de los Andes, como Machu Picchu. Además, podemos recorrer❶ la región andina en la línea de tren más alta del mundo: el ferrocarril❷ que va de Lima a Huancayo asciende❸ hasta los 4815 metros; viajar en él es vivir una aventura por los altiplanos❹ de los Andes.

c **Comenta con tus compañeros las informaciones más interesantes para ti.**
请和同学一起讨论你觉得最有趣的内容。

❶ Recorrer *tr.* atravesar un espacio por toda la extensión
❷ Ferrocarril *adj.* tren o conjunto de instalaciones de tren
❸ Ascender *intr.* lograr un ascenso
❹ Altiplano *m.* igual que *altiplanicie*, meseta elevada y extendida

COMUNICACIÓN

Hablar del trabajo o los estudios
Expresar condiciones de trabajo
Expresar aspectos positivos y negativos del trabajo
- ¿Qué haces en tu trabajo?
- Atiendo a los clientes.
- ¿Cuántas horas trabajas al día?
- Seis.
- ¿Qué horario tienes?
- De nueve a tres.
- ¿Qué es lo que más te gusta de tu trabajo?
- El horario.
- ¿Y lo que menos?
- Que gano poco.

GRAMÁTICA

Cuantificadores
Mucho, bastante, poco.
- Trabajo mucho y gano poco.
- Marisol estudia bastante.
  (Ver resumen gramatical, apartado 16)

COMUNICACIÓN

Hablar sobre medios de transporte
- ¿Cómo vienes a clase?
- En autobús.
- ¿Cuánto tardas?
- Media hora.

GRAMÁTICA

Interrogativos
¿Cómo?
  (Ver resumen gramatical, apartado 9.7)

Verbo *venir*
  (Ver resumen gramatical, apartado 7.1.2.5)

COMUNICACIÓN

Preguntar y decir con qué frecuencia hacemos cosas
- ¿Hablas por teléfono a menudo?
- Sí, varias veces al día. / No, una vez cada dos o tres días.

GRAMÁTICA

Expresiones de frecuencia
Una vez al día, dos veces por semana, una vez cada tres días...
  (Ver resumen gramatical, apartado 14.2)

Preposiciones

de... a	**De** ocho **a** cuatro
desde... hasta	**Desde** las ocho **hasta** las cuatro
en	Siempre vengo a clase **en** moto
a	Una vez **a** la semana
por	Una vez **por** semana

1 En parejas (A y B). Lee el texto incompleto que te corresponda y asegúrate de que lo entiendes. Luego, hazle a tu compañero las preguntas necesarias para completarlo.

两人一组（A和B）。请阅读并理解这篇不完整文章。然后向同学提一些必要问题来把文章补充完整。

Alumno A
¡No leas el texto del Alumno B!

Clara es profesora y trabaja en una .... pública: da clases de Literatura[1] Hispanoamericana[2] en tres cursos[3] distintos[4]. Vive bastante lejos de la universidad y va a trabajar en .... Por la mañana tarda unos 25 minutos en llegar al trabajo; por la tarde tarda menos en volver a casa, ... minutos, porque hay menos tráfico.

Le encanta su trabajo y lo que más le gusta de él es ....; lo que menos, corregir[5] exámenes. Da .... horas de clase a la semana, pero dedica dos o tres horas al día a preparar las clases porque es muy profesional y le gusta hacer bien las cosas.

También le gusta mucho .... y va dos días a clase de piano, los martes y los jueves, de .... a .... de la noche. Toca muy bien y a veces da conciertos[6] en un club[7] de músicos aficionados que hay en su barrio.

Alumno B
¡No leas el texto del Alumno A!

Clara es profesora y trabaja en una universidad pública: da clases de .... en tres cursos distintos. Vive bastante lejos de la universidad y va a trabajar en coche. Por la mañana tarda .... minutos en llegar al trabajo; por la tarde tarda menos en volver a casa, unos 15 minutos, porque hay menos tráfico. Le encanta .... y lo que más le gusta de él es que sus alumnos son jóvenes y alegres; lo que menos, ... Da doce horas de clase a la semana, pero dedica .... horas al día a preparar las clases porque es muy profesional y le gusta hacer bien las cosas. También le gusta mucho la música y va dos días a clase de .... , los martes y los jueves, de siete a nueve de la noche. Toca muy bien y a veces da conciertos en un .... de músicos aficionados que hay en su barrio.

[1] Literatura *f.* arte que se expresa mediante la palabra

[2] Hispanoamericano *adj.* de los países americanos de habla española

[3] Curso *m.* conjunto de alumnos que forma un mismo grado de estudios

[4] Distinto *adj.* que es diferente

[5] Corregir *tr.* indicar los errores o las faltas

[6] Concierto *m.* función en que se cantan o se tocan composiciones musicales

[7] Club *m.* asociación formada por las personas con intereses comunes

2

a Lee este cuestionario y pregunta al profesor qué significan las palabras que no entiendas.

请阅读这份问卷调查。不理解的地方请询问老师。

TU TRABAJO Y TÚ

1. ¿Te gusta tu trabajo?
   a) Me encanta. ☐   b) Sí. ☐   c) No. ☐

2. ¿Cuántas horas trabajas al día?
   a) Menos de ocho. ☐   b) Ocho. ☐   c) Más de ocho. ☐

3. ¿Estás satisfecho[1] con lo que haces en tu trabajo?
   a) Mucho. ☐   b) Sí. ☐   c) No. ☐

4. ¿Te sientes relajado[2] en él?
   a) Siempre. ☐   b) A veces no. ☐   c) Normalmente no. ☐

5. ¿Tienes buenas relaciones con tus compañeros?
   a) Excelentes. ☐   b) Normales. ☐   c) Malas. ☐

6. ¿Te llevas trabajo a casa?
   a) Casi nunca. ☐   b) A veces. ☐   c) A menudo. ☐

7. ¿Piensas mucho en tu trabajo cuando no estás en él?
   a) Muy poco. ☐   b) Ni mucho ni poco. ☐   c) Sí, mucho. ☐

8. ¿Piensas en tu trabajo cuando estás en la cama?
   a) Casi nunca. ☐   b) A veces. ☐   c) A menudo. ☐

9. ¿Fumas cuando trabajas?
   a) No. ☐   b) Un poco más que   c) A menudo. ☐
               cuando no trabajo. ☐

10. ¿Cuántas horas duermes al día?
   a) Ocho o más. ☐   b) Entre seis y ocho. ☐   c) Menos de seis. ☐

b Ahora responde al cuestionario.   现在请做问卷。

c Averigua el resultado[3].   来看看结果。

Puntuación[4]	Interpretación[5]
a) 2 puntos	0-8 puntos: ¡Cambia de trabajo inmediatamente!
b) 1 punto	9-14 puntos: No estás mal en tu trabajo.
c) 0 puntos	15-20 puntos: ¡Enhorabuena! Estás muy bien en tu trabajo.

[1] Satisfecho *adj.* contento o conforme

[2] Relajado *adj.* sin tensión

[3] Resultado *m.* efecto de un hecho

[4] Puntuación *f.* calificación en puntos de un ejercicio

[5] Interpretación *f.* explicación

14 ¿Sabes nadar?
你会游泳吗？

OBJETIVOS 学习目标
- Expresar habilidad para hacer algo
  表达做某事的能力
- Expresar conocimiento 表达熟悉某事
- Expresar desconocimiento 表达不熟悉某事
- Valorar 评价
- Expresar opiniones 表达意见
- Expresar acuerdo 表达同意某事
- Expresar desacuerdo 表达不同意某事
- Presentar un contraargumento 表达反对理由

1 **Relaciona las fotos con estas palabras y expresiones.** 请把图片和这些单词及词组对应起来。

a

- nadar ☐
- tocar un instrumento musical ☐
- jugar al baloncesto ☐
- cantar ☐
- jugar al ajedrez ☐
- esquiar ☐
- jugar a las cartas ☐
- conducir ☐
- pintar ☐

b **¿Cuáles de esas actividades son deportes? ¿Y juegos de mesa? ¿Cuáles relacionas con la música?**
哪些活动属于体育运动？哪些是桌面游戏？哪些和音乐有关？

2 **Asegúrate de que entiendes este chiste.** 请理解这个笑话。

a

¿Sabes tocar la guitarra?

Sí, pero ahora no puedo tocar. Con este dedo...

Ya veo...

Pero también sé bailar. ¡Mira qué bien bailo!

b **¿Sabes tú hacer alguna de esas cosas? Díselo a tu compañero.** 你会做哪些事情？请告诉同学。

- (Yo sé bailar, pero no sé tocar la guitarra).
- (Pues yo no sé bailar ni tocar la guitarra).

3 **Observa cómo se puede hablar de la habilidad para hacer algo.** 请仔细看如何表达做某事的能力。

- ¿Sabes jugar al baloncesto?
- Sí, ¿y tú?
- Yo | también.
  | no.

- ¿Sabes pintar cuadros?
- No, ¿y tú?
- Yo | tampoco.
  | sí.

4 **¿Quién conoce mejor al compañero? ¿Crees que**
a **tu compañero sabe hacer estas cosas? Marca la columna correspondiente.**
谁更了解同学？你觉得你的同学会做这些事情吗？
请在相应的格子里标出来。

	Sabe	No sabe
Nadar		
Cocinar		
Conducir		
Jugar al ajedrez		
Esquiar		
Cantar		
Dibujar		
Jugar a las cartas		
Jugar al tenis		
Tocar el piano		
Bailar salsa		

b **Ahora pregúntale y marca sus respuestas con otro color.**
现在请问问同学，然后把他的回答用其它颜色标出来。

- ¿Sabes nadar?
- Sí, | ¿y tú?
  No, |
- Yo...

c **¿Tienes más aciertos que tu compañero?**
和同学比一比，你猜中的比同学更多吗？

Valoraciones 评价

5 **Lee estas viñetas y asegúrate de que entiendes todo.** 请看并理解下列插图。

6 **Piensa en las cosas de la actividad 4 que tu compañero y tú sabéis hacer. Averigua si él las hace bien. ¿Quién las hace mejor?**

在练习4中考虑几项你和同学都会做的事情。现在调查一下他做的如何。这些事情谁做的最好？

- ¿Nadas bien?
- Normal, ni bien ni mal. ¿Y tú?
- Así, así.

7 **En grupos de cuatro. Piensa en otras cosas que haces bien. ¿Cómo las hacen tus compañeros? ¿Con cuál coincides en más cosas?**

四人一组。考虑一些你擅长的其他事情。你的同学做的如何？你和谁的共同点最多？

- Yo juego bastante bien al fútbol. Y vosotros, ¿jugáis bien?
- Yo, bastante bien también.
- Yo, normal, ni bien ni mal.
- Yo, así, así; soy bastante malo.

Expresar conocimiento 表达熟悉某事

8 **¿Son verdaderas o falsas para ti estas frases? Márcalo.** 对你来说，这些句子是否属实？请标出来。

	V	F
1. No conozco páginas web españolas o latinoamericanas.	☐	☐
2. Conozco un *blog* en español muy interesante.	☐	☐
3. No sé cómo se dice "@" en español.	☐	☐
4. Sé muchas direcciones electrónicas de memoria.	☐	☐
5. No sé decir los números del 20 al 0 rápidamente.	☐	☐
6. Sé los nombres de los muebles de mi casa en español.	☐	☐
7. Conozco dos países de habla hispana.	☐	☐
8. No conozco todas las calles de mi pueblo (o ciudad).	☐	☐
9. Conozco a una española muy graciosa.	☐	☐
10. Conozco muy bien a mi profesor (o profesora).	☐	☐

9
a **¿Saber o conocer? ¿Qué verbo se ha utilizado en la actividad anterior para referirse a lugares? ¿Y a personas? ¿Y a cosas u objetos? ¿Y a informaciones o conocimientos?**

Saber还是conocer？在上题中，提及地点的时候使用哪个动词？提及人物的时候呢？提及事或物品呢？提及信息或知晓程度呢？

b **¿Cuándo se ha usado la preposición *a* con uno de esos verbos?**

使用这些动词时，什么时候加前置词a？

c **Sustituye las frases de la actividad 8 que son falsas para ti por otras verdaderas.**

你认为练习8中哪些句子是不属实的？请用对你来说是真实的句子替换它们。

10 **¿Conoces o sabes todo esto? Escribe *sí* o *no* en la columna correspondiente.**

a 你了解或知道所有这些吗？请在对应的格子里写上sí或no。

	Tú		
1. Un pueblo ideal para vacaciones			
2. Chatear en español			
3. Una persona latina para practicar español con ella			
4. ¿Cómo se dice *e-mail* en español?			
5. Una playa muy bonita y muy tranquila			
6. Un diccionario muy bueno de español			
7. Describir tu casa en español			
8. Una persona que baila muy bien, casi como un profesional			

b **En grupos de tres. Pregúntales a tus compañeros y anota sus respuestas.**

三人一组。请问一问同学并记录他们的回答。

- ¿Conoces un pueblo ideal para vacaciones?
- Sí, ¿y tú?
- Yo también.
- Yo no.

c **Observad el cuadro y comentad quién tiene más respuestas afirmativas.**

请一起看表格，并谈谈谁的肯定回答最多。

Pat tiene más respuestas afirmativas: conoce un pueblo ideal para vacaciones, sabe chatear en español,…

11 **Escucha varias conversaciones y relaciónalas con la ilustración correspondiente.**

a 请听几段对话，并把它们和下面的图片对应起来。

2|34

b **Vuelve a escuchar las conversaciones y comprueba si coinciden los hablantes.**

请再听一遍谈话，并核对说话者是否一致。

2|35

	Coinciden	No coinciden
1.	☐	☐
2.	☐	☐
3.	☐	☐
4.	☐	☐
5.	☐	☐
6.	☐	☐

12
a **Posiblemente te gustaría conocer más a un compañero al que no conoces mucho. Pregúntale sobre lugares, personas o cosas que conoce, sobre cosas que sabe hacer y si las hace bien, etc.**

也许你愿意更多的了解一位你不是很熟悉的同学。问一问他知道的地点、人物或事情，以及他会做的事情和做的是否很好等等。

- ● ¿Cuántos países conoces?
- ○ Tres.
- ● ¿Y qué países son?
- ○ …

b **¿Coincides en algo con él? Díselo a la clase.** 你和他有一致的地方吗？请告诉同学。

> Los dos conocemos tres países…

Opiniones 发表意见

13
a **Lee y responde. ¿Cuántas personas están de acuerdo con lo que dice esa chica? ¿Y en desacuerdo?**

请看下图并回答。有几个人同意女孩的话？有几个不同意？

b **Escucha y repite esas frases.** 请听录音并跟读。

2|36

14 **Estos adjetivos se pueden usar con el verbo *ser* para valorar acciones y expresar opiniones. ¿Puedes formar tres pares de contrarios?**

这些形容词可以和动词ser一起使用来评价行为和表达意见。你能组成三对反义词吗？

- ● interesante
- ● importante
- ● bueno
- ● divertido
- ● difícil
- ● necesario
- ● malo
- ● aburrido
- ● fácil
- ● útil

15 **Escucha varios diálogos y completa el cuadro.** 请听几段对话并把表格补充完整。

🎧 2|37

	Diálogo n.º	Valoración	¿Están de acuerdo?
A. ¡Hola! Ni hao! Hello!			
B.			
C.			
D.			
E.			

16 **¿Cómo valoras cada una de estas acciones? Anota los adjetivos.** 你如何评价每种行为？请把形容词记录下来。

a

1. Hablar idiomas: ....

2. Saber informática: ....

3. Aprender a tocar un instrumento musical: ....

4. Tener buenos amigos: ....

5. Trabajar demasiado: ....

6. Viajar a otros países: ....

7. Conocer otras culturas: ....

8. Aprender una lengua extranjera cuando eres pequeño: ....

b **En grupos de cuatro. Expresa tu opinión sobre esas cosas. ¿Están tus compañeros de acuerdo contigo?**
四人一组。请表达你对这些事情的意见。你的同学同意你的意见吗？

● Yo creo que hablar idiomas es necesario para viajar.

○ Sí, pero también es útil porque puedes encontrar un trabajo interesante.

Hispanoamericanos ganadores[1] del Premio Nobel
西班牙语美洲的诺贝尔奖得主

1
a Piensa en las respuestas a estas preguntas y coméntalas con tus compañeros.
请考虑一下如何回答这些问题，并和同学一起讨论。

- ¿Qué sabes de los Premios Nobel?
- ¿En qué país te hacen pensar?
- ¿Por qué se llaman así?

b Lee y comprueba. Pregúntale al profesor qué significa lo que no entiendas.
请阅读文章并核实。不理解的地方请询问老师。

Los Premios Nobel tienen el nombre del químico[2] e ingeniero sueco[3] Alfred Nobel (1833-1896) porque cuando murió destinó su fortuna a premiar cada año a personas que contribuyen[4] al bienestar[5] y progreso de la humanidad[6] en los campos de la Física, la Química, la Fisiología o la Medicina, la Literatura, la Paz y la Economía. Hispanoamérica tiene quince Premios Nobel y sobresale en las áreas de Literatura, con seis premios, y de la Paz, con cinco.

La última persona hispanoamericana que ganó el premio fue Mario Vargas Llosa, premio nobel de literatura 2010. La anterior[7] premiada fue Rigoberta Menchú, líder indígena guatemalteca, que ganó el Premio Nobel de la Paz en 1992 por su trabajo por la paz, los derechos de los indígenas y la justicia social.

©Carlos Rodriguez/ANDES

Rigoberta Menchú, Premio Nobel de la Paz en 1992.

c Asegúrate de que entiendes estos adjetivos de nacionalidad. 请理解这些表示国籍的形容词。

chileno | guatemalteco | colombiano | peruano | mexicano | chilena

d En parejas. Intentad relacionarlos con los escritores hispanoamericanos ganadores del Premio Nobel.
两人一组。请你们试着把这些形容词和西班牙语美洲诺贝尔奖得主对应起来。

1 Gabriela Mistral, 1945

2 Miguel Ángel Asturias, 1967

3 Pablo Neruda, 1971

[1] Ganador *m.* que gana o triunfa
[2] Químico *adj.-s.* relacionado con la ciencia química
[3] Sueco *adj.-s.* de Suecia
[4] Contribuir *intr.* ayuda al logro de un determinado fin
[5] Bienestar *m.* estado de felicidad o situación de una persona que goza de buena condición económica
[6] Humanidad *f.* conjunto de los seres humanos
[7] Anterior *adj.* que está antes en el espacio o el tiempo

Gabriel García Márquez, 1982

© Jonn Leffmann

Octavio Paz, 1990

© Rodrigo Fernández

Mario Vargas Llosa, 2010

● Yo creo que Gabriela Mistral es chilena.
○ Yo | también.
| no. Yo creo que es…

e ¿Sabes cuál de esos escritores es el autor de *Cien años de soledad*, una de las novelas más famosas escritas en español?
你知道哪一位是著名的西班牙语小说《百年孤独》的作者吗？

f En parejas. ¿Conocéis a otros hispanoamericanos famosos? Escribid el nombre, la profesión y la nacionalidad. Podéis usar el diccionario.
两人一组。你们还知道其他西班牙语美洲的名人吗？请一起写出名字、职业和国籍。可以查阅字典。

g Decídselos a vuestros compañeros. ¿Conocen a alguno?
请告诉其他同学。他们认识这些名人吗？

h Si queréis obtener❶ más información sobre esos hispanoamericanos y los de los apartados b y d, podéis buscarla en internet.
如果你们想更多地了解这些名人或练习b和练习d中的人物，可以一起上网查询。

157 ciento cincuenta y siete

Recuerda 记住要点

COMUNICACIÓN

Expresar habilidad para hacer algo
● Sé nadar y esquiar.

Expresar conocimiento
● Sé inglés.
● ¿Sabes mi número de teléfono?
● ¿Conoces a Diana, mi profesora?
● Conozco Colombia.

Expresar desconocimiento
● No sé alemán.
● No sé qué día es hoy.
● No conozco al director.
● No conozco México.

GRAMÁTICA

Saber + nombre/infinitivo   *Conocer* + nombre
(Ver resumen gramatical, apartados 17 y 18)

COMUNICACIÓN

Expresar coincidencia y diferencia de habilidades
● ¿Sabes conducir?   ● ¿Sabes esquiar?
○ Sí, ¿y tú?   ○ No, ¿y tú?
● Yo también/no.   ● Yo tampoco/sí.

GRAMÁTICA

También, tampoco, sí, no
(Ver resumen gramatical, apartado 13)

COMUNICACIÓN

Valorar
● ¿Nadas bien?
○ (Nado) Regular, ¿y tú?
● Yo, así, así.

GRAMÁTICA

Verbo + *bien/mal/regular/así, así*
(Ver resumen gramatical, apartado 19)

COMUNICACIÓN

Expresar opiniones
● Yo creo que trabajar demasiado es malo.

Expresar acuerdo
● Yo creo que estudiar inglés es bastante difícil, ¿y tú?
○ Sí, bastante difícil.

Expresar desacuerdo
● Yo creo que el portugués es muy fácil.
○ Pues yo creo que es difícil.

Presentar un contraargumento
● Hablar idiomas es necesario para viajar.
○ Sí, pero también es útil para encontrar un trabajo interesante.

GRAMÁTICA

Verbo creer
Ser + *bueno/malo*
(Ver resumen gramatical, apartados 7.1.1 y 11.1)

❶ Obtener *tr.* conseguir o lograr

1
a **¿Sabes hacer o conoces esto sobre España o Latinoamérica? Escribe tus respuestas en la columna correspondiente.** 你会做或了解这些和西班牙或拉丁美洲有关的事情吗？请在对应的格子里写下你的回答。

	Tú	Tu compañero
1. Cocinar❶ algún plato español		
2. Un plato❷ mexicano		
3. Un museo❸ español famoso		
4. Una novela española o latinoamericana famosa		
5. Un actor (o actriz) español famoso en el mundo		
6. Dos deportistas españoles		
7. El nombre de un río latinoamericano muy largo		
8. Dos estilos de baile latinoamericanos		
9. Un estilo❹ de música española		
10. ¿En cuántos países latinoamericanos se habla español?		

b **Pregúntale a tu compañero y anota sus respuestas. ¿Coinciden con las tuyas?**
请问问同学并把回答记录下来。和你的回答有一致的地方吗？

> ● ¿Sabes cocinar algún plato español?
> ○ Sí, sé hacer tortilla de patatas. ¿Y tú?
> ● Yo sé hacer paella.

c **Escribid otras preguntas sobre España o Latinoamérica para otra pareja.**
请给另一组同学准备一些和西班牙或拉丁美洲有关的问题。

> ¿Conocéis alguna ciudad latinoamericana?

d **Hacedle las preguntas a otra pareja.** 请向另一组同学提问。

> ● ¿Conocéis alguna ciudad latinoamericana?
> ○ Yo no.
> ■ Yo sí. Conozco Buenos Aires.

❶ Cocinar *tr.* preparar los alimentos

❷ Plato *m.* alimento preparado

❸ Museo *m.* lugar en que se expone cosas de valor artístico, cultural o científico

❹ Estilo *m.* característica propia de algo

2 **a** **Una entrevista. Lee esta entrevista incompleta.** 一次访谈。请阅读这篇不完整的访谈。

LAS 10 PREGUNTAS

1. **Una cosa que crees que haces bastante bien.**
   Pintar❶. Me gusta mucho y dicen que .... bastante bien.

2. **Una cosa que haces bastante mal.**
   Cantar. Sé que lo hago bastante mal y por eso .... solo en la ducha.

3. **Una cosa que no sabes hacer y te gustaría saber hacer.**
   Tocar la guitarra. Sé que es difícil, pero me gustaría ....

4. **Algo que te encanta hacer.**
   Pasar unos .... en el campo con mis amigos.

5. **Algo que no te gusta nada.**
   Ir de compras los fines de semana, porque hay demasiada gente en la calle y en las ....

6. **Una cosa buena de tu profesión.**
   Que aprendo ....

7. **Un lugar especial para ti.**
   Una playa muy pequeña que está cerca de mi pueblo. No es muy conocida y va muy poca .... allí.

8. **Un país que no conoces y te gustaría conocer.**
   Brasil, su naturaleza y .... gente.

9. **Algo que crees que es necesario hacer.**
   Viajar a otros países y descubrir otras ....

10. **Algo que crees que es muy importante para una persona.**
   .... vivir.

b **Complétala con estas palabras.** 请用这些单词把文章补充完整。

saber	gente	tiendas	su	días
pinto	aprender	mucho	culturas	canto

c **Escribe tus propias respuestas. ¿Son muy distintas de las de Eva?**
请写出你自己的回答。和Eva的回答区别很大吗？

❶ Pintar *tr.* trazar algo

OBJETIVOS 学习目标

● Hablar del pasado: expresar lo que hicimos ayer
谈谈过去：表达我们昨天做的事情

1 **Lee el diálogo de estos dos compañeros de clase y responde a las preguntas.**

a 请朗读这两位同学的对话，并回答问题。

● ¿Qué hiciste ayer por la tarde? ¿Saliste?

○ No, me quedé en casa. Vino Rosa y vimos una película en la televisión. Y tú, ¿qué hiciste?

● Pues yo quedé con Gloria y fuimos a dar una vuelta. Estuvimos en el parque del Oeste, luego tomamos algo y volvimos a casa un poco tarde.

1. ¿De qué día hablan?
2. ¿Hicieron los dos lo mismo?

b **En el diálogo se usa un tiempo verbal del pasado, el pretérito indefinido. Léelo otra vez y relaciona estos verbos con las formas que aparecen en el diálogo.**

在对话中使用了动词的一种过去时态：简单过去时。请再读一遍，并把这些动词和对话中出现的形式对应起来。

TOMAR	VOLVER	SALIR	QUEDAR	HACER	VENIR	IR	ESTAR
tomamos							

2 **Fíjate en la conjugación del pretérito indefinido.** 请注意简单过去时的变位。

PRETÉRITO INDEFINIDO 简单过去时
Verbos regulares 规则动词

	Verbos terminados en		
	-ar	*-er*	*-ir*
	TOM**AR**	VOLV**ER**	SAL**IR**
yo	tom**é**	volv**í**	sal**í**
tú	tom**aste**	volv**iste**	sal**iste**
él/ella/usted	tom**ó**	volv**ió**	sal**ió**
nosotros/nosotras	tom**amos**	volv**imos**	sal**imos**
vosotros/vosotras	tom**asteis**	volv**isteis**	sal**isteis**
ellos/ellas/ustedes	tom**aron**	volv**ieron**	sal**ieron**

Verbos irregulares 不规则动词

	HACER	VENIR	IR/SER	ESTAR
yo	hice	vine	fui	estuve
tú	hiciste	viniste	fuiste	estuviste
él/ella/usted	hizo	vino	fue	estuvo
nosotros/nosotras	hicimos	vinimos	fuimos	estuvimos
vosotros/vosotras	hicisteis	vinisteis	fuisteis	estuvisteis
ellos/ellas/ustedes	hicieron	vinieron	fueron	estuvieron

3 **Y tú, ¿hiciste ayer alguna de las cosas que mencionan en la actividad 1? Díselo a tu compañero.**
你呢？昨天你做了哪些练习1中提到的事情？请告诉同学。
Yo también (me quedé en casa)…

4 **En grupos de tres. Por turnos, cada alumno elige un verbo y lo conjuga, en la persona indicada, en pretérito indefinido. Si lo hace correctamente, escribe su nombre en esa casilla. Gana quien obtiene tres casillas seguidas.** 三人一组。轮流选择一个动词，并按照指定人称进行简单过去时的变位。如果你变位正确，可以把名字写在格子里。谁获得三个连续的格子就赢得比赛。

TRABAJAR (yo)	COMER (ella)	LEVANTARSE (tú)	SALIR (nosotros)	HABLAR (ustedes)
VENIR (ellos)	JUGAR (nosotras)	IR (yo)	ESTAR (él)	SER (tú)
DUCHARSE (tú)	HACER (ustedes)	ESTUDIAR (usted)	ESCRIBIR (yo)	QUEDAR (vosotros)
VIVIR (usted)	ACOSTARSE (tú)	BEBER (nosotras)	TOMAR (ellos)	VER (ella)

5

a ¿Hiciste ayer estas cosas? Señálalo en la columna correspondiente.

你昨天做了这些事情吗？请在对应的格子中指出来。

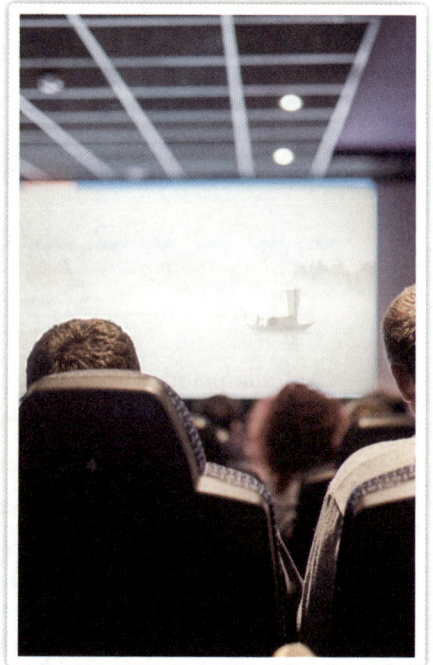

	Tú		
1. Levantarse pronto			
2. Volver a casa tarde			
3. Hacer los deberes			
4. Usar el ordenador			
5. Salir con alguien			
6. Estar con los amigos			
7. Ir al cine			
8. Hacer deporte			
9. Ver la televisión			

b En grupos de tres. Averigua si las hicieron tus compañeros y señálalo en el cuadro.

三人一组。请调查一下你的同学是否做了这些事情，并记录在表格里。

- ¿Te levantaste pronto ayer?
- (Sí, ¿y tú?).
- (Yo | también).
  | no).

c Observad el cuadro y decidle a la clase quién de vosotros hizo más de esas cosas ayer.

请你们一起看表格，并告诉同学在你们组昨天谁做的事情最多。

Fonética 语音 La sílaba fuerte 重读音节

6 **Escucha estas formas verbales y escríbelas en la columna correspondiente.**

a 请听一些动词形式，并把它们写在对应的格子里。

2|38

	tomé	

b **Elige otras formas del pretérito indefinido difíciles de pronunciar para ti.**

请选择一些对你来说发音很难的简单过去时形式。

c **Díselas al profesor para que te ayude a practicarlas si lo necesitas.**

请告诉老师。如果你需要的话，他会帮助你练习发音。

7 **Piensa en otras tres cosas que hiciste ayer y a qué hora hiciste cada una de ellas. Luego, anótalo.**

a 请考虑昨天你做的其他三件事情以及做事的时间，然后记录下来。

A las seis de la tarde fui al gimnasio.

b **Dile solo las horas a un compañero para que adivine lo que hiciste.**

只告诉同学你做事的时间，让他猜一猜你做了什么事情。

- Las seis de la tarde.
- A las seis de la tarde fuiste al cine.
- No.
- Volviste a casa.
- No, volví más tarde.
- ¡Ah! Fuiste al gimnasio.
- Sí, a las seis de la tarde fui al gimnasio.

8 **Escucha la conversación en la que Mónica le dice a un amigo lo que hizo ayer y completa el cuadro.**

请听对话，其中Mónica告诉一位朋友她昨天做了什么。请把表格补充完整。

2|39

Por la mañana:	Hizo un examen.
Por la tarde:	
Por la noche:	

9 **Observa lo que hizo la señora Paca ayer.** 请仔细看Paca女士昨天做的事情。

a

b **Lee las frases y señala si son verdaderas o falsas.** 请读一读这些句子，并判断真假。

	V	F
1. La señora Paca estuvo en la piscina ayer.	☐	☐
2. Fue en bicicleta.	☐	☐
3. Paseó con el perro.	☐	☐
4. Vio un DVD en su casa.	☐	☐
5. Comió con su novio.	☐	☐
6. Utilizó el ordenador y envió unos correos electrónicos.	☐	☐
7. Salió con su nieta y estuvo en una cafetería con ella.	☐	☐
8. Se acostó muy pronto.	☐	☐

c **Sustituye las frases falsas por otras verdaderas.** 请用反映真实的句子替换反映虚假的句子。

10 **Escribe cinco frases expresando otras cosas que crees que hizo la señora Paca. Intercámbialas con un compañero y corrige las suyas. ¿Coincide alguna información?**
请写出五个句子来表达你认为Paca女士昨天做的其他事情。和同学交换修改。你们有一致的地方吗？

Después de comer estuvo en un parque.

11 **Lee esta ficha escrita por una persona que conoció ayer a la señora Paca.**

a 请读一读这张卡片，作者是昨天才认识Paca女士的一个人。

○ Ayer conocí a la señora Paca.
○ Después de saludarla, le dije: "¿Quiere venir a un concierto de salsa?".
○ Y ella me contestó: "Sí, gracias; me encanta la salsa".
○ Entonces fuimos a un concierto y bailamos mucho.
○ Luego estuvimos con unos amigos y volvimos a casa un poco tarde.

b **Ahora completa tú la ficha con las informaciones que quieras.** 现在请根据你的想法把卡片补充完整。

○ Ayer conocí a la señora Paca.
○ Después de saludarla, le dije: " .... ".
○ Y ella me contestó: " .... "
○ Entonces .... y ....
○ Luego .... y ....

c **Léesela a tus compañeros y averigua si ellos han escrito algo divertido.**
请把卡片内容读给同学听，并看一看他们是否写了一些有趣的东西。

12 **Piensa en lo que hiciste ayer y cuéntaselo a un compañero con el que no has trabajado en esta lección.**

a 现在考虑一下昨天你做了什么，并告诉一位在本课上没有合作过的同学。

Ayer me levanté a las…

b **¿Hay muchas cosas que hicisteis los dos? Decídselas a la clase y averiguad cuál es la pareja con más coincidencias.** 你们两个昨天做了很多事情吗？请告诉同学，并查一查哪一对同学和你们的一致点最多。

Pues ayer, (Claudia) y yo…

El nombre de Argentina 国名 "阿根廷"

1
a
Busca en el diccionario el significado de la palabra *plata* [metal]. ¿Qué relación puede tener esa palabra con el nombre de Argentina? Coméntalo con tus compañeros.
请在字典中查找单词plata[金属]的意思。这个单词和国名"阿根廷"会有什么关系呢？和同学一起讨论。

b
Lee el texto y comprueba. Puedes usar el diccionario.   请阅读文章并核对。可以查阅字典。

EL NOMBRE DE ARGENTINA

El nombre de Argentina viene de *argentum*, que en latín significa plata. Su origen está en los viajes de los primeros conquistadores❶ españoles al Río de la Plata. Los náufragos❷ de la expedición❸ de Juan Díaz de Solís encontraron en la región a indígenas que les regalaron objetos de plata.

Luego, hacia el año 1524, llevaron a España la noticia de la existencia de la legendaria❹ Sierra del Plata, una montaña rica en ese metal precioso.

A partir de esa fecha, los portugueses llamaron Río de la Plata al río de Solís. Dos años después, los españoles utilizaron también esa denominación❺.

Desde 1860, el nombre República Argentina es la denominación oficial del país.

Secretaría de Turismo de la Nación de la República Argentina

❶ Conquistador *m.f.* que conquista
❷ Náufrago *m.f.* persona que experimenta un naufragio
❸ Expedición *f.* marcha que realizan para un fin científico o militar
❹ Legendario *adj.* de las leyendas
❺ Denominación *f.* nombre identificativo

Recuerda 记住要点

COMUNICACIÓN

Hablar del pasado: expresar lo que hicimos ayer

- ● ¿Qué hiciste ayer por la tarde? ¿Saliste?
- ○ No, me quedé en casa y luego me acosté muy pronto.
- ● Pues yo estuve con Héctor y fuimos a cenar a un restaurante mexicano.

GRAMÁTICA

Pretérito indefinido
Verbos regulares

HABLAR	COMER	SALIR
hablé	comí	salí
hablaste	comiste	saliste
habló	comió	salió
hablamos	comimos	salimos
hablasteis	comisteis	salisteis
hablaron	comieron	salieron

(Ver resumen gramatical, apartado 7.2.1)

Verbos irregulares

HACER	VENIR	ESTAR	IR/SER
hice	vine	estuve	fui
hiciste	viniste	estuviste	fuiste
hizo	vino	estuvo	fue
hicimos	vinimos	estuvimos	fuimos
hicisteis	vinisteis	estuvisteis	fuisteis
hicieron	vinieron	estuvieron	fueron

(Ver resumen gramatical, apartado 7.2.2.2)
(Ver resumen gramatical, apartado 7.2.2.1)

❶ Opción *f.* elección de elegir algo entre varios

---

c **Lee de nuevo y subraya la opción❶ correcta.**
请再读一遍，并划出正确的选项。

1. El nombre de Argentina es de origen **americano/europeo**.

2. Los indígenas recibieron **bien/mal** a los españoles que fueron con Juan Díaz de Solís.

3. Los **españoles/portugueses** fueron los primeros que usaron el nombre de Río de la Plata.

4. El nombre oficial de República Argentina existe desde el siglo **XVI/XIX**.

d **¿Hay algo que te parece curioso o interesante? Coméntalo con tus compañeros.**
有没有你觉得奇怪或有趣的地方？请和同学一起讨论。

1 **¡Qué coincidencia❶! Elena y Diego no se conocen, pero ayer fue sábado y los dos hicieron cuatro cosas iguales en el mismo momento. Habla con tu compañero y descubre esas coincidencias.**   多巧啊！Elena和Diego不认识，但是昨天周六，他们在同一时刻做了四件相同的事情。请和同学一起讨论，并找出这些共同点。

Alumno A

¡No mires la parte del Alumno B!

Ayer por la mañana, Elena jugó al tenis.

MAÑANA

TARDE

NOCHE

Cuando termines, comprueba con tu compañero.

Cuando termines, comprueba con tu compañero.

NOCHE

TARDE

MAÑANA

Pues Diego fue a la piscina y nadó por la mañana.

¡No mires la parte del Alumno A!

Alumno B

❶ Coincidencia *f.* lo que ocurre al mismo tiempo o en mismo lugar que otro suceso

2 **Adivinanzas. En grupos de tres. Elige a una de estas personas y piensa qué hizo ayer y a qué hora.**
a **Luego, díselo a tus compañeros. ¿Saben quién es?**

猜谜。三人一组。请选择一位人物，考虑下他昨天几点做了什么。然后告诉同学。他们知道你说的是谁吗？

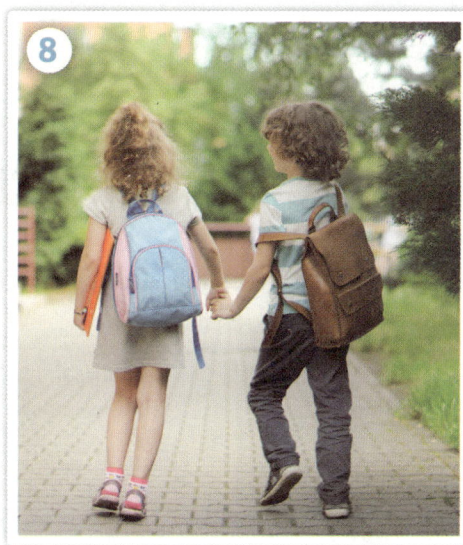

b **Imagínate que eres una de esas personas y piensa qué hiciste ayer.**

想象一下，你是其中一个，并考虑一下昨天你做的事情。

c **En grupos de tres. Tus compañeros van a intentar adivinar quién eres. Para ello te van a hacer preguntas a las que tú solamente puedes responder "sí" o "no".**

三人一组。你的同学将试着猜出你是谁。他们会问你一些问题，你只能回答sí或no。

- ¿Te levantaste tarde ayer?
- No.
- …

Repaso 3

复习课3

Día a día 一天又一天

1
a **Escribe estas actividades en el orden en que las realizas en un día normal.**

请按照平常一天中你做事的顺序安排这些活动。

- comer
- volver a casa
- levantarse
- hacer los deberes
- empezar las clases
- desayunar
- acostarse
- terminar las clases
- cenar

b **Ahora escribe un texto sobre las cosas que haces un día normal y a qué hora.**

现在请写一篇关于平常一天你做的事情和做事的时间的小作文。

Normalmente me levanto a las… Luego…

c **Coméntalo con tus compañeros y busca uno con el que coincidas en cuatro cosas.**

请和同学一起讨论，并找到一位和你有四项一致的同学。

- *Normalmente me levanto a las…, ¿y tú?*
- *Yo también.*
  a las…

d **Decídselo a la clase.** 请告诉同学。

(Marco) y yo…

¿Con qué frecuencia? 以什么频率？

2
a **Forma una expresión a partir de cada palabra.** 请用这些单词组成词组。

| campo | tenis | compra |
| gimnasia | compras | copas |

Ir al campo.

b **¿Haces esas cosas con frecuencia los fines de semana? Escríbelo.**

周末你经常做这些事情吗？请写下来。

A veces voy al campo los fines de semana.

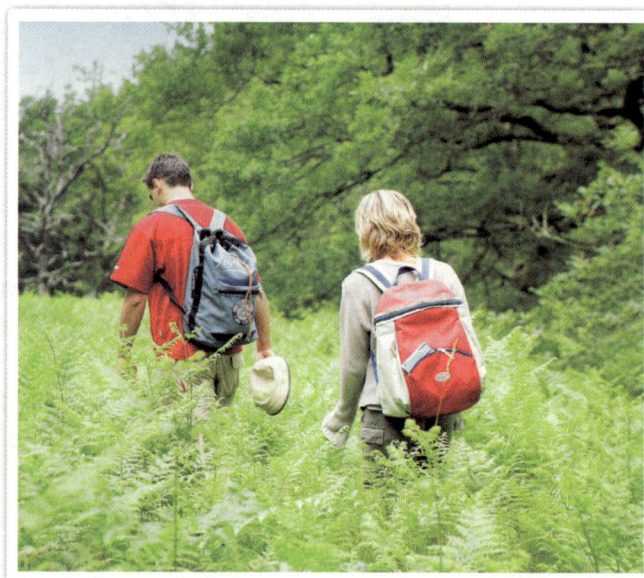

c **Compara tu texto con el de un compañero. ¿Creéis que podríais pasar los fines de semana juntos?**

请把你的作文和另一位同学对比一下。你觉得你们能一起过周末吗？

3 **Lee y completa el texto con estas frases.** 请阅读文章，并用这些句子把它补充完整。
a

> **Juan Manuel Tardón** (recepcionista). Trabaja en la recepción de un hotel y (**1**) .... : entra a las doce de la noche y sale a las ocho de la mañana. Tiene tres días libres por semana: (**2**) .... Normalmente duerme por la mañana. Por la tarde estudia Sociología en la universidad. Lo que más le gusta de su trabajo es que no ve mucho a su jefe; lo que menos, el horario. No está muy contento con su trabajo y cree que gana muy poco, pero sabe que es un trabajo temporal. Cuando termine la carrera, (**3**) ....
>
> ☐ viernes, sábado y domingo
>
> ☐ quiere dar clases en la universidad
>
> ☐ tiene un horario de noche

b **Lee estas frases sobre lo que hace Juan Manuel un día normal y completa el cuadro con las horas. Usa también la información del texto anterior.** 请朗读Juan Manuel在平常一天中所做的事情，并把时间填在表格中。也可以利用上文中的信息。

1. Tarda quince minutos en llegar al trabajo.
2. Se acuesta cuando llega a casa.
3. Duerme siete horas diarias.
4. Come un cuarto de hora después de levantarse.
5. Empieza las clases a las cinco de la tarde.
6. Tiene cinco horas de clase al día.
7. Generalmente cena hora y media antes de empezar a trabajar.

	Hora
Salir de casa	
Acostarse	
Levantarse	
Comer	
Empezar las clases	
Terminar las clases	
Cenar	

Los estudios de español 西班牙语学习

4 **En parejas. Hazle a tu compañero las preguntas correspondientes y anota sus respuestas.**
a 两人一组。请向你的同学进行对应的提问，并把回答记录下来。

> 1. Lo que más le gusta de la clase de español. ....
> 2. Lo que menos le gusta de la clase de español. ....
> 3. ¿Hace los deberes siempre? ....
> 4. Número de horas que estudia individualmente al día. ....
> 5. ¿Cree que progresa adecuadamente? ....
> 6. ¿Cree que puede hacer algo para aprender más? ¿Qué? ....

¿Qué es lo que más te gusta de la clase de español?

b **Utiliza esas notas para escribir un texto sobre los estudios de español de tu compañero.** 请利用记录的要点写一篇关于你同学学习西班牙语的小作文。

Lo que más le gusta a (David) de la clase de español es…

c **Intercámbialo con él para que lo corrija. Luego, comentad los posibles errores.** 请和同学交换互改。然后一起讨论出现的错误。

¿Qué hiciste ayer? 昨天你做了什么？

5
a
¿Qué verbos te parecen más difíciles en pretérito indefinido? Utilízalos para escribir frases verdaderas o falsas sobre lo que hiciste ayer.

简单过去时中你觉得哪些动词最难？请用它们写一些内容真实和虚假的句子，内容关于昨天你做的事情。

b Intercámbialas con un compañero para descubrir las falsas. 请和一位同学交换，并找出其中内容虚假的句子。

Juego de vocabulario 词汇游戏

6
a
Haz una lista de seis palabras o expresiones difíciles que has aprendido en las lecciones 11-14.

请列出11—14课你学过的最难的6个单词或词组。

b Enséñaselas a tu compañero y explícale lo que no entienda. Si coinciden algunas, pensad en otras nuevas hasta completar la lista de doce en total. 请给同学看一看，如果他有不理解的地方，请解释一下。如果你们所写的有重合的地方，请一起再想想新的单词或词组，直到总共列出12项。

c Pasadle la lista a otra pareja para que escriba una frase con cada una de las palabras o expresiones que aparecen. Gana la pareja que escriba correctamente más frases.
请把所列内容给另一组同学，他们必须用这些单词或词组造句。哪一组写的句子又多又正确就赢得比赛。

Juego de repaso 复习游戏

7 **En grupos de cuatro. Juega con un dado y una ficha de color diferente a la de tus compañeros.**
四人一组。一个骰子，以及每人一张不同颜色的卡片。

1. Por turnos. Tira el dado y avanza el número de casillas que indique. 轮流掷骰子，并根据掷出的数字在格子中前进。

2. Habla del tema de la casilla en la que caigas. 请根据所在格子的内容说一段话。

3. ¡Atención a las casillas en las que puedes hacer una pregunta a un compañero o te la pueden hacer a ti!
注意！在有些格子里，你可以向同学提问或者他们可以问你问题！

SALIDA	1 Tu pueblo o tu ciudad	2 Tu actor favorito	3 El centro donde estudias español	4 Tu música preferida	5 Tu habitación	6 Tus compañeros te pueden hacer una pregunta
12 Pregunta lo que quieras a un compañero	11 Un aspecto de la vida española que te gusta	10 Tus padres	9 Tu profesor de español	8 Los deportes que te gustan	7 Tu novio/-a	
	13 Tu casa ideal	14 Algunas cosas que sabes hacer. ¿Las haces bien?	15 Los sábados por la mañana	16 Un famoso que no te gusta nada	17 ¿Por qué estudias español?	18 Tus compañeros te pueden hacer una pregunta
24 Pregunta lo que quieras a un compañero	23 Tu actriz favorita	22 Un programa de TV que no te gusta	21 ¿Qué hiciste ayer por la mañana?	20 Tu jefe o el director del centro donde estudias	19 Tu cantante o grupo preferido	
	25 Tus hermanos/-as	26 Los domingos por la tarde	27 Tu medio de transporte preferido	28 Este libro	29 Una ciudad que te gusta mucho	30 Tus compañeros te pueden hacer una pregunta
36 Pregunta lo que quieras a un compañero	35 ¿Qué hiciste ayer por la noche?	34 Tu trabajo o tus estudios	33 ¿Qué hiciste ayer por la tarde?	32 Un personaje famoso que te gustaría ser	31 Un buen amigo	
	37 El hombre/la mujer de tus sueños	38 Una ciudad española que quieres visitar	39 Lo que haces un día normal	40 Lo que más te gusta de este juego	41 Los viernes por la noche	LLEGADA

Resumen gramatical
语法总结

1 Las letras 字母

字　　母	名　　称	发　　音	举　　例
A, a	a	/ɑ/	La Habana
B, b	be	/b/	Barcelona
C, c	ce	/θ/, /k/	cine, Carmen
Ch, ch	che	/tʃ/	Chile
D, d	de	/d/	adiós
E, e	e	/e/	España
F, f	efe	/f/	teléfono
G, g	ge	/g/, /x/	Málaga, Ángel
H, h	hache	–	hotel
I, i	i	/i/	Italia
J, j	jota	/x/	Japón
K, k	ka	/k/	kilómetro
L, l	ele	/l/	Lima
Ll, ll	elle	/ʎ/	lluvia
M, m	eme	/m/	Madrid
N, n	ene	/n/	no
Ñ, ñ	eñe	/ɲ/	España
O, o	o	/o/	Toledo
P, p	pe	/p/	Perú
Q, q	cu	/k/	Quito
R, r	erre	/r̄/, /r/	guitarra, aeropuerto
S, s	ese	/s/	sí
T, t	te	/t/	teatro
U, u	u	/u/	Uruguay
V, v	uve	/b/	Venezuela
W, w	uve doble	/w/, /b/	whisky, water
X, x	equis	/ks/, /s/	taxi, extranjero
Y, y	i griega	/y/, /i/	yo, Paraguay
Z, z	zeta	/θ/	plaza

Observaciones:　注解：

● 字母 *h* 在西班牙语中不发音 (*hola*、*hospital*)。
● 字母 *b* 和 *v* 发音一样：/b/ (*Buenos Aires*、*Valencia*)。
● 发音为/rr/ 的情况：
　　● *rr* 在元音之间 (*perro*)。
　　● *r* 在词首 (*Roma*) 或在 *l*、*n* 和 *s* 的后面 (*alrededor*、*Enrique*)。
　　其他情况下，字母 *r* 发音为/r/，比如 *pero*。
● 字母 *x* 在辅音之前发音为/s/ (*exterior*)。

- 字母 *c*、*z* 和 *q*：

书　写	发　音
za	/θα/
ce	/θe/
ci	/θi/
zo	/θo/
zu	/θu/

书　写	发　音
ca	/kα/
que	/ke/
qui	/ki/
co	/ko/
cu	/ku/

- 字母 *g* 和 *j*：

书　写	发　音
ga	/gα/
gue	/ge/
gui	/gi/
go	/go/
gu	/gu/
güe	/gue/
güi	/gui/

书　写	发　音
ja	/xα/
je, ge	/xe/
ji, gi	/xi/
jo	/xo/
ju	/xu/

2 El sustantivo 名词

2.1. Género del sustantivo　名词的性

阳　性	阴　性	阳性或阴性
-o	-a	-e
		-consonante

- el teléfon**o**
- la tiend**a**
- la clase
- el restaurant**e**
- el hospital
- la canció**n**

Observaciones： 注解：

- 如果名词是人或一些动物，性别决定名词的阴阳性。
  - el hij**o** → la hij**a**
  - el gat**o** → la gat**a**
- 因为性别缘故，一些名词的阳性和阴性形式不同。
  - **el hombre → la mujer**
  - **el padre → la madre**
- 许多以 *-ante* 或 *-ista* 结尾的名词阴阳性都是一样的。
  - el estudi**ante** → la estudi**ante**
  - el art**ista** → la art**ista**
- 许多以*-ma* 结尾的名词为阳性。
  - **el** probl**ema**
  - **el** progr**ama**
- 一些以*-o* 结尾的名词为阴性。
  - **la** rad**io**
  - **la mano**

2.2. Número del sustantivo　名词的数

单数名词，结尾为：	变成复数，需要加：
-a, -e, -i, -o, -u	-s
-á, -é, -ó	
consonante 辅音	-es
-í, -ú	

- médico → médico**s**
- café → café**s**
- hospital → hospital**es**

Observaciones:　注解：

- 以-z 结尾的名词变复数，必须把 z 变成 c，并加-es。
  - actriz → actri**ces**
- 一些以-s 结尾的名词变复数，原单词保持不变。
  - **el** lunes → **los** lunes
- 一些以-i 或-ú 结尾的名词变复数，必须加-s。
  - **el** esquí → **los** esquí**s**
  - **el** menú → **los** menú**s**

3 El adjetivo calificativo　性质形容词

3.1. Género del adjetivo calificativo　性质形容词的性

阳　　性	阴　　性	阳性或阴性
-o	-a	-e
		-consonante

- sueco
- sueca
- verde
- azul

Observaciones:　注解：

- 性质形容词和修饰的名词必须保持性数一致。
  - Mi profeso**r** es colombian**o**.
  - Mi profeso**ra** es colombian**a**.
- 以辅音结尾的表示国籍的形容词在变成阴性的时候，必须加-a。
  - francés → frances**a**
  - andaluz → andaluz**a**
- 以-a、-e、-i 结尾的表示国籍的形容词在变成阴性的时候，原单词保持不变。
  - belga
  - canadiense
  - marroquí

3.2. Número del adjetivo calificativo　性质形容词的数

性质形容词构成复数的方式和名词变复数的方式一样（见表2.2）。
- alto → alto**s**
- delgada → delgada**s**
- verde → verde**s**
- gris → gris**es**
- japonés → japones**es**
- marroquí → marroquí**es**

4 Artículos 冠词

冠词和修饰的名词必须保持性数一致。

- **el** camarero → **los** camareros
- **una** carta → **unas** cartas

当名词的阴阳性和单复数不变的情况下，冠词表明名词的性数。

- **un** cantante → **una** cantante
- **el** martes → **los** martes

4.1 Artículos determinados 定冠词

	阳　性	阴　性
单数	el	la
复数	los	las

定冠词用来表示已提及的人或物。

- Le presento a Mónica, **la** nueva secretaria.
- Vivo en **la** calle Embajadores, número diez.

Observaciones: 注解：

- A + el → al
    - ¿Vamos **al** cine esta noche?
- De + el → del
    - Mira, esa es la mujer **del** director.

4.2. Artículos indeterminados 不定冠词

	阳　性	阴　性
单数	un	una
复数	unos	unas

不定冠词用来表示初次提及的人或物。

- Yo trabajo en **un** restaurante.

5 Posesivos 物主形容词

物主形容词和修饰的名词必须保持性数一致。

- **Tus** herman**os** no viven aquí, ¿verdad?
- Es una amiga **mía**.

5.1. Formas átonas 非重读物主形容词

阳　性		阴　性	
单数	复数	单数	复数
mi	mis	mi	mis
tu	tus	tu	tus
su	sus	su	sus
nuestro	nuestros	nuestra	nuestras
vuestro	vuestros	vuestra	vuestras
su	sus	su	sus

Observaciones: 注解：

- 非重读物主形容词置于名词之前。
    - ¿A qué se dedica **tu** padre?

5.2. Formas tónicas 重读物主形容词

阳 性		阴 性	
单数	复数	单数	复数
mío	míos	mía	mías
tuyo	tuyos	tuya	tuyas
suyo	suyos	suya	suyas
nuestro	nuestros	nuestra	nuestras
vuestro	vuestros	vuestra	vuestras
suyo	suyos	suya	suyas

Observaciones: 注解：

重读物主形容词可以：
- 置于名词之后。
  - Un amigo **mío**.
- 置于动词之后。
  - Ese libro es **tuyo**, ¿no?
- 置于冠词或名词的其他限定词之后。
  - Mi novia es muy inteligente.
  - **La mía** también.

6 Demostrativos 指示词

6.1. Adjetivos demostrativos 指示形容词

阳 性		阴 性	
单数	复数	单数	复数
este	estos	esta	estas
ese	esos	esa	esas
aquel	aquellos	aquella	aquellas

Observaciones: 注解：

- 指示形容词置于名词之前。
  - ¿Puedo ver **ese** bolígrafo?
- 指示形容词和修饰的名词必须保持性数一致。
  - ¿Cuánto cuesta est**e** diccionari**o**?

6.2. Pronombres demostrativos 指示代词

阳 性		阴 性	
单数	复数	单数	复数
éste	éstos	ésta	éstas
ése	ésos	ésa	ésas
aquél	aquéllos	aquélla	aquéllas

Observaciones: 注解：

- 指示代词与所指代的名词保持性数一致。
  - **Esta** es mi profesora de español.
  - **Estos** son mis hermanos.
- 中性形式 *esto*、*eso*、*aquello* 没有阴阳性变化，只做代词使用。
  - ¿Cómo se dice **esto** en español?
- 在可能引起混淆或歧义的情况下，指示代词必须加重音符号。
  - Trabajo con **ese** director.
  - Trabajo con **ése**, director.

7 Verbos 动词

西班牙语中，动词分成三组。原形动词以-ar、-er、-ir结尾。

7.1. Presente de indicativo 陈述式现在时
7.1.1. Verbos regulares 规则动词

	-ar	-er	-ir
	HABLAR	COMER	VIVIR
(yo)	hablo	como	vivo
(tú)	hablas	comes	vives
(él/ella/usted*)	habla	come	vive
(nosotros/nosotras)	hablamos	comemos	vivimos
(vosotros/vosotras)	habláis	coméis	vivís
(ellos/ellas/ustedes*)	hablan	comen	viven

* *Usted* 和 *ustedes* 表示第二人称，但是动词变位的时候和 *él / ella*、*ellos / ellas* 一样 (归总在第三人称)。

7.1.2. Verbos irregulares 不规则动词
7.1.2.1. *Estar, ser* e *ir* *estar*、*ser* 和 *ir*

	ESTAR	SER	IR
(yo)	estoy	soy	voy
(tú)	estás	eres	vas
(él/ella/usted)	está	es	va
(nosotros/nosotras)	estamos	somos	vamos
(vosotros/vosotras)	estáis	sois	vais
(ellos/ellas/ustedes)	están	son	van

7.1.2.2. Irregularidades que afectan a las tres personas del singular y a la tercera persona del plural 单数三个人称和复数第三人称变位不规则

e → ie	o → ue	e → i	verbos en -uir u → uy	verbo *jugar* u → ue
QUERER	PODER	PEDIR	INCLUIR	JUGAR
quiero	puedo	pido	incluyo	juego
quieres	puedes	pides	incluyes	juegas
quiere	puede	pide	incluye	juega
queremos	podemos	pedimos	incluimos	jugamos
queréis	podéis	pedís	incluís	jugáis
quieren	pueden	piden	incluyen	juegan

7.1.2.3. c → zc en la primera persona del singular (verbos en -ecer, -ocer y -ucir)
(以-ecer、-ocer、-ucir 结尾的动词)第一人称单数变位 c → zc。
conocer → conozco
conducir → conduzco
traducir → traduzco

7.1.2.4. Verbos con la primera persona del singular irregular

第一人称单数变位不规则的动词

hacer → ha**go**   saber → s**é**

salir → sal**go**   ver → v**e**o

poner → pon**go**   dar → d**o**y

traer → trai**go**

7.1.2.5. Verbos con doble irregularidad   双重不规则的动词

TENER	VENIR	DECIR	OÍR
tengo	vengo	digo	oigo
tienes	vienes	dices	oyes
tiene	viene	dice	oye
tenemos	venimos	decimos	oímos
tenéis	venís	decís	oís
tienen	vienen	dicen	oyen

Usos: 用法：

● 表达习惯做的事情。
  ● Todos los días **me levanto** a las ocho.
● 表示现在的状态。
  ● **Está** casada y **tiene** dos hijos.
● 表示提供或请求某物。
  ● **¿Quieres** más ensalada?
  ● ¿Me **das** una hoja, por favor?
● 表示提出建议。
  ● ¿Por qué no **vas** al médico?
● 表示提出邀请。
  ● **¿Quieres** venir a la playa con nosotros?
● 谈论将来的行动。
  ● Mañana **actúa** Shakira en Barcelona.

7.2. Pretérito indefinido   简单过去时

7.2.1. Verbos regulares   规则动词

	HABLAR	COMER	SALIR
(yo)	habl**é**	com**í**	sal**í**
(tú)	habl**aste**	com**iste**	sal**iste**
(él/ella/usted)	habl**ó**	com**ió**	sal**ió**
(nosotros/nosotras)	habl**amos**	com**imos**	sal**imos**
(vosotros/vosotras)	habl**asteis**	com**isteis**	sal**isteis**
(ellos/ellas/ustedes)	habl**aron**	com**ieron**	sal**ieron**

7.2.2. Algunos verbos irregulares 一些不规则动词
7.2.2.1. *Ser* e *ir* *ser* 和 *ir*

SER/IR
fui
fuiste
fue
fuimos
fuisteis
fueron

Observaciones: 注解：
Ser 和 *ir* 的简单过去时变位相同。

7.2.2.2. Verbos de uso frecuente con raíz y terminaciones irregulares
常用动词的不规则词根和词尾

原形动词	词 根	词 尾
Tener	tuv-	
Estar	estuv-	
Poder	pud-	-e
Poner	pus-	-iste
Saber	sup-	-o
Andar	anduv-	-imos
Hacer	hic-/hiz-	-isteis
Querer	quis-	-ieron
Venir	vin-	

原形动词	词 根	词 尾
Decir	dij-	-e
		-iste
		-o
Traer	traj-	-imos
		-isteis
		-eron

Uso: 用法：
表示一段已经结束的时间内发生的动作或事件。
常和表示过去时间的词或词组连用，如 *ayer, el otro día, la semana pasada, el mes pasado, el año pasado* 等。
- Ayer **comí** con Cristina.
- El año pasado **estuve** de vacaciones en Irlanda.

8 Pronombres personales 人称代词

8.1. Sujeto 主语 (主格人称代词)

	第一人称	第二人称	第三人称
单数	yo	tú / usted	él / ella
复数	nosotros nosotras	vosotros vosotras / ustedes	ellos ellas

8.2. Objeto indirecto 间接宾语 (与格代词)

	第一人称	第二人称	第三人称
单数	me	te / le	le
复数	nos	os / les	les

8.3. Reflexivos 自复代词

	第一人称	第二人称	第三人称
单数	me	te se	se
复数	nos	os se	se

8.4. Preposición + pronombre personal 前置词+人称代词

	第一人称	第二人称	第三人称
单数	mí	ti usted	él ella
复数	nosotros nosotras	vosotros vosotras ustedes	ellos ellas

Observaciones: 注解：

● 当动词变位后的词尾能够明确表明人称的时候，通常省略主格人称代词。
- ● ¿Cómo te llamas? (**tú**)

● 使用主格人称代词可以表示强调主语或表明反对意见。
- ● **Yo** trabajo en un banco.
- ■ Pues **yo** soy estudiante.

● *Yo* 和 *tú* 不能与前置词连用；如需连用，必须替换成对应的形式：*mí* 和 *ti*。
- ● ¿Esto es para **mí**?
- ■ Sí, sí. Para **ti**.

与前置词 *con* 连用时，必须写成 *conmigo* 和 *contigo*。
- ● ¿Quieres venir al cine **conmigo**?

● 间接宾语人称代词（与格代词）和自复代词置于变位动词之前。
- ● ¿**Te** gusta?
- ● ¿**Os** acostáis muy tarde?

如果与肯定命令式连用，必须置于肯定命令式之后，与之连写成一个单词。
- ● ¿**Me** puedo sentar?
- ■ Sí, sí. Siénte**se**.

与原形动词或副动词连用，可以紧跟在后面连写成一个单词，或者置于变位动词之前。
- ● Voy a duchar**me** = **me** voy a duchar.
- ● Está duchándo**se** = **se** está duchando.

9 Interrogativos 疑问词

9.1. ¿Quién?, ¿quiénes?

¿Quién/quiénes + 动词?

● 通常询问人物的身份。
- ● ¿**Quién** es?
- ■ Laura, mi profesora de español.
- ● ¿**Quiénes** son esos niños?
- ■ Mis primos de Valencia.

9.2. ¿Qué?

9.2.1. *¿Qué + 动词?*

9.2.1.1. 通常询问物品
- **¿Qué** es eso?

9.2.1.2. 询问行为
- **¿Qué** vas a hacer esta noche?
- ■ Voy a ir al teatro con Ernesto.

9.2.2. *¿Qué + 名词 + 动词?*

询问同一类别中的物品或人物身份。
- **¿Qué** lenguas hablas?
- ■ Inglés e italiano.
- **¿Qué** actores españoles te gustan?
- ■ Javier Bardem y Antonio Banderas.

9.3. ¿Cuál?, ¿cuáles?

¿Cuál / cuáles + 动词?

询问同一类别中的物品或人物身份。
- **¿Cuál** es la moneda de tu país?
- ■ El euro.
- **¿Cuál** te gusta más? (de esos dos cantantes).
- ■ Fernando Usuriaga.

9.4. ¿Dónde?

¿Dónde + 动词?

询问空间位置。
- **¿Dónde** vives?
- ■ En Málaga.

9.5. ¿Cuándo?

¿Cuándo + 动词?

询问时间。
- **¿Cuándo** te vas de vacaciones?
- ■ El sábado.

9.6. ¿Cuánto?, ¿cuánta?, ¿cuántos?, ¿cuántas?

询问数量。

9.6.1. *¿Cuánto + 动词?*
- **¿Cuánto** cuesta esta agenda?
- ■ Diez euros.

9.6.2. *¿Cuánto / cuánta / cuántos / cuántas (+ 名词) + 动词?*
- **¿Cuántas** hermanas tienes?
- ■ Dos.

9.7. ¿Cómo?

¿Cómo + 动词?

9.7.1. 询问人物或物品的特点
- **¿Cómo** es tu profesor?
- ■ Alto, rubio, bastante gordo... y muy simpático.

9.7.2. 询问方式
- **¿Cómo** vienes a clase?
- ■ En bicicleta.

9.8. ¿Por qué?

¿Por qué + 动词?
询问原因或目的。
- **¿Por qué** estudias español?

Observaciones: 注解：

- 疑问词之前可以带某些前置词。
    - **¿De** dónde es?
    - **¿A** qué te dedicas?
    - **¿Con** quién vives?

- *¿Por qué ?*和 *porque* 的区别
    - **¿Por qué** estudias ruso?　(提问)
    - **Porque** quiero ir de vacaciones a Moscú.　(回答)

10 *Hay-está (n)*

10.1. Hay

是动词 *haber* 在陈述式现在时的无人称形式。

使用 *hay* 可以表达物品或人物的存在。

- *Hay + un (os) / una (s) / dos / tres...* (+名词)
- *Hay +* 名词

    - Entre la farmacia y el bar **hay una** tienda.
    - ¿Dónde **hay un** cine?
    - Hay **uno** en la plaza.
    - En Madrid no **hay** playa.

10.2. Está, están

使用 *está* 或 *están* 表示知道某人或某物的位置，或者表示它们的存在。

- ¿Y David?
- **Está** en la biblioteca.

- Perdona, ¿el Teatro Griego **está** por aquí?
- Sí, **está** al final de esta misma calle, a la derecha.

请仔细看这些句子：

- ¿Dónde **está el Banco Mediterráneo**?
- ¿Sabe si **hay un banco** por aquí?

- En esta ciudad **hay un museo** muy interesante.
- **El Museo Arqueológico está** en la Plaza Mayor.

11 *Ser-estar*

11.1. Ser

- 身份
    - **Eres la hermana de Gloria**, ¿verdad?
- 来源、国籍
    - Guillermo del Toro **es mexicano**.
- 职业
    - **Soy ingeniero**.
- 描述人物、物品和地点
    - **Es alta, morena** y lleva gafas.
    - Tu coche **es negro**, ¿no?
    - **Es** una ciudad **pequeña y muy tranquila**.
- 描述或评价人物的性格
    - Mi hermano pequeño **es muy gracioso**.
- 钟点
    - ¡Ya **son las dos**!

- 评价物品、活动和时间段
  - Este diccionario **es muy bueno**.
  - Trabajar demasiado **es malo**.

11.2. Estar

- 空间位置
  - El quiosco **está enfrente del bar**.
- 物品和地点的情况或状态
  - ¿Funciona esta radio?
  - No, **está rota**.
  - ¿Ya **está abierta** la farmacia?

12 Gustar

表示个人喜好。

- **A ti te gusta** mucho esquiar, ¿verdad?
- **Me gusta** mucho tu chaqueta.
- **A mí no me gustan** las motos.

(A mí)	Me			
(A ti)	Te	gusta	(mucho)	bailar.
(A él/ella/usted)	Le		(bastante)	el teatro.
(A nosotros/nosotras)	Nos			
(A vosotros/vosotras)	Os	gustan	(mucho)	los niños.
(A ellos/ellas/ustedes)	Les		(bastante)	

Observaciones:　注解：

动词 *encantar* 也可以用来表示个人喜好，用法和动词 *gustar* 一样，但是不能带副词。

- **Me encanta** ~~mucho~~ la música clásica.
- **Me encantan** estos zapatos.

13 También, tampoco, sí, no

- **También, tampoco**: 表达一致性或同意他人说法。
  También 用来回答肯定句；*tampoco* 用来回答否定句。

  - Yo sé conducir.
  - Yo **también**.

  - Me gusta mucho este disco.
  - A mí **también**.

  - No sé tocar la guitarra.
  - Yo **tampoco**.

  - No me gustan las discotecas.
  - A mí **tampoco**.

- **Sí, no**: 表达不一致或不同意他人说法。
  Sí 用来回答否定句；*no* 用来回答肯定句。

  - No tengo coche.
  - Yo **sí**.

  - No me gustan las discotecas.
  - A mí **sí**.

  - Yo vivo con mis padres.
  - Yo **no**.

  - Me gusta mucho este disco.
  - A mí **no**.

Observaciones:　注解：

在此类对话的回答中，常常使用人称代词 (*yo, tú, él* 等)；有时人称代词前会加前置词 (*a mí, a ti, a él* 等)。

- Estudio Sociología.
- **Yo** también.

- No me gusta nada este libro.
- **A mí** tampoco.

14 Expresión de la frecuencia 频率的表达

14.1. Para expresar frecuencia podemos utilizar: 我们可以使用这些词来表达频率：

```
+    siempre
     casi siempre
     normalmente/generalmente
     a menudo
     a veces
     casi nunca (no… casi nunca)
-    nunca (no… nunca)
```

- **Siempre** hago los deberes por la tarde.
- **Nunca** veo la televisión por la mañana.
- **No** veo **nunca** la televisión por la mañana.

14.2. También podemos usar estas expresiones de frecuencia: 我们还可以使用这些词组来表达频率：

todos los	días/lunes/martes... meses años
todas las	semanas

=

cada	día/lunes/martes... mes año semana

una vez dos veces tres veces...	al por	día mes año
	a la por	semana

(una vez)	cada	dos tres...	días semanas meses años

- Tú vas al cine **a menudo**, ¿verdad?
- Sí, **dos o tres veces a la semana.**
- Voy al gimnasio **cada tres días.**

15 Muy-mucho

15.1. Muy-mucho

muy +	形容词
	副词

动词 + *mucho*

- Mi habitación es **muy pequeña**.
- ¿Qué tal estás?
- **Muy bien**. ¿Y tú?

- Yo trabajo **mucho**.

15.2. Mucho, mucha, muchos, muchas

Mucho/-a/-os/-as + 名词
- En esta calle hay **muchos bares**.
- En este bar hay **mucha gente**.

Observaciones: 注解:

- *Muy* 从不修饰名词。
  - Tengo ~~muy~~ amigos aquí. (Tengo **muchos amigos** aquí.)

  Muy 不能做副词单独使用。
  - Yo como ~~muy~~. (Yo como **mucho**.)

- *Mucho* 从不修饰形容词或副词。
  - Es ~~mucho~~ alto. (Es **muy alto**.)
  - Habla ~~mucho~~ bien. (Habla **muy bien**.)

16 Cuantificadores 程度副词和程度形容词: *muy, mucho, bastante, poco*

muy *bastante* *poco*	+ 形容词
	+ 副词

- Mi hermana es **muy simpática**.
- Este pueblo es **bastante pequeño**.
- Este barrio es **poco moderno**.
- Tú hablas inglés **bastante bien**, ¿no?

mucho/-a/-os/-as *bastante(s)* *poco/-a/-os/-as*	+ 名词

- En mi barrio hay **muchos bares y bastantes restaurantes**.
- En este barrio hay **pocas zonas** verdes.

动词 +	*mucho* *bastante* *poco*

- Yo **estudio bastante**.
- Yo **trabajo mucho** y **gano poco**.

17 Saber

使用 *saber* + 原形动词结构表达会做某事。

(yo)	sé	
(tú)	sabes	
(él/ella/usted)	sabe	
(nosotros/nosotras)	sabemos	nadar
(vosotros/vosotras)	sabéis	
(ellos/ellas/ustedes)	saben	

- ¿**Sabes tocar** el piano?
- No, pero **sé tocar** la guitarra.

也可以使用 *saber* + 名词。

- Yo **sé ruso**.

18 *Conocer-saber*

使用动词 *conocer* 或 *saber* 表达知道或不知道某事。

当涉及信息、资料时，使用 *saber*。

- **¿Sabes que mañana empiezan mis vacaciones?**
- **No sé cuántos habitantes tiene mi pueblo.**
- Andrea **sabe chino.**

当涉及人物、地点或物品时，使用 *conocer*。

- **Conozco a tu compañera de trabajo,** pero **no conozco a tu jefe.**
- **¿Conoces Sevilla?**
- Sí, y me encanta.
- **Conozco un diccionario de español** muy bueno.

Observaciones: 注解：

如果提及的是人物，在人之前必须加前置词 *a*。

- **Conozco a Felipe**, tu amigo uruguayo.

19 *Bien; mal; regular; así, así*

我们可以用这种结构来评价行为：

> 动词 + *bien / mal / regular / así, así*

- **¿Cantas bien?**
- No, **canto bastante mal**. ¿Y tú?
- **Regular.**

Observaciones: 注解：

Bien 和 *mal* 常常与程度副词 *muy* 和 *bastante* 连用。

- Yo nado **bastante bien**, ¿y tú?
- Yo nado **muy mal.**

20 **Causa** 原因：*porque, por*

使用 *porque* + 动词来引出原因。

- Estoy delgado **porque hago mucho deporte.**

也可以使用 *por* + 名词。

- Mi pueblo es famoso **por sus playas.**

Observaciones: 注解：

表示原因的句子用来回答 *¿por qué?* 的问题。

- **¿Por qué** estudias español?
- **Porque** mi novia es chilena.

Recuerda: 记住：

¿Por qué? 用于提问。

Porque 用于回答。

Vocabulario
词汇表

🎧 **V_01** **Lección preparatoria 1:**
Saludos y presentaciones

	词性	中文
actriz	*f.*	女演员
adiós	*interj.*	再见
aeropuerto	*m.*	机场
año	*m.*	年、岁
apellidarse	*prnl.*	姓…
apellido	*m.*	姓氏
así	*adv.*	这样
bar	*m.*	酒吧
bien	*adv.*	好地
chocolate	*m.*	巧克力
cine	*m.*	电影院
colombiano, na	*adj./m.f.*	哥伦比亚的/哥伦比亚人
¿Cómo te llamas?		你叫什么名字?
compañero, ra	*m.f*	伙伴,同学
con	*prep.*	和…
de	*prep.*	(表所属)的
del		(表所属)的
día, buenos ~s	*m.*	天,早上好
director, ra, ~ de cine	*m.f.*	导演,电影导演
el	*art.*	这个(阳性单数定冠词)
entiendes (entender)	*tr.*	理解(动词entender的第二人称单数变位)
escribir	*tr.*	写
escritor, ra	*m.f.*	作家
escuchar	*tr.*	听
España		西班牙
estar	*intr.*	处于(某种状态)、在
favor, por ~	*m.*	帮助,劳驾
hablar	*intr.*	交谈
hola	*interj.*	喂、你好
hombre	*m.*	人、男人
hotel	*m.*	酒店

la	*art.*	这个(阴性单数定冠词)
los	*art.*	这个(阳性复数定冠词)
leer	*tr.*	阅读、朗读
llamarse	*prnl.*	名叫…、呼唤
mañana, hasta ~	*f.*	明天,明天见
marcar	*tr.*	标记
mirar	*tr.*	看
mujer	*f.*	女人、妻子
no	*adv.*	不
noche, buenas ~s, esta ~	*f.*	夜晚、晚上,晚上好,今天晚上
nombre	*m.*	名字
novela	*f.*	小说
puedes (poder)	*tr.*	能够(动词poder的第二人称单数变位)
popular	*adj.*	流行的、大众的
preguntar	*tr.*	提问
presentación	*f.*	介绍
repetir	*tr.*	重复
restaurante	*m.*	餐馆
salsa	*f.*	萨尔萨舞(曲)
saludo	*m.*	问候
sí	*adv.*	是
tango	*m.*	探戈
tarde, buenas ~s	*f.*	下午,下午好
televisión	*f.*	电视
tomate	*m.*	番茄
tú	*pron.*	你
y	*conj.*	和
yo	*pron.*	我

🎧 **V_02** **Lección preparatoria 2:**
Origen y procedencia

	词性	中文
a	*prep.*	到
agua	*f.*	水

alemán, alemana	adj./m.f.	德国的/德国人	
Alemania		德国	
alto, ta, más ~	adj.	高的，更高的	
amigo, ga	m.f.	朋友	
aprender	tr.	学习	
Argentina		阿根廷	
argentino, na	adj./m.f.	阿根廷的/阿根廷人	
Australia		澳大利亚	
australiano, na	adj./m.f.	澳大利亚的/澳大利亚人	
bebida	f.	饮料	
bocadillo	m.	夹心面包	
Brasil		巴西	
brasileño, ña	adj./m.f.	巴西的/巴西人	
café, ~ con leche	m.	咖啡，加奶咖啡	
Canadá		加拿大	
canadiense	adj./m.f.	加拿大的/加拿大人	
cerveza	f.	啤酒	
Colombia		哥伦比亚	
comida	f.	食物	
comunicarse	prnl.	交流	
Corea del Sur		韩国	
coreano, na	adj./m.f.	韩国的/韩国人	
cuando	adv.	当…时候	
cuánto, ta	adj./pron.	多少	
de	prep.	（表所属）的	
decir	tr.	说	
despacio	adv.	慢慢地	
dónde	adv.	哪里	
egipcio, cia	adj./m.f.	埃及的/埃及人	
Egipto		埃及	
él	pron.	他	
ella	pron.	她	
español, la	adj./m.f.	西班牙的/西班牙人	
Estados Unidos		美国	
estadounidense	adj./m.f.	美国的/美国人	
esto	pron.	这个（中性代词）	
fiesta	f.	派对、节日	
francés, sa	adj./m.f.	法国的/法国人	
Francia		法国	
frase	f.	句子、语句	
gracias	interj.	谢谢	
habitación	f.	房间	
Holanda		荷兰	

holandés, sa	adj./m.f.	荷兰的/荷兰人	
Inglaterra		英格兰	
inglés, sa	adj./m.f.	英国的/英国人	
ir	intr.	去	
Italia		意大利	
italiano, na	adj./m.f.	意大利的/意大利人	
Jamaica		牙买加	
Japón		日本	
japonés, sa	adj./m.f.	日本的/日本人	
lengua	f.	语言	
marroquí	adj./m.f.	摩洛哥的/摩洛哥人	
Marruecos		摩洛哥	
más	adv.	更多	
menos	adv.	更少	
mexicano, na	adj./m.f.	墨西哥的/墨西哥人	
México		墨西哥	
Mónaco		摩纳哥	
música	f.	音乐	
nativo, va	m.f.	当地人	
Nicaragua		尼加拉瓜	
Nueva Zelanda		新西兰	
número	m.	号码	
origen	m.	来源	
país	m.	国家	
palabra	f.	单词	
para	prep.	为了	
perdón	interj.	原谅	
Portugal		葡萄牙	
portugués, sa	adj./m.f.	葡萄牙的/葡萄牙人	
procedencia	f.	来源、出发地	
qué	pron.	什么	
relacionar	tr.	联系	
Rusia		俄罗斯	
ruso, sa	adj./m.f.	俄罗斯的/俄罗斯人	
San Marino		圣马力诺	
sé (saber)	tr.	知道（动词saber的第一人称单数变位）	
ser	intr.	是	
servicios	m.	厕所	
siesta	f.	午觉	
Suecia		瑞典	
sueco, ca	adj./m.f.	瑞典的/瑞典人	
Suiza		瑞士	
suizo, za	adj./m.f.	瑞士的/瑞士人	

tiempo, ~ libre	*m.*	时间，空闲时间
Uruguay		乌拉圭
útil	*adj.*	有用的
vino	*m.*	葡萄酒
ya	*adv.*	好、明白了

🎧 V_03 Lección 3: Información personal

	词性	中文
abogado, da	*m.f.*	律师
alumno, na	*m.f.*	学生
ambulancia	*f.*	救护车
avenida	*f.*	大街、林阴道
ayuda	*f.*	帮助
banco	*m.*	银行
bombero, ra	*m.f.*	消防员
calle	*f.*	街道
camarero, ra	*m.f.*	服务员
carretera	*f.*	公路
catalán, na	*adj./m.f.*	加泰罗尼亚的/加泰罗尼亚人
ciudad	*f.*	城市
código postal	*m.*	邮政编码
colegio	*m.*	学校
correo electrónico	*m.*	电子邮件
Cruz Roja		红十字会
cuál	*pron.*	哪个
dependiente, ta	*m.f.*	营业员、店员
dirección	*f.*	地址
empresa	*f.*	企业、公司
escuela	*f.*	学校
estación, ~ de autobuses	*f.*	车站，公交站
estudiante	*m.f.*	学生
estudiar	*tr.*	学习
fax	*m.*	传真
Física	*f.*	物理
hacer	*tr.*	做
hospital	*m.*	医院
información, ~ personal	*f.*	信息，个人信息

instituto	*m.*	学院
lugar, ~ de trabajo	*m.*	地点，工作地点
medicina	*f.*	医学
médico, ca	*m.f.*	医生
móvil	*m.*	手机
nacionalidad	*f.*	国籍
o	*conj.*	或者
oficina	*f.*	办公室
paseo	*m.*	街道、步行道
periódico	*m.*	报纸
periodista	*m.f.*	记者
pero	*conj.*	但是
piso	*m.*	公寓、层
plaza	*f.*	广场
poesía	*f.*	诗歌
policía	*m.f.*	警察
profesión	*f.*	职业
profesor, ra	*m.f.*	教师
secretario, ria	*m.f.*	秘书
taxi	*m.*	出租车
teléfono, ~ móvil	*m.*	电话，手机
tener	*tr.*	有
tienda	*f.*	商店
trabajar	*intr.*	工作
un	*art.*	一个（阳性单数不定冠词）
una	*art.*	一个（阴性单数不定冠词）
universidad	*f.*	大学
vivir	*intr.*	居住

🎧 V_04 Lección 4: ¿Tú o usted?

	词性	中文
al		到
alrededor	*adv.*	在…周围
americano, na	*adj./m.f.*	美国的/美国人
aquí	*adv.*	这里
cariño	*m.*	亲爱的、宝贝（呼语）
casa	*f.*	房子
caso	*m.*	事件、情况
claro	*interj.*	当然

cliente	*m.f.*	顾客
compañero, ra de trabajo	*m.f.*	同事
confianza	*f.*	信任、亲近
correr	*intr.*	跑步
desear (¿Qué desea?)	*tr.*	想要（您想要什么？）
despacho	*m.*	办公室
diálogo	*m.*	对话
ejemplo: por ~	*m.*	例子：例如
encantado, da	*adj.*	非常高兴的
esta	*adj.*	这个（阴性单数）
este	*adj.*	这个（阳性单数）
etc.		等等
familiar	*adj.*	家庭的
formal	*adj.*	正式的
gimnasio	*m.*	健身馆
mucho gusto		很高兴见到你
hispanoamericano, na	*adj./m.f.*	西班牙语美洲的/讲西班牙语的美洲人
informal	*adj.*	非正式的
latinoamericano, na	*adj./m.f.*	拉丁美洲的/拉丁美洲人
mío, mía	*adj.*	我的
momento	*m.*	片刻、时刻
muy	*adv.*	非常、很
nuevo, va	*adj.*	新的
pantalones	*m.pl.*	裤子
parada de autobús	*f.*	公交车站
perro, rra	*m.f.*	狗
poco, ca, un ~ más	*adj./m.*	少的/少量，再多一点
porque	*conj.*	因为
presentar	*tr.*	介绍
¿Qué tal?		你好吗？
relación	*f.*	关系
rico, ca	*adj.*	富有的
señor	*m.*	先生
señora	*f.*	女士
señorita	*f.*	小姐
similar	*adj.*	相似的
tienda	*f.*	商店
tipo	*m.*	类型
tomar	*tr.*	拿、取、喝、吃
usar	*tr.*	使用

uso	*m.*	使用
usted	*pron.*	您
varios, rias	*pl./adj.*	若干个/各种的
¡Venga!		表示加油鼓劲
vocal	*f.*	元音
vos	*pron.*	你

🎧 V_05　Lección 5: Mi familia

	词性	中文
abuela	*f.*	祖母、外祖母
abuelo	*m.*	祖父、外祖父
actor, ra	*m.f.*	演员
alegre	*adj.*	快乐的
alto, ta	*adj.*	高的
antipático, ca	*adj.*	惹人厌恶的
azafata	*f.*	空中小姐
azul	*adj.*	蓝色的
bajo, ja	*adj./adv.*	矮的/低
barba	*f.*	大胡子
bastante	*adj./adv.*	足够的/相当
bigote	*m.*	小胡子
blanco, ca	*adj.*	白色的
calvo, va	*adj.*	秃顶的
cantante	*m.f.*	歌唱家、歌手
carácter	*m.*	性格
castaño, ña	*adj.*	栗色的
casado, da	*adj.*	已婚的
contigo		和你
dedicarse a		从事
delgado, da	*adj.*	瘦的
deportista	*m.f.*	运动员
edad	*f.*	年龄
encuesta	*f.*	调查
encuestador, ra	*m.f.*	社会调查员
enfermero, ra	*m.f.*	护士
esposa	*f.*	妻子
esposo	*m.*	丈夫
estado civil	*m.*	婚姻状况
familia	*f.*	家庭
familiar	*m.f.*	家人
famoso, sa	*adj.*	著名的
feo, a	*adj.*	丑的

foto	*f.*	照片
gordo, da	*adj.*	胖的
gracioso, sa	*adj.*	滑稽的、有趣的
grande	*adj.*	大的
guapo, pa	*adj.*	英俊的、漂亮的
hermana	*f.*	姐妹
hermano	*m.*	兄弟
hija	*f.*	女儿
hijo	*m.*	儿子
ingeniero, ra	*m.f.*	工程师
inteligente	*adj.*	聪明的
joven	*adj.*	年轻的
jubilado, da	*adj.*	退休的
largo, ga	*adj.*	长的
liso, sa	*adj.*	（头发）直的
llevar	*tr.*	穿、戴、蓄、长
maestro, tra	*m.f.*	老师
madre	*f.*	母亲
marido	*m.*	丈夫
marrón	*adj.*	棕色的
mayor	*adj.*	年长的
mi	*adj.*	我的
moreno, na	*adj.*	黝黑的
mucho, cha	*adj./adv.*	许多的/很多
mujer	*f.*	妻子
muy	*adv.*	非常、很
ni	*conj.*	和（否定）、也不
nieta	*f.*	孙女
nieto	*m.*	孙子
novia	*f.*	女朋友
novio	*m.*	男朋友
ojo	*m.*	眼睛
oscuro, ra	*adj.*	深色的
padre	*m.*	父亲
padres	*m.pl.*	父母
pelo	*m.*	头发
periodismo	*m.*	新闻学
piloto de carreras	*m.f.*	赛车手
poco, un ~	*m.*	少量，一点儿
político, ca	*m.f.*	政治家
prima	*f.*	表（堂）姐（妹）
primo	*m.*	表（堂）兄（弟）
que	*pron.*	关系代词

quién	*pron.*	谁
rizado, da	*adj.*	（头发）卷曲的
serio, ria	*adj.*	严肃的
simpático, ca	*adj.*	亲切的
sobrina	*f.*	侄女、外甥女
sobrino	*m.*	侄子、外甥
sociable	*adj.*	善于社交的
soltero, ra	*adj.*	单身的
tenista	*m.f.*	网球运动员
tía	*f.*	阿姨、姑妈、婶母、伯母
tímido, da	*adj.*	害羞的
tío	*m.*	叔叔、伯伯、舅舅、姑父
tonto, ta	*adj.*	傻的
trabajador, ra	*adj.*	勤奋的
verde	*adj.*	绿色的
viejo, ja	*adj.*	老的、旧的

🎧 V_06　Lección 6: Objetos

	词性	中文
agenda	*f.*	记事本
billete	*m.*	纸币
bolígrafo	*m.*	圆珠笔
bolso	*m.*	手提包
cartas	*f.pl.*	信
céntimo	*m.*	分（货币单位）
comprar	*tr.*	买
cosa	*f.*	东西
costar	*tr.*	花费
cuaderno	*m.*	笔记本
decidir	*tr.*	决定
diccionario	*m.*	字典
esa	*adj.*	那个的（阴性单数）
esas	*adj.*	那些的（阴性复数）
ese	*adj.*	那个的（阳性单数）
esos	*adj.*	那些的（阳性复数）
estanco	*m.*	（烟草）专卖店
estas	*adj.*	这些的（阴性复数）
estos	*adj.*	这些的（阳性复数）
euro	*m.*	欧元
gafas	*f.pl.*	眼镜
goma de borrar	*f.*	橡皮擦

hay		有		capital	f.	首都
hoja	f.	（纸、书的）页		centro	m.	中心
lámpara	f.	灯		cerca (de)	adv.	在…附近
librería	f.	书店		costa	f.	海岸
libro	m.	书		desierto	m.	沙漠
llave	f.	钥匙		dinámico, ca	adj.	有活力的
llevar(se)	tr.prnl.	带走、拿走		este	m.	东方
mapa	m.	地图		Europa		欧洲
mesa	f.	桌子		gran	adj.	伟大的（grande的短尾形式）
moneda	f.	硬币				
negro, gra	adj.	黑色的		habitante	m.	居民
objeto	m.	物品		importante	adj.	重要的
ordenador	m.	电脑		isla	f.	岛
papel	m.	纸张		lejos (de)	adv.	离…远
papelería	f.	文具店		más de		比…多
postal	f.	明信片		mediterráneo, a	adj.	地中海的
precio	m.	价格		medio, dia	adj./m.	一半的/半个
querer	tr.	想、要		menos de		比…少
reloj	m.	钟、表		moderno, na	adj.	现代的
revista	f.	杂志		millón	m.	百万
rojo, ja	adj.	红色的		monumento	m.	古迹、纪念碑
sello	m.	邮票		mundo	m.	世界
silla	f.	椅子		museo	m.	博物馆
sin	prep.	没有		noreste	m.	东北
sobre	m.	信封		noroeste	m.	西北
unas	art.	一些（阴性复数）		norte	m.	北方
unos	art.	一些（阳性复数）		océano	m.	大洋
vale	interj.	好		oeste	m.	西方
vender	tr.	卖		parque	m.	公园
ver	tr.	看见		pequeño, ña	adj.	小的
				playa	f.	海滩
				por	prep.	因为

🎧 V_07　Lección 7: Mi pueblo, mi ciudad

	词性	中文				
				pueblo	m.	村镇
aburrido, da	adj.	无聊的		puerto	m.	港口
antiguo, gua	adj.	旧的		región	f.	地区
aproximadamente	adv.	大约		río	m.	河流
atlántico, ca	adj.	大西洋的		sur	m.	南方
bonito, ta	adj.	好看的		sureste	m.	东南
bosque	m.	森林		suroeste	m.	西南
				tabaco	m.	烟草
				tranquilo, la	adj.	安静的、放心的
				turístico, ca	adj.	旅游的

🎧 V_08 Lección 8: Mi casa y mi habitación

	词性	中文
aire acondicionado	m.	空调
alrededor de		在…周围
ancho, cha	adj.	宽的
armario	m.	柜子
ascensor	m.	电梯
bañera	f.	浴缸
barato, ta	adj.	便宜的
calefacción	f.	暖气
calle peatonal	f.	步行街
cama	f.	床
céntrico, ca	adj.	中心的
cocina	f.	厨房
cocina, ~ eléctrica, ~ de gas	f.	灶，电子灶，煤气灶
comedor	m.	餐厅
comunicado, da	adj.	交通便利的
cuarto, ~ de baño	m.	房间，浴室
dar	tr.	给
debajo (de)	adv.	在…下面
delante (de)	adv.	在…前面
dentro (de)	adv.	在…里面
derecha, a la ~ (de)	f.	右边，在…右边
detrás (de)	adv.	在…后面
dibujo	m.	图画
dormitorio	m.	卧室
ducha	f.	淋浴
DVD	m.	DVD
en	adv.	在…里面、在…上面
encima (de)	adv.	在…上面
enfrente (de)	adv.	在…对面
entre	adv.	在…中间
escalera	f.	楼梯
estantería	f.	书架、架子
estrecho, cha	adj.	窄的
estudio	m.	学习
exterior	adj.	外面的
frigorífico	m.	冰箱
fuera (de)	adv.	在…外面
garaje	m.	车库
gato	m.	猫
izquierda, a la ~ (de)	f.	左边，在…左边
jardín	m.	花园
lado: al ~ (de)	m.	边：在…旁边
lavabo	m.	洗脸盆、卫生间
lavadora	f.	洗衣机
lavaplatos	m.	洗碗机
luz	f.	光线
madera	f.	木头
mayo	m.	五月
mesilla	f.	床头柜
microondas	m.	微波炉
mosca	f.	苍蝇
niño, ña	m.f.	男孩；女孩
nuevo, va	adj.	新的
pared	f.	墙
piso	m.	楼层、公寓
puerta	f.	门
salón	m.	客厅
sillón	m.	扶手椅
sobre	prep.	在…上面
sofá	m.	沙发
suelo	m.	地面
techo	m.	天花板
terraza	f.	阳台、露台
ventana	f.	窗户

🎧 V_09 Lección 9: Gustos

	词性	中文
bailar	intr.	跳舞
baile	m.	舞蹈
bueno, na	adj.	好的
chat	m.	（网上）聊天
chatear	tr.	（网上）聊天
ciencia ficción	f.	科幻
cine	m.	电影院
clase	f.	课、教室
coche	m.	汽车
concierto	m.	音乐会
cuadro	m.	画
deberes	m.pl.	家庭作业

diferente	adj.	不同的	
disco	m.	唱片	
discoteca	f.	迪斯科舞厅	
encantar	tr.	喜爱、使着迷	
esquí	m.	滑雪	
esquiar	intr.	滑雪	
fútbol	m.	足球	
gente	f.	人	
grabación	f.	录音	
gramática	f.	语法	
gustar	intr.	喜欢	
gusto	m.	喜好	
horrible	adj.	可怕的	
juego	m.	游戏	
jugar	intr.	玩	
lectura	f.	阅读	
lunes	m.	星期一	
mal	adj./adv.	坏的/不好	
mañana: por la ~	f.	上午：在上午	
mismo, ma	adj.	同一的	
moda	f.	时尚	
moto	f.	摩托车	
música clásica	f.	经典音乐	
nada	pron./adv.	任何东西/一点儿也不	
navegar por internet		上网	
película	f.	电影	
precioso, sa	adj.	漂亮的、珍贵的	
querer	tr.	爱、喜欢	
radio	f.	广播、收音机	
rock	m.	摇滚乐	
sábado	m.	星期六	
salir	intr.	离开	
semana	f.	星期	
también	adv.	也	
tampoco	adv.	也不	
teatro	m.	戏院、剧场	
tenis	m.	网球	
terror	m.	恐怖	
viajar	intr.	旅行	

🎧 V_10 Lección 10: Mi barrio, horarios públicos y el tiempo

	词性	中文
a	prep.	到、在
abierto, ta	adj.	开着的
abril	m.	四月
abrir	tr.	打开
agosto	m.	八月
agradable	adj.	愉快的
allí	adv.	那里
antes	adv.	在…之前
aparcamiento	m.	停车场
árbol	m.	树
ayuntamiento	m.	市政府
barrio	m.	城区、街区、社区
bastante	adj./adv.	足够的/相当
biblioteca	f.	图书馆
bueno, na	adj.	好的
cajero automático	m.	自动取款机
calor, hace ~	m.	热，天热
centro, ~ oficial, ~ comercial	m.	中心，行政中心，购物中心
cerrado, da	adj.	关闭的
cerrar	tr.	关
cuarto: menos ~, y ~	m.	四分之一：三刻，一刻
diciembre	m.	十二月
domingo	m.	星期日
edificio	m.	大楼
enero	m.	一月
estación	f.	季节
estación de metro	f.	地铁站
farmacia	f.	药房
febrero	m.	二月
frío	m.	冷
hacer	impers.	是（表示天气）
hora	f.	时间，小时
horario	m.	时刻表
ideal	adj.	理想的
iglesia	f.	教堂

imagen	*f.*	图画
invierno	*m.*	冬天
jueves	*m.*	星期四
julio	*m.*	七月
junio	*m.*	六月
llover	*intr.*	下雨
malo, la	*adj.*	坏的
martes	*m.*	星期二
marzo	*m.*	三月
media: y ~	*f.*	半：…点半
menos	*adv.*	差、少、少于
miércoles	*m.*	星期三
minuto	*m.*	分钟
nevar	*intr.*	下雪
niebla	*f.*	雾
noviembre	*m.*	十一月
nublado, da	*adj.*	多云的
octubre	*m.*	十月
oficina de información	*f.*	咨询中心
otoño	*m.*	秋天
peatonal	*adj.*	步行的
poco, ca	*adj./adv.*	少的/很少
pocos, cas	*adj./m.*	少的/少
por la mañana/tarde/noche		在上午/下午/晚上
preferido, da	*adj.*	最为喜爱的
primavera	*f.*	春天
punto: en ~	*m.*	点：整点
ruido	*m.*	噪声
ruidoso, sa	*adj.*	嘈杂的
septiembre	*m.*	九月
sol	*m.*	太阳
supermercado	*m.*	超市
tiempo	*m.*	天气
verano	*m.*	夏天
viento	*m.*	风
viernes	*m.*	星期五
y	*conj.*	和
zona verde	*f.*	绿化带、绿地

∩ V_11   Lección 11: Un día normal

	词性	中文
acostarse	*prnl.*	躺下、睡觉
cenar	*intr.tr.*	吃晚饭
chiste	*m.*	笑话
comer	*intr.tr.*	吃、吃午饭
como	*adv.*	像
creer	*tr.*	相信
desayunar	*intr.tr.*	吃早饭
dibujar	*tr.*	画
diente	*m.*	牙齿
dormir	*tr.intr.*	睡觉
ducharse	*prnl.*	淋浴
empezar	*intr.tr.*	开始
humor	*m.*	幽默
lavarse, ~ los dientes	*prnl.*	洗，刷牙
levantarse	*prnl.*	起床、起身
más o menos		差不多、大概
normal	*adj.*	平常的、正常的
policíaco, ca	*adj.*	侦探的
siempre	*adv.*	总是
sobre	*prep.*	大约
tarde	*adv.*	晚
terminar	*intr.tr.*	结束
volver	*tr.intr.*	回来

∩ V_12   Lección 12: El fin de semana

	词性	中文
arquitecto, ta	*m.f.*	建筑师
bicicleta	*f.*	自行车
campo	*m.*	农村
cocinar	*tr.*	做饭
compra, hacer la ~, ir de ~s	*f.*	买，购物，去购物
copa, ir de ~s	*f.*	酒杯、杯（量词），去喝几杯
deporte	*m.*	体育运动
descansar	*intr.*	休息

europeo, a	*adj./m.f.*	欧洲的/欧洲人
exposición	*f.*	展览
fin de semana	*m.*	周末
fuera	*adv.*	在外面
gimnasia	*f.*	体操
hora	*f.*	小时
lavar	*tr.*	洗
limpiar	*tr.*	清洁、打扫
llegada	*f.*	到达、终点
llegar	*intr.*	到达
menudo, da, a ~	*adj.*	小的，经常
montaña	*f.*	山
montar	*intr.*	骑
normalmente	*adv.*	通常
nunca	*adv.*	从不
pasear	*intr.*	散步
programa	*m.*	节目
pronto	*adv.*	早、马上
ropa	*f.*	衣服
salida	*f.*	出发、出口
tirar	*tr.*	扔
turno	*m.*	轮流
vaqueros	*m.pl.*	牛仔裤
vez, a veces	*f.*	次，有时

🎧 V_13   Lección 13: El trabajo

	词性	中文
andar	*intr.*	走、步行
atender	*tr.intr.*	照顾
autobús	*m.*	公交车
avión	*m.*	飞机
barco	*m.*	船
coger	*tr.*	乘坐
conducir	*tr.*	驾驶
contento, ta	*adj.*	高兴的
cortar	*tr.*	剪、切
dar (clase)	*tr.*	教课、讲授
dentista	*m.f.*	牙医
desde	*prep.*	从
día libre	*m.*	空闲的一天
en	*prep.*	（表方式）乘坐

enviar	*tr.*	寄、派
equipo	*m.*	组、队
extranjero	*m.*	国外
fotógrafo, fa	*m.f.*	摄影师
funcionario, ria	*m.f.*	官员、公务员
ganar	*tr.*	赚
grupo	*m.*	组
guitarra	*f.*	吉他
informática	*f.*	信息技术
instituto	*m.*	中学、学院
jefe, fa	*m.f.*	老板、领导
matemáticas	*f.pl.*	数学
mes	*m.*	月份
metro	*m.*	地铁
ministerio	*m.*	（政府的）部
músico, ca	*m.f.*	音乐家
paro, en ~	*m.*	失业，处于失业中
peluquero, ra	*m.f.*	理发师
pie, a ~	*m.*	脚，步行
por	*prep.*	（表方式）通过
por	*prep.*	（表地点）经过、沿着
pregunta	*f.*	问题
reunión	*f.*	会议
sueldo	*m.*	工资
tardar	*intr.*	花费、费时
taxista	*m.f.*	出租车司机
tocar	*tr.*	弹奏
tren	*m.*	火车
unisex	*adj.*	男女通用的
vacaciones	*f.pl.*	假期
venir	*intr.*	来

🎧 V_14   Lección 14: ¿Sabes nadar?

	词性	中文
acuerdo, de ~	*m.*	一致，同意
ajedrez	*m.*	国际象棋
así, así		马马虎虎
baloncesto	*m.*	篮球
blog	*m.*	博客
cantar	*intr.tr.*	唱歌
cartas	*f.pl.*	牌

conocer	tr.	熟悉、了解
cultura	f.	文化
difícil	adj.	难的
fácil	adj.	容易的
gol	m.	进球、目标
hispano, na	adj.	西班牙的
idioma	m.	语言
instrumento musical	m.	乐器
interesante	adj.	有趣的
latino, na	adj.	拉丁的
memoria, de ~	f.	记忆力，背诵、凭记忆力
mueble	m.	家具
nadar	intr.	游泳
necesario, ria	adj.	必要的
página web	f.	网址、网页
pequeño, ña	adj.	小的、年幼的
piano	m.	钢琴
pintar	intr.tr.	画
plato	m.	菜肴、盘菜
practicar	tr.	操练
profesional	adj.	职业的
regular	adj.	一般的、规律的

respuesta	f.	回复
saber	tr.	知道、会
tortilla de patatas	f.	土豆煎蛋饼

🎧 V_15 Lección opcional: ¿Qué hiciste ayer?

	词性	中文
ayer	adv.	昨天
cafetería	f.	咖啡馆
contestar	tr.	回答
entonces	adv.	那么
examen	m.	考试
piscina	f.	游泳池
quedar (con)	intr.	和…相约
quedarse	prnl.	留在
saludar	tr.	问候
utilizar	tr.	使用
vídeo	m.	视频
vuelta, dar una ~	f.	转动，散步、逛一圈

CURSO
DE ESPAÑOL
PARA
EXTRANJEROS

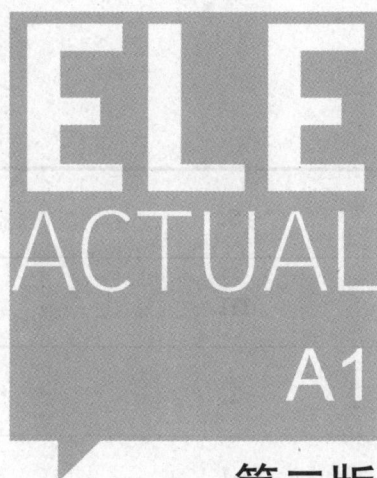

**ELE
ACTUAL**

A1

第二版

ELE现代版 A1

Libro del alumno

上海译文出版社

缩略语表

s.	sustantivo	名词
m.	masculino	阳性
f.	femenino	阴性
pl.	plural	复数
inf.	infinitivo	原形动词
intr.	verbo intransitivo	不及物动词
tr.	verbo transitivo	及物动词
prnl.	verbo pronominal	自复动词
impers.	verbo imperonal	无人称动词
adj.	adjetivo	形容词
p.p.	participio pasivo	过去分词
adv.	adverbio	副词
art.	artículo	冠词
prep.	preposición	前置词
conj.	conjunción	连词
pron.	pronombre	代词
interj.	interjección	感叹词
numer.	numeral	数词

ÍNDICE

Fonética 语音

第一部分　西班牙语发音

　　西班牙语是通行世界的语言，发音抑扬顿挫，很有节奏感。要学习西班牙语，首先要掌握语音。我们先了解一下西班牙语的字母。按照传统的说法，西班牙语共有 29 个字母，即我们熟知的 26 个英文字母，加上 ch、ll 和 ñ 这三个字母。1994 年在马德里召开的第十届西班牙语学院协会大会 (el X Congreso de la Asociación de Academias de la Lengua Española) 宣布取消 ch 和 ll，于是现在西班牙语共有 27 个字母。本书为了方便大家学习语音，还是按照传统的做法，单独列出 ch 和 ll 讲解。

🎧 0_F01 　**字母表（Abecedario）**

字母表	名称	字母表	名称
A a	a	N n	ene
B b	be	Ñ ñ	eñe
C c	ce	O o	o
Ch ch	che	P p	pe
D d	de	Q q	cu
E e	e	R r	ere
F f	efe	rr	erre
G g	ge	S s	ese
H h	hache（不发音）	T t	te
I i	i	U u	u
J j	jota	V v	uve
K k	ca	W w	doble uve
L l	ele	X x	equis
LL ll	elle	Y y	ye (igriega)
M m	eme	Z z	zeta

🎧 0_F02 　**I. 西班牙语元音（Vocal）**

A 的发音　名称：a　🎧

发音方法：非圆唇低元音，发成 [a]，发音部位在口腔中部。发音时，嘴巴半张，舌头自然地平放在口腔底部，同时气流通过口腔冲出。
发音提示：与汉语"阿"发音相似，但是开口程度略小。
发音练习：a, a, a, a, a

E 的发音　名称：e 🎧

发音方法：非圆唇中前元音，发成 [e]，发音部位在口腔前部。发音时，双唇咧开，舌面抬起至口腔中部，同时气流通过口腔冲出。
发音提示：避免发成汉语拼音 [ei] 和"爱"音。
发音练习：e, e, e, e, e

I 的发音　名称：i 🎧

发音方法：非圆唇高前元音，发成 [i]，发音部位在口腔中前部。发音时，嘴巴微微张开，舌面中后部向硬腭抬起，但不接触。同时双唇咧开，气流通过口腔。
发音提示：避免发成汉语的"一"，与其类似，但是更加短促。
发音练习：i, i, i, i, i

O 的发音　名称：o 🎧

发音方法：圆唇中后元音，发成 [o]，发音部位在口腔中后部。发音时，双唇撮圆，向前突出，气流通过口腔。
发音提示：避免发成汉语"欧"
发音练习：o, o, o, o, o

U 的发音　名称：u 🎧

发音方法：圆唇高后元音，发成 [u]，发音部位在口腔后部。发音时，双唇撮圆，比 [o] 更加向前突出，气流通过口腔。
发音提示：双唇保持圆撮状态，不要放松发成汉语"我"。
发音练习：u, u, u, u, u

🎧 0_F03　**II. 西班牙语辅音（Consonante）**

P 的发音　名称：pe 🎧

发音方法：双唇塞清辅音，发成 [p]。发音时，双唇紧闭，气流冲破双唇阻碍，爆破而出，声带不振动。
发音提示：避免发成英语中 P 的发音，发音的时候一定要清脆响亮。
发音练习：

pa	pe	pi	po	pu
apa	epe	ipi	opo	upu
papa	papi	papo	pepa	pepe
pipa	pipo	popa	pope	pupa

2

T 的发音　名称：te 🎧

发音方法：舌尖齿背塞清辅音，发成 [t]。发音时，舌尖抵住上齿背，气流冲破阻碍，爆破而出，声带不振动。
发音提示：避免发成英语中 T 的发音，发音的时候一定要清脆响亮。
发音练习：

ta	te	ti	to	tu
ata	ete	iti	oto	utu
tata	tapo	tepe	pote	tipo
tipi	pito	tope	tupi	tupé

L 的发音　名称：ele 🎧

发音方法：舌尖齿龈边擦浊辅音，发成 [l]。发音时，舌尖抵住上齿龈，舌面下降，气流从舌头两边通过。
发音提示：发 al、el、il、ol、ul 音节时，先发元音，然后舌尖迅速抵住上齿龈。避免卷舌，发成儿化音。
避免过分弱化而没有发出该音。
发音练习：

la	le	li	lo	lu
ala	ele	ili	olo	ulu
lapa	lato	palé	leo	lila
pali	lelo	Lola	lupa	lulú
al	el	il	ol	ul
tal	total	papal	papel	pulpo

M 的发音　名称：eme 🎧

发音方法：双唇鼻浊辅音，发成 [m]。发音时，双唇紧闭，气流从鼻腔通过。
发音提示：可以借鉴汉语拼音"马"的声母发音。
发音练习：

ma	me	mi	mo	mu
ama	eme	imi	omo	umu
mapa	mal	meta	mete	mole
mola	mulo	muta	mimo	mito

N 的发音　名称：ene 🎧

发音方法：舌尖齿龈鼻浊辅音，发成 [n]。发音时，舌尖抵住上齿龈，气流从鼻腔通过。
发音提示：发 an、en、in、on、un 音节时，先发元音，然后舌尖迅速抵住上齿龈，发出 [n] 音，元音
发音一定要到位。特别避免把 an 发成"昂"，en 发成"恩"，un 发成"问"的这种错误。
发音练习：

na	ne	ni	no	nu
ana	ene	ini	ono	unu
mina	luna	nena	nene	animal
maní	mano	mono	menú	nulo
an	en	in	on	un
pan	mente	fin	melón	punto

Ñ 的发音　名称：eñe 🎧

发音方法：舌前前硬腭鼻浊辅音，发成 [ɲ]。发音时，舌面前部贴住硬腭，气流从鼻腔通过。

发音提示：整个舌面前部与硬腭接触，不能因为放松而只有舌尖接触。避免发成 nia、nie、nio、niu 的发音。

发音练习：

ña	ñe	ñi	ño	ñu
aña	eñe	iñi	oño	uñu
leña	peña	niña	leñe	añil
pañito	puño	año	moño	

F 的发音　名称：efe 🎧

发音方法：唇齿擦清辅音，发成 [f]。发音时，上门齿轻轻接触下嘴唇，双唇向两旁咧开，气流从唇齿之间的缝隙通过。

发音提示：可以借鉴英语中 F 的发音。发音时，双唇要向两边咧开。

发音练习：

fa	fe	fi	fo	fu
afa	efe	ifi	ofo	ufu
fatal	infanta	feto	femenino	infinito
ofita	foto	linfoma	fulano	infuso

S 的发音　名称：ese 🎧

发音方法：舌尖齿龈擦清辅音，发成 [s]。发音时，舌尖或舌前靠拢上齿龈，留下缝隙让气流通过。

发音提示：S 在词尾的时候，发音轻且弱，避免拖长发成类似汉语的"思"。当 S 在 M、N、L 等浊辅音之前时，要浊化成 [z] 音。

发音练习：

sa	se	si	so	su
asa	ese	isi	oso	usu
sano	salón	seno	fase	sino
asilo	sopa	solo	suma	sumo

as	es	is	os	us
salas	meses	anís	palos	estatus
asma	mismo	limosna	isla	muslo

D 的发音　名称：de 🎧

发音方法：D 在停顿后的词首，或者词内和词组内的 N、L 后面时，为舌尖齿背塞浊辅音，发成 [d]。发音时，舌尖抵住上齿背，气流冲破阻碍，声带振动。

发音提示：发音时有种"往下沉"的感觉，发音低沉。注意和字母 T 的发音一定要区别开来。

发音练习：

da	de	di	do	du
dama	dato	delito	demo	difuso
disputa	doma	dos	duna	dúo
anda	panda	mundo	saldo	falda
un dato	un demo	el dilema	el domo	

发音方法：D 在不属于上述情况并且不在绝对词尾的时候，为舌尖齿沿擦浊辅音，发成 [ð]。发音时，舌尖微微伸出上下门齿，气流从缝隙通过。

发音提示：该发这个擦音的时候必须发成 [ð]，避免发成 [d] 甚至 [t]。在发这个擦音的时候，避免牙齿咬住舌尖。

发音练习：

ada	ede	idi	odo	udu
nada	toda	pide	sede	aludí
muladí	modo	todo	adulto	módulo
soldado	mandado	una dama	un dedo	una duda

发音方法：D 在绝对词尾的时候，发成弱化的 [ð]。发音时，舌尖一接触上齿沿，气流停止通过。

发音提示：当舌尖接触上齿沿，气流停止通过时，舌尖不要立即收回。等待发一个辅音的时候再往回收。

发音练习：

| edad | soledad | tomad | unidad | comed |
| usted | latid | | | |

C 和 Q 的发音　名称：ce 和 cu　ce y cu 🎧

发音方法：当 C 和 A、O、U 组合，Q 和 ue、ui 组合时，为舌后软腭塞清辅音，发成 [k]。发音时，舌后与软腭闭合，气流冲破阻碍，爆破而出。

发音提示：西班牙语中，字母 Q 只出现在音节 que 和 qui 中，基本不存在 qa, qe, qi, qo, qu 的情况。

发音练习：

ca	que	qui	co	cu
aca	eque	iqui	oco	ucu
cama	café	queso	quema	química
quitasol	seco	cosa	cuna	acumulo

发音方法：C 在字母 C、N、T、D 之前时，发 [ɣ] 音。
发音提示：在这种情况下，[ɣ] 音发音很轻。避免发成类似于汉语"课"的声母发音。
发音练习：

| acceso | técnico | acto | contacto | anécdota |

C 和 Z 的发音　名称：ce 和 zeta　ce y zeta 🎧

发音方法：当 Z 和 A、O、U 组合，C 和 E、I 组合时，为舌尖齿间擦清辅音，发成 [θ]。发音时，舌尖微微伸出上下门齿，气流通过。
发音提示：在西班牙南方和拉丁美洲，这个音发成 [s]。
发音练习：

za	ce	ci	zo	zu
aza	ece	ici	ozo	uzu
zapato	amenaza	cena	celoso	cine
piscina	zona	aletazo	azul	azulado

CH 的发音　名称：che 🎧

发音方法：舌前前硬腭塞擦清辅音，发成 [tʃ]。发音时，舌面前部顶住前硬腭，气流冲开阻碍，摩擦而出，发出擦音。
发音提示：避免发成汉语"吃"的声母。在拼读音节时，避免读成拼音。
发音练习：

cha	che	chi	cho	chu
acha	eche	ichi	ocho	uchu
chaqueta	ducha	leche	coche	chico
mochila	choza	muchacho	chuleta	lechuzo

R 的发音　名称：ere（单颤）、erre（多颤）ere y erre 🎧

发音方法：当字母 R 在词中（除在 N、L、S 之后的情况）或者词尾的时候，为舌尖齿龈单击颤辅音，发成 [r]。发音时，舌尖抬起，气流通过时，舌尖迅速微微颤动一下。
发音提示：避免受英语的影响而发成卷舌音。
发音练习：

ara	ere	iri	oro	uru
cara	mareo	mérito	toro	chiruca
ar	er	ir	or	ur
mar	comer	lucir	emisor	sur
arcano	hermano	firme	corto	surco

发音方法：当字母 R 在词首或词内的 N、L、S 之后，以及在词中拼写成 rr 时，为舌尖齿龈多击颤辅音，发成 [rr]。发音时，基本动作与单颤时相同，只是舌尖需要颤动多次。
发音提示：发颤音的时候，发音要干净，避免前面拖带其他音素。
发音练习：

ra	re	ri	ro	ru
rata	reno	rito	rosa	rutina
enrase	Enrique	sonrisa	alrededor	Israel
arra	erre	irri	orro	urru
narrativa	carreta	perrito	carro	farruco

B 和 V 的发音　名称：be 和 uve　be y uve 🎧

发音方法：字母 B 和 V 发音相同。当 B 和 V 在停顿后的词首，或者 M、N 之后时，为双唇塞浊辅音，发成 [b]。发音时，双唇紧闭，气流冲破双唇阻碍，声带振动。
发音提示：发音时要注意浊辅音的特点，避免发音放松而发成清辅音 [p]。
发音练习：

ba	be	bi	bo	bu
bala	beso	bicoca	bote	butaca
va	ve	vi	vo	vu
vaso	vela	vida	voto	vulpino
bomba	ambos	bambú	en vano	invita

发音方法：除了上述情况之外，B 和 V 为双唇擦浊辅音，发成 [β]。发音时，发音部位和 [b] 相同，双唇之间不用闭紧，留出一条小缝隙让气流通过。
发音提示：发音时，缝隙不宜过大过宽，避免发成汉语"瓦"；牙齿也不要咬嘴唇，避免发成英语中 V 的发音。
发音练习：

aba	ebe	ibi	obo	ubu
sílaba	nube	ubica	lobo	tabú
ava	eve	ivi	ovo	uvu
cava	leve	cívico	cultivo	óvulo

LL 的发音　名称：elle 🎧

发音方法：舌前硬腭边擦浊辅音，发成 [ʎ]。发音时，舌面前部接触硬腭，气流从舌部一侧或两侧通过。
发音提示：在西班牙一些地区和拉丁美洲大部分地区，这个音被 [j] 代替。发音时，舌面前部向硬腭前部抬起，留出比发元音 [i] 更小的缝隙让气流通过。
发音练习：

lla	lle	lli	llo	llu
alla	elle	illi	ollo	ullu
llama	llanto	calle	folleto	fallido
tollina	caballo	pasillo	talludo	velludo

G 的发音　名称：ge 🎧

发音方法：字母 G 与元音 A、O、U 以及 ue、ui 一起时，在停顿后的词首，或者在词内或词组内的 N 之后时，为舌后软腭塞浊辅音，发成 [g]。发音时，舌后与软腭闭合，气流冲破阻碍，爆破而出，声带振动。
发音提示：注意浊辅音的发音要领，避免放松放音而发成清辅音 [k]。
发音练习：

ga	gue	gui	go	gu
gama	gato	guerra	gueto	guiño
guiso	golpe	gomina	gusano	gusto
bolinga	canguelo	distinguido	tango	ninguno

发音方法：字母 G 与元音 A、O、U 以及 ue、ui 一起时，除了上述情况外，为舌后软腭擦浊辅音，发成 [ɣ]。发音时，舌后部与软腭不完全闭合，留出缝隙让气流通过，声带振动。
发音提示：注意浊辅音的发音要领，避免放松放音而发成清辅音 [k]。
发音练习：

aga	egue	igui	ogo	ugu
soga	pega	pague	muguete	águila
seguido	agosto	lago	disgusto	figura
el gato	una guerra	el guisante	una goma	el gusto

发音提示：当 gue、gui 组合中，u 上带分音符号 "¨" 时，u 要发音。
发音练习：

bilingüe	cigüeña	cigüeñal	desagüe	pingüe
agüita	agüitado	güilo	güita	lingüística

J 的发音　名称：jota 🎧

发音方法：字母 J 在元音之前，字母 G 在元音 e、i 之前，为舌后小舌擦清辅音，发成 [x]。发音时，小舌向舌后垂下，气流从两者形成的缝隙通过，声带不振动。
发音提示：避免受英语影响发成英语中 J 的发音。
发音练习：

ja	je	ji	jo	ju
ge	gi			
aja	eje	iji	ojo	uju
ege	igi			
jabato	queja	jefe	masaje	jinete
mojito	joven	consejo	justo	ajuste
gemelo	gente	gesto	imagen	inteligente
gigante	girasol	gitano	lógico	página

H 的发音　名称：hache　🎧

发音方法：字母 H 不发音。
发音提示：书写中不能省略。
发音练习：

ha	he	hi	ho	hu
hace	hada	hasta	dehesa	helado
héroe	hidalgo	hilo	hito	hola
homenaje	homólogo	humano	humo	huracán

Y 的发音　名称：ye　🎧

发音方法：字母 Y 在元音之前，为舌前硬腭擦浊辅音发成 [j]。字母 Y 在元音之后或单独使用时，和元音 [i] 发音相同。
发音提示：发成 [j] 时，在某些地区发音与 ll 相同。
发音练习：

ya	ye	yi	yo	yu
yace	yate	yegua	yema	yibuti
yincana	yoga	yogur	yunque	yute
aya	eye	iyi	oyo	uyu
hay	ley	y	soy	muy

X 的发音　名称：equis　🎧

发音方法：当 X 在词首或者辅音之前，发成 [s]；在两个元音之间发成 [γs]。目前的倾向是，除词首外，其余情况都发 [γs]。
发音提示：[γ] 发音很轻，避免发音过重，避免发成类似于"克斯"的音。在某些单词如 México、mexicano 中字母 X 发音为 [x]，和字母 J 的发音一样。
发音练习：

xa	xe	xi	xo	xu
xantoma	xantosis	xenismo	xenón	xilema
xilófono				
experto	expone	mixto	sexto	texto
axa	exe	ixi	oxo	uxu
examen	lexema	éxito	anexo	exulto

K 的发音　名称：ca　🎧

发音方法：在任何情况下都发成 [k]。只用来拼写外来词。
发音提示：避免发成英语中 K 的发音。
发音练习：

9

ka	ke	ki	ko	ku
aka	eke	iki	oko	uku
kárate	karma	kelo	Kenia	kilo
kimono	kiko	koala	kuna	kurdo

W 的发音　名称：doble uve 🎧

发音方法：发音与 B 相同，发成 [β]。
发音提示：目前一般直接参照外来语原有的发音。
发音练习：

wa	we	wi	wo	wu
water	web	whisky	wolframio	kiwi

🎧 O_F04　III. 西班牙语二重元音（Diptongo）

　　西班牙语五个元音中，A、E、O 是强元音，I、U 是弱元音。二重元音可以由一个强元音加一个弱元音构成，也可以由两个弱元音构成。也可归纳为以下结构：强 + 弱、弱 + 强、弱 + 弱。
　　发音时，要注意两个元音要自然过渡，不能停顿，每一个元音发音要到位。
发音练习：
强 + 弱：

ai	aimara	baile	caite	naipe	paisaje
au	auge	causa	gaucho	jaula	pausa
ei	aceite	peinado	reina	treinta	veleidad
eu	deuda	Europa	feudal	leucocito	neumático
oi	boina	coima	coloide	estoico	moisés

弱 + 强：

ia	Asia	Bolivia	copia	piano	sustancia
ie	aliento	cielo	diente	suficiente	tiniebla
io	belio	demonio	folio	inicio	vicio
ua	agua	casual	estatua	suave	yegua
ue	bueno	chueta	escuela	fuego	mueble
uo	acuoso	ingenuo	mutuo	sinuoso	vacuo

弱 + 弱：

iu	ciudad	diuresis	miura	ofiura	viudo
ui	descuido	fluido	güila	ruido	suizo

🎧 0_F05 IV. 西班牙语三重元音（Triptongo）

三重元音由两个弱元音加一个强元音构成，强元音位于两个弱元音之间。也可归纳为以下结构：弱 + 强 + 弱。
发音练习：

acopiáis   *buey*   *estudiáis*   *huaico*   *Paraguay*   *Uruguay*

🎧 0_F06 V. 西班牙语辅音连缀

当辅音字母 L、R 在 P、B、C、G、F、T、D 之后时，构成辅音连缀。
发音时，应该迅速从第一个辅音过渡到第二个辅音，避免在两者之间插入任何元音。
发音练习：

cl	*anclaje*	*bicicleta*	*clínico*	*ciclo*	*oclusiva*
cr	*craqueo*	*acre*	*sacrificio*	*diacronía*	*macruro*
gl	*sigla*	*bugle*	*anglicano*	*siglo*	*glucemia*
gr	*bolígrafo*	*congreso*	*grifo*	*peligro*	*grupo*
pl	*plato*	*completo*	*súplica*	*diploma*	*plumaje*
pr	*compra*	*aprecio*	*capricho*	*problema*	*prúsico*
bl	*blanco*	*amable*	*público*	*pueblo*	*blusa*
br	*brama*	*breve*	*fábrica*	*hombro*	*embrujo*
tl	*atlántico*	*atleta*	*huautli*	*biatlón*	
tr	*atraso*	*estrella*	*distrito*	*cuatro*	*truco*
dr	*drama*	*drenaje*	*ladrillo*	*taladro*	*druso*
fl	*chufla*	*flecha*	*flipe*	*flote*	*influjo*
fr	*cifra*	*fresa*	*africano*	*frote*	*fruto*

第二部分　西班牙语发音规则

I. 分音节规则

西班牙语单词由一个或几个音节构成。元音是构成音节的基础。一般地说，有几个元音就有几个音节（二重元音视为整体）。划分音节可以遵循以下规则：

1. 元音可以单独构成音节。

Ana	A-na
ella	e-lla
eco	e-co

2. 辅音单独不构成音节。

fin	fin（不能 fi-n）
tal	tal（不能 ta-l）

3. 如果一个辅音在两个元音之间，与后面的元音构成音节。

casa	ca-sa
mariposa	ma-ri-po-sa
fácil	fa-cil

4. 除辅音连缀以外，相邻的两个辅音分属前后两个音节。

importante	im-por-tan-te
envolver	en-vol-ver
uniforme	u-ni-for-me

5. 除去辅音连缀的情况，三个辅音连在一起时，前两个辅音属于一个音节，后一个辅音和后面的元音构成音节。

constar	cons-tar
instituto	ins-ti-tu-to
perspectiva	pers-pec-ti-va

6. 辅音连缀作为整体，与后面的元音构成一个音节。

explicar	ex-pli-car
siglo	si-glo
tropa	tro-pa

7. 二重元音作为整体，与前面的辅音构成一个音节。

aire	ai-re
euro	eu-ro
aduana	a-dua-na

8. 三重元音作为整体，与前面的辅音构成一个音节。

acopiáis	a-co-piais
buey	buey
Paraguay	Pa-ra-guay

9. 强弱元音在一起时，如果弱元音带有重音符号，不够成二重元音，分属两个音节。

espía	es-pi-a
leído	le-i-do
atraído	a-tra-i-do

10. 两个强元音在一起时，不属于二重元音，分属两个音节。

aseo	a-se-o
caraota	ca-ra-o-ta
faena	fa-e-na

II. 重音规则

单词或词组的音节有重读和非重读的区别。重读音节发音强度相对较大。要注意西班牙语重音和汉语拼音声调的第四声（去声）的区别。确定重音可以遵循以下规则：

1. 有重音符号的单词，重音符号在哪个音节，该音节就是重读音节。

canción　　*energía*　　*inglés*　　*átomo*　　*república*

2. 没有重音符号的单词，以元音或辅音 N、S 结尾，重音落在倒数第二个音节。

concreto　　*destino*　　*joven*　　*montañas*　　*semillas*

3. 没有重音符号的单词，以其他辅音（除 N、S 外）结尾，重音落在最后一个音节。

español　　*invasor*　　*pesar*　　*reloj*　　*usted*

4. 二重元音或三重元音是重读音节时，落在强元音上。

deuda　　*diario*　　*luego*　　*material*　　*manual*

5. 二重元音是重读音节，且都为弱元音时，重音一般落在后一个弱元音上。但是有些单词的重音可以落在前一个弱元音，也可以落在后一个弱元音上。

buitre/buitre　　*diurno*　　*lingüista*　　*ruido*　　*viuda/viuda*

Lección 1 Saludos y presentaciones

Gramática 重点语法

I. Pronombres personales sujeto: yo, tú   主格人称代词yo和tú

Singular 单数	
1.ª persona 第一人称	2.ª persona 第二人称
yo 我	**tú** 你

Ejemplos:

- ¿Cómo te apellidas tú? 你姓什么？
- Yo me llamo Elena. 我叫埃莱娜。

Observaciones:

当动词变位后的词尾能够明确表明人称的时候，通常省略主格人称代词。上述例句可以说成：

- Me llamo Elena. (省略yo)
- ¿Cómo te apellidas? (省略tú)

II. Presente de indicativo: llamarse, apellidarse y ser   动词llamarse、apellidarse和ser陈述式现在时变位及例句

	llamarse	apellidarse	ser
yo	me llamo	me apellido	soy
tú	te llamas	te apellidas	eres

Ejemplos:

- ■ ¿Cómo te llamas? 你叫什么名字？
- ▲ Ana. 安娜。
- ■ ¿Cómo te apellidas? 你姓什么？
- ▲ García. 加西亚。
- ■ Encantada. Soy la profesora de español. 很高兴认识你，我是西班牙语老师。

III. Presente de indicativo: poder, entender   动词poder和entender陈述式现在时变位及例句

	poder	entender
yo	puedo	entiendo
tú	puedes	entiendes

Ejemplos:

- No entiendo. ¿Puedes repetir, por favor? 我不明白，你能重复一遍吗？

IV. Pronombres reflexivos   自复代词

	第一人称	第二人称
单数	me	te

Ejemplos:

- llamarse: me llamo, te llamas
- apellidarse: me apellido, te apellidas

V. Interrogativo: ¿cómo?   疑问词¿cómo?

Interrogativo	Usos	Ejemplos
¿cómo? 怎么样，如何	• + 动词 • 用于询问人物的特点	■ ¿Cómo te llamas? 你叫什么名字？ ▲ Alita. 艾丽塔。 ■ ¿Cómo te apellidas? 你姓什么？ ▲ González. 冈萨雷斯。
	• + 动词 • 用于询问方式	■ ¿Cómo se escribe tu nombre? 你的名字怎么写？ ▲ A-L-I-T-A. ■ ¿Cómo se escribe tu apellido? ¿con G o con C? 你的姓怎么写？是用G还是C？ ▲ Con G. 用G。

VI. Saludos y responder a un saludo   问候语

- ¡Hola! 你好！
- ¿Qué tal? 你好吗？
- Buenos días. 早上好。
- Buenas tardes. 下午好。
- Buenas noches. 晚上好。

VII. Despedirse   结束语/告别语

- ¡Adiós! 再见！
- Hasta mañana. 明天见。
- Hasta luego. 一会儿见。
- Hasta pronto. 一会儿见。

Léxico 重点词汇

estar	intr.	表示暂时的状态	¿Está bien así? 这样对吗？
			No, está mal. 不，不对。
poder	intr.	能够，可以 （+ 原形动词）	¿Puedes repetir, por favor? 你能重复一遍吗？
			No puedo entender. 我不能理解。
ser	intr.	是 （用于表明身份）	Hola, soy David. 你好，我是大卫。
			¿Eres el profesor de español? 你是西班牙语老师吗？
			Sí, soy yo. 是的，我就是。

Infinitivo		Ejemplos
escribir	tr.	Escribe. (你)写。
escuchar	tr.	Escucha. (你)听。
hablar	intr.	Habla con tu compañero. (你)和同学说。
leer	tr.	Lee. (你)读。
marcar	tr.	Marca. (你)标出。
mirar	tr.	Mira. (你)看。
preguntar	tr. intr.	Pregunta a la profesora. (你)问老师。

Observaciones:
上述用于发出指示的动词都使用了动词的命令式第二人称单数的变位，即tú（你）这个人称的命令式变位，命令式的用法我们将在A2学习。

Lectura 短文阅读

En la mayoría de los países hispanohablantes las personas tienen dos apellidos. El primero es del padre, y el segundo es de la madre. Cuando una persona saluda a la otra, normalmente dice *¡Hola! Buenos días. Buenas tardes. Buenas noches. ¿Qué tal? ¿Cómo estás?* etc ... Y para despedirse, *¡Adiós! Hasta mañana. Hasta pronto. Hasta luego. Hasta la vista.* etc ... Si quieres saber el nombre de una persona, puedes preguntarle *¿Cómo te llamas? ¿Cuál es tu nombre? ¿Quién eres?* Y para contestar, *Me llamo ..., Soy ..., Mi nombre es ...* etc ...

Lección 2   Origen y procedencia

Gramática 重点语法

I.   Pronombres personales sujeto: él, ella   主格人称代词él和ella

Singular 单数	
3.ª persona 第三人称	
él 他	**ella** 她

Ejemplos:
- ¿Cómo se apellida él? 他姓什么？
- Ella se llama Elena. 她叫埃莱娜。

Observaciones:
若谈话双方都清楚人称所指的话，通常省略主格人称代词。上述例句则可以说成：
- Se llama Elena.（省略ella）
- ¿Cómo se apellida?（省略él）

II.   Presente de indicativo: llamarse, apellidarse y ser   动词llamarse、apellidarse和ser陈述式现在时变位及例句

	llamarse	apellidarse	ser
yo	me llamo	me apellido	soy
tú	te llamas	te apellidas	eres
él/ella	se llama	se apellida	es

Ejemplos:
- ¿Cómo se llama él? 他叫什么名字？
- ▲ Juan. 胡安。
- ¿De dónde es? 他是哪里人？
- ▲ Es español, de España. 他是西班牙人，来自西班牙。

III. Presente de indicativo: poder, entender   动词poder和entender陈述式现在时变位及例句

	poder	entender
yo	p**ue**do	ent**ie**ndo
tú	p**ue**des	ent**ie**ndes
él/ella	p**ue**de	ent**ie**nde

Ejemplos:

- ¿Entiende ella? 她理解吗？
- ▲ No, no puede entender. 不，她不能理解。

IV. Presente de indicativo: hablar, decir, tener, saber   动词hablar、decir、tener和saber陈述式现在时变位及例句

	hablar	decir	tener	saber
yo	hablo	**digo**	**tengo**	**sé**
tú	hablas	dices	ti**e**nes	sabes
él/ella	habla	dice	ti**e**ne	sabe

Ejemplos:

- ¿Qué lenguas hablas? 你说什么语言？
- ▲ Hablo español, chino y francés. 我说西班牙语、中文和法语。
- ¿Cómo se dice "thanks" en español? "thanks" 用西班牙语怎么说？
- ▲ Gracias.
- ¿Tienes algún amigo en España? 你在西班牙有朋友吗？
- ▲ Sí, tengo unos amigos en España. 是的，我在西班牙有一些朋友。
- ¿De dónde es Juan? 胡安是哪里人？
- ▲ No sé. 我不知道。

V. Presente de indicativo: ir, conocer, aprender   动词ir、conocer和aprender陈述式现在时变位及例句

	ir	conocer	aprender
yo	**voy**	cono**zco**	aprendo
tú	**vas**	conoces	aprendes
él/ella	**va**	conoce	aprende

Ejemplos:

- ¿Adónde vas? 你去哪？
- ▲ Voy a Francia. 我去法国。
- ¿Conoces el país? 你了解法国吗？
- ▲ Un poco. Y también aprendo algunas frases. 了解一点儿。我还学会几句法语。

VI. Adjetivos de nacionalidad: género   表示国籍的形容词的性

	词尾	Ejemplos
Masculino 阳性	**-o**	chino, suizo, mexicano, italiano, ruso
	-consonante 辅音	español, portugués, holandés, francés, inglés, alemán

Femenino 阴性	-a	china, suiza, mexicana, italiana, rusa
	-consonante + a 辅音 + a	española, portuguesa, holandesa, francesa, inglesa, alemana
Masculino y femenino 阳性或阴性	-e	estadounidense, canadiense
	-í	marroquí

Observaciones:

Belga（比利时人），该词较为特殊，阴性和阳性都是belga，需牢记。

VII. Interrogativo: ¿Dónde? ¿Qué?　疑问词¿dónde?和¿qué?

Interrogativo	Usos	Ejemplos
¿Dónde? 哪里	● + 动词 ● 用于询问空间位置	■ ¿De dónde eres? 你是哪里人？ ▲ Soy estadounidense, de Nueva York. 我是美国人，来自纽约。 ■ ¿Dónde vives? 你住在哪儿？ ▲ En China. 我住在中国。
¿Qué? 什么	● + 名词 + 动词 ● 用于询问同一类别中的物品或人物的身份	■ ¿Qué lengua se habla en Cuba? 在古巴人们说什么语言？ ▲ Se habla español. 说西班牙语。 ■ ¿Qué lenguas hablas? 你说什么语言？ ▲ Chino, inglés y un poco de español. 中文、英语和一点儿西班牙语。

VIII. Numerales cardinales: 0-20　基数词：0-20

0	cero	11	once
1	uno	12	doce
2	dos	13	trece
3	tres	14	catorce
4	cuatro	15	quince
5	cinco	16	dieciséis
6	seis	17	diecisiete
7	siete	18	dieciocho
8	ocho	19	diecinueve
9	nueve	20	veinte
10	diez		

Léxico　重点词汇

hablar	tr. intr.	说话，讲话	Juana quiere hablar de este asunto con David. 胡安娜想和大卫谈谈这件事。（hablar de ... con ...） ¿Puedes hablar en voz alta? 你能大点声说话吗？ Perdón, no hablo español. 对不起，我不说西班牙语。
ir	intr.	去	Voy a la universidad a las ocho todos los días. 我每天八点去学校。（ir a + 地点）

Lectura 短文阅读

Me llamo Juan. Mi primer apellido es Moreno, y el segundo, Martín. Soy español, de Madrid. Ahora vivo en China. Aprendo chino en la Universidad de Beijing. Mi nombre chino es Dalong. Tengo muchos amigos en China. Daniel es mi mejor amigo. Es mexicano, de la Ciudad de México. Sabe mucho sobre China y habla chino muy bien. Cuando no sé cómo se dice una palabra en chino, él siempre me ayuda. ¿Sabes cómo se dice "Gracias"en chino? Xiexie. Pero, ¿Cómo se escribe?

Lección 3   Información personal

Gramática 重点语法

I.   Género del sustantivo: masculino y femenino   名词的性：阳性和阴性

	词尾	例子	例外
Masculino 阳性	**-o**	bolígrafo, dinero, edificio, vaso, chico ...	foto (fotografía), mano, moto (motocicleta)
	-ma	programa, clima, idioma, poema, problema, sistema, tema ...	crema
	-aje	mensaje, garaje, paisaje ...	
	-or	amor, dolor, error, terror ...	flor
Femenino 阴性	**-a**	cara, casa, mesa, palabra ...	día, mapa, sofá ...
	-ción	canción, relación, habitación, traducción ...	
	-sión	televisión, expresión, prisión ...	
	-dad	ciudad, verdad, bondad ...	
	-tad	amistad, lealtad, libertad ...	

其他		
	Masculino 阳性	**Femenino 阴性**
以性别区分阴阳性	**-o**	**-a**
	gato, amigo, chico, peluquero ...	gata, amiga, chica, peluquera ...
	-r	**-ra**
	doctor, profesor, señor ...	doctora, profesora, señora ...
	-e	**-a**
	presidente, jefe ...	presidenta, jefa ...
	-consonante 辅音	**-consonante + a 辅音+ a**
	león, español ...	leona, española ...
阴阳同形	**-ante**	estudiante ...
	-ista	artista, periodista ...

II. Artículos indeterminados, singular 单数不定冠词

	阳性	阴性
单数	un	una

➢ 不定冠词用在名词的前面，要与之保持性、数的一致。

➢ 上表中为单数不定冠词，用来表示第一次提及的单数人或物。

➢ 在朗读时，不定冠词不重读。

Ejemplos:

- Carmen es profesora, trabaja en una universidad muy grande. 卡门是老师，她在一所很大的学校工作。
- Es un examen difícil. 这是一次很难的考试。

Observaciones:

当表示职业的名词后没有任何附加语修饰时，职业前既不加定冠词，也不加不定冠词：

- Soy estudiante. 我是个学生。

III. Presente de indicativo: trabajar, estudiar y hablar 动词trabajar、estudiar和hablar陈述式现在时变位及例句

	词尾	trabajar	estudiar	hablar
yo	-o	trabajo	estudio	hablo
tú	-as	trabajas	estudias	hablas
él/ella/usted	-a	trabaja	estudia	habla

Ejemplos:

- Soy ingeniero, todos los días trabajo mucho. 我是工程师，每天都有很多工作。
- ¿Eres estudiante? 你是学生吗？
- Sí, soy estudiante, estudio español. 是的，我是学生，我学习西班牙语。

IV. Presente de indicativo: vivir 动词vivir陈述式现在时变位及例句

	词尾	vivir
yo	-o	vivo
tú	-es	vives
él/ella/usted	-e	vive

Ejemplos:

- ¿Dónde vives? 你住在哪儿？
- Vivo con mis padres. 我和父母一起住。

V. Presente de indicativo: tener 动词tener陈述式现在时变位及例句

	tener
yo	tengo
tú	tienes
él/ella/usted	tiene

Ejemplos:

- ¿Cuántos años tienes? 你多大了？
- Tengo 22 años. 我22岁了。

VI. Numerales cardinales: 21-100　基数词：21-100

21	veintiuno	34	treinta y cuatro
22	veintidós	35	treinta y cinco
23	veintitrés	36	treinta y seis
24	veinticuatro	37	treinta y siete
25	veinticinco	38	treinta y ocho
26	veintiséis	39	treinta y nueve
27	veintisiete	40	cuarenta
28	veintiocho	50	cincuenta
29	veintinueve	60	sesenta
30	treinta	70	setenta
31	treinta y uno	80	ochenta
32	treinta y dos	90	noventa
33	treinta y tres	100	cien

VII. Numerales ordinales: 1-10　序数词：1-10

第一	primero	第六	sexto
第二	segundo	第七	séptimo
第三	tercero	第八	octavo
第四	cuarto	第九	noveno
第五	quinto	第十	décimo

Léxico　重点词汇

ayuda	f.	帮助	No puedo terminar el trabajo sin tu ayuda. 没有你的帮助我无法完成工作。
cuál	pron.	哪个	¿Cuál de las dos chaquetas te gusta más? 这两件外套你更喜欢哪件？ ¿Cuál es tu profesión? 你的职业是什么？
empresa	f.	公司，企业	Ana es secretaria, trabaja en una empresa grande. 安娜是位秘书，她在一家大公司工作。
estudiar	tr.	学习	¿Qué estudias? 你学什么？
hacer	tr.	做	Todos los días tengo que hacer la comida para toda la familia. 每天我都要为全家人做午饭。
plaza	f.	广场	En la plaza hay una estatua bonita. 广场上有一个漂亮的雕塑。
tener	tr.	有	Tengo dos hijos, un niño y una niña. 我有两个孩子，一儿一女。
trabajar	intr.	工作	¿Dónde trabajas? 你在哪儿工作？
vivir	intr.	居住	Julio vive con sus padres. 胡里奥和他父母住在一起。

Lectura　短文阅读

Hola, me llamo Stephen Porsdir, tengo 28 años y soy inglés. Ahora vivo en España por amor, porque mi novia trabaja en Barcelona en una empresa española. Soy profesor de inglés, pero aquí estudio español en una escuela. Mi dirección en Barcelona es C/Goya nº 15, 4º D, y mi móvil es el 754 230 167. Hablo inglés y un poco de español.

Lección 4   ¿Tú o usted?

Gramática 重点语法

I.   Pronombres personales sujeto: usted   主格人称代词usted

Singular 单数
3.ª persona 第三人称
usted 您

Ejemplos:

- ¿Cómo se llama usted? 您叫什么名字？
- ¿Cómo está usted? 您好吗？
- ¿Dónde vive usted? 您住在哪里？

II.   Presente de indicativo   陈述式现在时

Infinitivo	yo	tú	usted
apellidarse	me apellido	te apellidas	se apellida
aprender	aprendo	aprendes	aprende
comunicar	comunico	comunicas	comunica
correr	corro	corres	corre
decir	**digo**	**dices**	**dice**
desear	deseo	deseas	desea
entender	ent**ie**ndo	ent**ie**ndes	ent**ie**nde
escuchar	escucho	escuchas	escucha
estar	**estoy**	**estás**	**está**
estudiar	estudio	estudias	estudia
hablar	hablo	hablas	habla
hacer	**hago**	haces	hace
llamarse	me llamo	te llamas	se llama
marcar	marco	marcas	marca
poder	p**ue**do	puedes	puede
preguntar	pregunto	preguntas	pregunta
presentar	presento	presentas	presenta
relacionar	relaciono	relacionas	relaciona
repetir	rep**i**to	rep**i**tes	rep**i**te
saber	**sé**	sabes	sabe
ser	**soy**	**eres**	**es**
tener	**tengo**	ti**e**nes	ti**e**ne
tomar	tomo	tomas	toma
trabajar	trabajo	trabajas	trabaja
usar	uso	usas	usa
vivir	vivo	vives	vive

Ejemplos:

- Todo el mundo dice que ella es una buena obrera. 大家都说她是一名好工人。
- El piso tiene cuatro habitaciones. 那套房子有四个房间。
- Ana no entiende inglés. 安娜不懂英语。
- No puedes ir conmigo. 你不能和我一起去。

III. Artículos determinados　定冠词

	阳性	阴性
单数	el	la

Observaciones:

➢ 定冠词用在名词、数词或形容词的前面，要与之保持性、数的一致。
➢ 上表中为单数定冠词，用来表示已经提及的单数人或物。
➢ 在朗读时，定冠词不重读。
➢ 当前置词a与定冠词el连用时必须写成缩合形式al。

Ejemplos:

- El novio de Juana es cubano. 胡安娜的男朋友是古巴人。
- La habitación de Ana es muy grande. 安娜的房间很大。
- Le presento al señor Pérez. 我给您介绍一下佩雷斯先生。

IV. Pronombres demostrativos I, singular　指示代词（一）：单数形式

指示代词（单数）		
	阳性	阴性
这，这个	este	esta

Observaciones:

➢ Este和esta均为指示代词，脱离名词，单独使用。
➢ Este和esta均为指示代词的单数形式，其阴阳性的选择要与它所指代的名词保持一致。

Ejemplos:

- Este es Alberto, un amigo mío. 这位是阿尔贝托，我的一个朋友。
- Esta es mi profesora de español. 这是我的西班牙语老师。

Léxico　重点词汇

confianza	f.	信任，亲近	Juan y Ana son compañeros de trabajo y tienen mucha confianza. 胡安和安娜是同事，他们之间非常信任。
correr	intr.	跑步	No se puede correr en la biblioteca. 在图书馆里不能跑来跑去。
desear	tr.	想要，希望	Deseamos ser útiles a la patria. 我们希望成为对祖国有用的人。
presentar	tr.	介绍	Voy a presentarte a mi esposa. 我来介绍你和我太太认识。
relación	f.	关系	No tengo ninguna relación con este señor. 我和这位先生没有任何关系。
tipo	m.	类型	un nuevo tipo de coche 一种新型汽车
tomar	tr.	拿，取，喝，吃	Todos los días Juan toma el desayuno en casa. 每天胡安都在家吃早饭。
usar	tr.	使用	Ahora casi nadie usa la capa. 现在几乎没有人穿斗篷。
varios	pl./adj.	若干个/各种的	Las dificultades son varias. 有各种各样的困难。

Lectura 短文阅读

Buenos días, señor López. Le presento a la señora Ruiz, la nueva secretaria. Es mexicana, tiene 32 años. Habla perfectamente inglés y español, y un poco de sueco. Su número de teléfono es el 652 765 805.

Lección 5   Mi familia

Gramática 重点语法

I. Presente de indicativo: ser, estar y tener   动词ser、estar和tener陈述式现在时变位及例句

	ser	estar	tener
yo	soy	estoy	tengo
tú	eres	estás	tienes
él/ella/usted	es	está	tiene
nosotros/nosotras	somos	estamos	tenemos
vosotros/vosotras	sois	estáis	tenéis
ellos/ellas/ustedes	son	están	tiene

Ejemplos:

- Mi mujer se llama Juana, es profesora de español. 我妻子叫胡安娜，是名西班牙语教师。
- Tenemos dos hijos, Julio y Ana. 我们有两个孩子，胡里奥和安娜。
- Ana tiene 5 años, siempre está con su madre. 安娜今年五岁，总是和她妈妈待在一起。

II. Presente de indicativo: hablar, trabajar, estudiar y vivir   动词hablar、trabajar、estudiar和vivir陈述式现在时变位及例句

	hablar	trabajar	estudiar
yo	hablo	trabajo	estudio
tú	hablas	trabajas	estudias
él/ella/usted	habla	trabaja	estudia
nosotros/nosotras	hablamos	trabajamos	estudiamos
vosotros/vosotras	habláis	trabajáis	estudiáis
ellos/ellas/ustedes	hablan	trabajan	estudian

Ejemplos:

- Mi padre es ingeniero, todos los días trabaja mucho. 我父亲是工程师，他每天都有很多工作。
- Soy estudiante, ahora estudio español en Madrid. Hablo chino, inglés y español. 我是个学生，现在在马德里学习西班牙语。我会说中文、英语和西班牙语。

	vivir
yo	vivo
tú	vives
él/ella/usted	vive
nosotros/nosotras	vivimos
vosotros/vosotras	vivís
ellos/ellas/ustedes	viven

Ejemplos:

- Yo vivo en Madrid y me gusta mucho esta ciudad. 我住在马德里，我非常喜欢这个城市。

III. Presente de indicativo: verbo dedicarse　动词dedicarse陈述式现在时变位及例句

	dedicarse
yo	me dedico
tú	te dedicas
él/ella/usted	se dedica
nosotros/nosotras	nos dedicamos
vosotros/vosotras	os dedicáis
ellos/ellas/ustedes	se dedican

Ejemplos:

- ¿A qué se dedica tu padre? 你父亲是做什么工作的？
- ▲ Es ingeniero. 他是个工程师。

IV. El número de sustantivos　名词的数

单数名词，结尾为	变成复数，词尾	例子		
元音(-í除外)	+ s	hijo café menú sofá	hijos cafés menús sofás	孩子 咖啡 菜单 沙发
-í	+ es	marroquí	marroquíes	摩洛哥人
辅音(-z、-s除外)	+ es	actor	actores	演员
-z	变-z为-ces	actriz pez	actrices peces	女演员 鱼
重读元音 + s	+ es	país	países	国家
非重读元音(无重音符号) + s	不变	la crisis el paraguas el lunes	las crisis los paraguas los lunes	危机 雨伞 星期一

Observaciones:

有些名词在变成复数后会产生重读音节的变化，因此需要视情况添加或去掉重音符号。例：

- joven — jóvenes 年轻人;
- habitación — habitaciones 房间。

V. El número de adjetivos calificativos　形容词的数

单数形容词，结尾为	变成复数，词尾	例子	
元音	+ s	bajo simpática grande	bajos simpáticas grandes
辅音	+ es	francés hábil	franceses hábiles

VI. Posesivos: mi(s), tu(s), su(s)   物主形容词：mi(s)、tu(s)和su(s)的单复数形式

	单数		复数		例句
	阳性	阴性	阳性	阴性	
我的	mi		mis		*Mi* marido se llama Diego. 我丈夫叫迭戈。 *Mis* padres viven en Barcelona. 我的父母住在巴塞罗那。
你的	tu		tus		¿A qué se dedica *tu* hermano? 你哥哥（弟弟）是做什么工作的？ ¿A qué se dedican *tus* padres? 你父母是做什么工作的？
他的/她的/您的	su		sus		*La hija de Carmen* tiene 3 años. = **Su** hija tiene 3 años. 卡门的女儿（她的女儿）三岁了。

Observaciones:

物主形容词的复数形式请查询附录《语法总结》5.1部分内容。

VII. Concordancia del adjetivo con el sustantivo en género y número   形容词与名词性、数一致

1. 形容词用来修饰或限制名词，因此要与名词在性、数上保持一致。
   - Mañana vienen a casa unos <u>amigos</u> cuba**nos**. 明天会有一些古巴朋友来家里（做客）。
   - Esa <u>novela</u> es muy buen**a** pero bastante larg**a**. 这本小说很好，就是比较长。
   - ▲ Sí, larg**a** pero interesante. 是的，很长但是很有趣。
2. 当形容词所修饰或限制的名词中同时有阳性名词和阴性名词时，需使用该形容词的阳性复数形式。
   - Rafael tiene cuatro hijos: tres <u>niños</u> y una <u>niña</u>. Los cuatros son muy simpátic**os**. 拉斐尔有四个孩子，三个儿子一个女儿。四个孩子都很可爱。

VIII. Interrogativos: ¿quién?, ¿cuántos/-as?, ¿cómo?   疑问词：¿quién?、¿cuántos/-as?和¿cómo?

Interrogaticos	Usos	Ejemplos
¿quién? ¿quiénes? 谁	• + 动词 • 用于询问人物身份	■ ¿Quién es él? 他是谁？ ▲ Javier, el marido de Julia. 哈维尔，茱莉亚的丈夫。 ■ ¿Quiénes son los jóvenes? 这些年轻人是谁？ ▲ Mis alumnos. 是我的学生们。
¿cuánto(s)? ¿cuánta(s)? 多少	• (+ 名词)+动词 • 用于询问数量 • 注意疑问词与名词性、数一致	■ ¿Cuántas hermanas tienes? 你有几个姐妹？ ▲ Dos. 两个。 ■ ¿Cuántos son en tu familia? 你家有几口人？ ▲ Tres, mis padres y yo. 三口人，我父母和我。
¿cómo? 怎么样	• + 动词 • 用于询问人或物的特点	■ ¿Cómo es el novio de María? 玛利亚的男朋友什么样？ ▲ Es alto y guapo, pero bastante serio. 又高又帅，但是人比较严肃。

IX. Cuantificadores: muy, bastante   程度副词：muy, bastante

Cuantificador	Usos	Ejemplos
muy, bastante	+ 形容词	• Mi padre es muy alto. 我父亲很高。 • Julia es una chica bastante simpática. 茱莉亚是个相当亲切的女孩子。
	+ 副词	■ ¿Qué tal? 你好吗？ ▲ Muy bien, gracias. 很好，谢谢。 • Javier es español, pero habla chino bastante bien. 哈维尔是西班牙人，但是他中文说得相当好。

Léxico 重点词汇

dedicarse	prnl.	从事	¿A qué te dedicas? 你是做什么工作的？(dedicarse a ...)
llevar	tr.	穿，戴	Mi profesor de español es un hombre bajo y moreno, tiene el pelo corto y lleva gafas. 我的西班牙语老师是个黑皮肤矮个子的男人，留短发，戴眼镜。
		蓄，长	Rafael es alto y bastante guapo, lleva bigote. 拉斐尔又高又帅，蓄着胡子。

Descripción física & Carácter 外貌&性格描述	**Ser + adjetivo ser + 形容词**	
	Es +	moreno/rubio ... 他留着黑发/金发… simpático/antipático ... 他很亲切/惹人讨厌… alto/bajo/fuerte/gordo/delgado ... 他个子高/个子矮/长得壮/长得胖/长得瘦…
	Tener + sustantivo (+ adjetivo) tener + 名词（+ 形容词）	
	Tiene +	los ojos azules/negros ... 他长着蓝眼睛/黑眼睛… el pelo largo/corto/rizado/liso ... 他留着长发/短发/卷发/直发…
	Llevar + sustantivo (+ adjetivo) llevar + 名词（+ 形容词）	
	Lleva +	el pelo largo/corto/rizado/liso ... 他留着长发/短发/卷发/直发… gafas. 他戴眼镜。 bigote/barba ... 他蓄着小胡子/络腮胡子…

La familia 家庭							
	祖父，外祖父	abuelo	m.	兄弟	hermano	m.	
	祖母，外祖母	abuela	f.	姐妹	hermana	f.	
	曾祖父，外曾祖父	bisabuelo	m.	堂兄弟，表兄弟	primo	m.	
	曾祖母，外曾祖母	bisabuela	f.	堂姐妹，表姐妹	prima	f.	
	父亲	padre	m.	公公，岳父	suegro	m.	
	母亲	madre	f.	婆婆，岳母	suegra	f.	
	儿子	hijo	m.	女婿	yerno	m.	
	女儿	hija	f.	儿媳妇	nuera	f.	
	孙子，外孙子	nieto	m.	连襟	cuñado	m.	
	孙女，外孙女	nieta	f.	妯娌	cuñada	f.	
	曾孙子	bisnieto	m.	亲家公	consuegro	m.	
	曾孙女	bisnieta	f.	亲家母	consuegra	f.	
	侄子，外甥	sobrino	m.	男女朋友	novios	Pl.	
	侄女，外甥女	sobrina	f.	夫妻	pareja		
	叔叔，伯伯，舅舅，姑父，姨夫	tío	m.	丈夫	esposo, marido	m.	
	阿姨，婶婶，伯母，舅妈，姑妈	tía	f.	妻子	esposa, mujer	f.	

Ejemplos:
- Tengo dos hermanos, Julio y Mario. 我有两个兄弟，胡里奥和马里奥。
- Mi cuñada trabaja en una escuela. 我嫂子在一所学校工作。

Estado civil 婚姻状况	未婚的 已婚的 离异的 丧偶的 分居的	soltero casado divorciado viudo separado	soltera casada divorciada viuda separada	adj.	**Ejemplos:** ■ ¿Estás casado? 你结婚了吗？ ▲ No, estoy soltero. 没有，我单身。

Lectura 短文阅读

Hola, os voy a contar cómo es mi familia. Me llamo Daniel, tengo 20 años y estoy soltero. Mi padre se llama Javier y mi madre, Eloísa. Tengo tres hermanos: Lucas, Lucía y Ana. Lucas está casado con Agérica. Es una mujer rubia y delgada. Tienen dos hijos, Enrique y Julia. El marido de Lucía se llama Antonio. Tiene el pelo largo y rizado. Es un hombre bastante simpático. Tienen una hija, Jimena. Ana, la pequeña, tiene 16 años. Su novio es alto y guapo.

Repaso 1   Lecciones 1-2-3-4-5

Expresión e interacción orales 口头表达

Tarea 1 Presentación personal

Debe hacer una presentación personal durante 1 ó 2 minutos. Puede hablar sobre los siguientes temas. (Le damos algunas posibles preguntas)

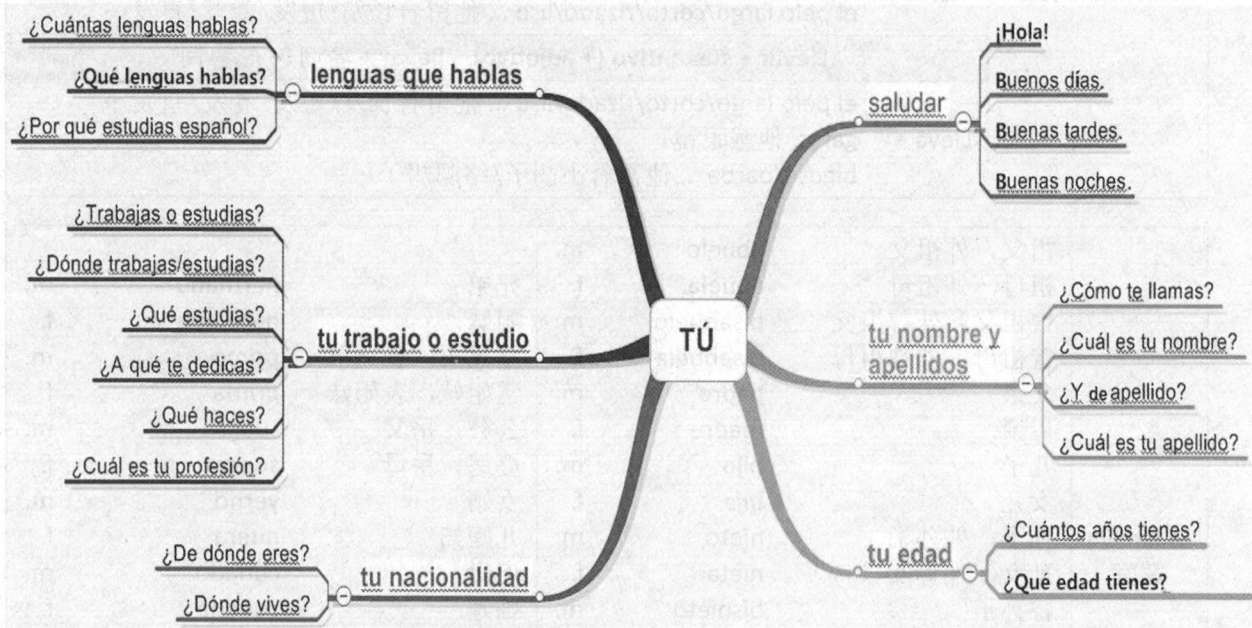

Tarea 2 Exposición de un tema

Usted debe seleccionar tres de las cinco opciones y hablar sobre ellas durante 2 ó 3 minutos. Le recomendamos revisar la gramática y el vocabulario sugerido en cada unidad.

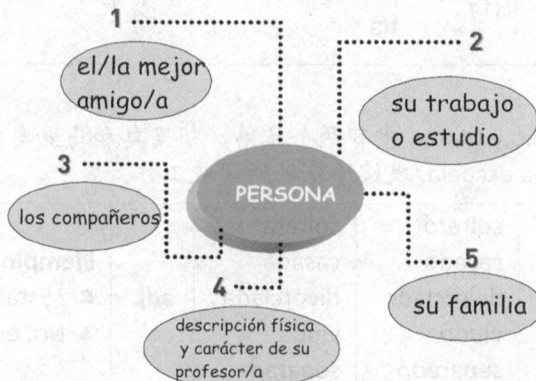

Tarea 3 Conversación con su profesor/ra

Usted tendrá una conversación con su profesor/ra sobre su presentación (ver preguntas en tarea 1) y sobre su exposición del tema. La conversación dura 3 minutos aproximadamente.

Tarea 4 Diálogos basados en láminas

Usted mantendrá un diálogo con su profesor/ra durante 2 ó 3 minutos sobre las siguientes imágenes.

El profesor / La profesora pregunta

Lámina 1

Lámina 2

Usted pregunta

Lámina 3

Lámina 4

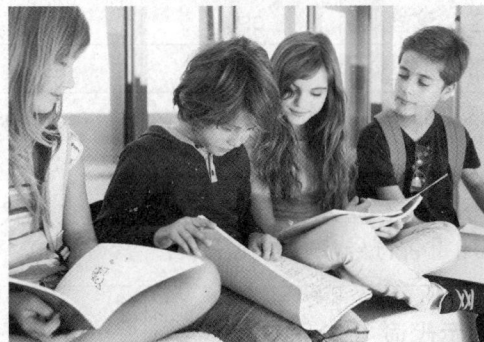

Lección 6   Objetos

Gramática 重点语法

I.   Artículo indeterminado   不定冠词

	阳性	阴性
单数	un	una
复数	unos	unas

Observaciones:
- ➤ 不定冠词用在名词之前，与其保持性、数一致。
- ➤ 不定冠词用来表示初次提及的人或物。
- ➤ 不定冠词不重读，可与后面的名词连读。

Ejemplos:

Ejemplos:

- Hay una carta para ti. 有一封你的信。
- También vienen unos amigos de Carmen, Julio y Ana. 卡门的朋友：胡里奥和安娜也来了。

II. Adjetivos demostrativos　指示形容词

指示形容词	阳性		阴性		
	单数	复数	单数	复数	
这，这些	este	estos	esta	estas	修饰离说话人较近的人或物
那，那些	ese	esos	esa	esas	修饰离听话人较近的人或物
那，那些	aquel	aquellos	aquella	aquellas	修饰离说话人和听话人都比较远的人或物

Observaciones:

指示形容词放在所修饰的名词前面，并与其保持性、数一致。

Ejemplos:

- ¿Qué regalo quieres? ¿esta pelota?, ¿ese cochecito?, ¿aquel libro? 你想要哪个当礼物？这个皮球，那辆小汽车还是那边那本书？
- Este bolígrafo no funciona, ¿me puedes dejar ese rotulador? 这支笔坏了，能把那支记号笔借给我吗？

III. Pronombres demostrativos II　指示代词（二）

指示代词	阳性		阴性		中性
	单数	复数	单数	复数	单数
这，这些	este	estos	esta	estas	esto
那，那些	ese	esos	esa	esas	eso
那，那些	aquel	aquellos	aquella	aquellas	aquello

Observaciones:

一般情况下，指示代词与指示形容词在形式上完全一致，但在可能引起混淆的情况下，指示代词必须加重音符号，具体见下表：

指示代词	阳性		阴性		中性
	单数	复数	单数	复数	单数
这，这些	éste	éstos	ésta	éstas	esto
那，那些	ése	ésos	ésa	ésas	eso
那，那些	aquél	aquellos	aquélla	aquéllas	aquello

Observaciones:

➢ 指示代词需脱离名词单独使用，并与其所指代的名词保持性、数一致。
➢ 中性形式没有单复数变化，用来指代抽象的概念或事物。

Ejemplos:

- Son preciosas estas chaquetas, me llevo ésta, ésa y aquélla roja. 这些外套真好看，我要这件，那件和那边那件红色的。
- ¿Qué es esto? 这是什么？

IV. Pronombre interrogativo: ¿cuál?, ¿cuáles? 疑问代词cuál的用法

	单数	复数
哪一个？哪一些？	cuál	cuáles

Cuál/cuáles + 动词
¿Cuál es la moneda de tu país? 你们国家的货币是什么？
Sobre la mesa hay varios bolígrafos. ¿Cuáles son tuyos? 桌子上有好几支笔，哪些是你的？
Cuál/cuáles + de + 名词 + 动词
¿Cuál de los pantalones te gustan más? 这些裤子中你更喜欢哪一条？
¿Cuáles de tus alumnos van a salir conmigo? 你的学生中哪些要和我一起出去？

V. Pronombre interrogativo: ¿cuánto? 疑问代词cuánto的用法

	阳性	阴性
单数	cuánto	cuánta
复数	cuántos	cuántas

Observaciones:

疑问词cuánto用来询问数量，其性、数与所修饰的名词保持一致，具体如下：

Cuánto（无性数变化）+ 动词
¿Cuánto cuestan estos libros? 这些书多少钱？
Cuánto/Cuánta（单数形式）+ 不可数名词
¿Cuánto dinero sacas del banco? 你从银行取了多少钱？
Cuántos/Cuántas（复数形式）+ 可数名词
¿Cuántos años tienes? 你今年多大？
¿Cuántos habitantes tiene Madrid? 马德里的人口是多少？

VI. Numerales cardinales: 100-999 基数词：100-999

100	cien, ciento ...
200	doscientos/as
300	trescientos/as
400	cuatrocientos/as
500	**quin**ientos/as
600	seiscientos/as
700	**sete**cientos/as
800	ochocientos/as
900	**nove**cientos/as

Observaciones:
➢ Cien是ciento的词尾省略形式，用于名词前，表示100整。
➢ Ciento和其他基数词一起表示大于100的数字。
➢ 当没有名词时，单独使用ciento表示数字100。
➢ 从200到999之间的数字百位数的阴阳性与其所修饰的名词保持一致。
➢ 百位和十位之间不需要使用连词y，而十位和个位之间需要使用连词y。

Ejemplos:
- Mi abuelo tiene **cien** años, ni uno más ni uno menos. 我爷爷今年100岁了，一岁不多，一岁不少。
- ¿Cuántos cuesta? 多少钱？
- ▲ **Cien** dólares. 100美元。
- ¿Cuántos hay? 有多少个？
- ▲ **Ciento**. 100个。
- Este ordenador cuesta **ciento cinco** euros. 这台电脑105欧元。
- Necesito doscien**tas** diez <u>copias</u> de este documento. 这份文件我需要复印210份。

VII. Numerales cardinales: 1.000-999.999   基数词：1,000-999,999

1.000 2.000 ... 10.000 20.000 ... 100.000 200.000 ... 500.000 ...	mil dos mil ... diez mil veinte mil ... cien mil doscientos/as mil ... quinientos/as mil ...	**Observaciones:** ➤ 在表示具体的数时，mil没有单复数、阴阳性的变化，放在名词前直接修饰名词。 ➤ 存在**miles de** + 名词这样的表达方式，表示"几千"或"成千上万"这样大约数量概念，往往有夸张的意味。

Ejemplos:

- mil seiscient**os** treinta y cinco <u>dólares</u>   1.635美元
- treinta y ocho mil setecient**os** cincuenta y un <u>metros</u> cuadrados   38.751平方米
- novecient**as** doce mil ciento ochenta y dos <u>libras</u>   912.182磅
- Hay miles de personas en la plaza. 广场上有好几千人。

VIII. Verbo "hay"   动词hay的用法

Hay（有）

➤ 是动词haber的无人称形式，在陈述式现在时中，只有第三人称单数这一种变位，即hay。

➤ 与tener的区别：hay是无人称形式，只表达物品或人物的存在；tener则必须有主语，即必须说明"谁有"这个问题。

Observaciones:

Hay + 不定冠词/数词 + 名词
¿Hay un banco cerca de aquí? 附近有银行吗？ En la mesa hay unos sobres, un ordenador y un bolígrafo. 桌子上有一些信封、一台电脑和一支笔。 En la casa hay dos dormitorios. 这套房子有两间卧室。
No hay + 名词（+ 形容词）
Lo siento, pero no hay gazpacho. 很抱歉，没有西班牙冷汤了。 En este pueblo pequeño, por la noche hay mucho silencio, no hay ruidos. 在这个小村子里，夜晚十分安静，没有任何声响。

Léxico   重点词汇

comprar	tr.	买	Compro una pluma para mi hijo. 我给我儿子买了一支钢笔。
costar	tr.	花费	¿Cuánto cuesta esto? 这要多少钱？
decidir	tr.	决定	Decidimos ir a Pekín. 我们决定去北京。
llevar(se)	tr. prnl.	带走，拿走	Juan lleva la carta a su vecino. 胡安把信带给他的邻居。 ¿Quién se lleva mi diccionario? 谁拿走了我的字典？
querer	tr.	想，要	Quiero salir. 我想出去。 Mi hijo quiere un cochecito nuevo. 我儿子想要一辆新的小汽车。
vender	tr.	卖	¿Dónde venden naranjas? 在哪儿卖橙子？
ver	tr.	看见	El ciego no ve nada. 盲人什么也看不见。

Lectura 短文阅读

En nuestra aula hay una mesa grande para el profesor. Hay sillas, una pizarra negra y un mapa del mundo. En nuestro grupo hay 30 estudiantes. Los estudiantes ahora no están en clase, porque hoy es domingo. Un hombre bajo y con mas gafas oscuras entra en la clase. Él está nervioso. Busca algo. Coge el diccionario y unos papeles en la mesa y sale deprisa ...

Lección 7   Mi pueblo, mi ciudad

Gramática 重点语法

I.   Ser-estar I   动词ser和estar的辨析（一）

	Usos	Ejemplos
ser	表示所属关系	Julio, es tu gato, ¿sí? 胡里奥，这是你的猫，对吗？
	职业	Alfonso es médico. 阿隆索是个大夫。
	来源、国籍	Mi novio es cubano. 我男朋友是古巴人。
	人物的性格、外貌	Juan es muy inteligente. 胡安非常聪明。 La novia de Mario es alta, bonita y lleva gafas. 马里奥的女朋友又高又漂亮，带着一副眼镜。
	描述物品和地点	El examen es fácil. 考试很容易。 Salamanca es una ciudad pequeña y tranquila. 萨拉曼卡是一个很安静的小城。
estar	描述空间位置	¿Dónde está el banco? 银行在哪里？ Está muy cerca de aquí. 就在这附近。

II.   Numerales cardinales: millón, millónes   基数词：百万及百万以上

1.000.000	un millón	
2.000.000	dos millones	**Observaciones:**
...	...	➤ Millón作为阳性名词有单复数的变化，100万是un millón，200万以上均要使用其复数形式millones。
10.000.000	diez millones	
...	...	➤ Millón后面不可以直接跟名词，要用**millón/millones de**来修饰名词。
100.000.000	cien millones	
200.000.000	doscientos millones	
...	...	
1.000.000.000	mil millones	

Ejemplos:

- doscient**os** <u>millones</u> trescient**as** cuarenta mil <u>personas</u>   200.340.000人
- Más de cuatrocientos **millones de** personas hablan español. 超过4亿人说西班牙语。
- **Un millón de** turistas han visitado La Ciudad Prohibida este año. 今年有100万游客到访过紫禁城。

III.   Expresar la causa   表达原因的方法

Por、porque和como均可以原因，具体区别如下：
➤ por + 名词
➤ porque/como + 从句

Observaciones:
➤ Porque和como都是非重读词，porque引导的从句要位于主句之后，而como引导的从句要位于主

句之前。

➢ 疑问副词por qué用来就事件的原因进行提问，回答时应使用porque而不能用como。

Ejemplos:

- Segovia es famosa por su acueducto. 塞戈维亚因它的输水渡槽而出名。
- ¿Por qué cierras la ventana? 你为什么关上窗户？
- ▲ Porque hay muchos ruidos. 因为太吵了。
- Como no tenemos qué hacer aquí, nos vamos. 既然在这里没什么事可干，那我们就走了。

Léxico   重点词汇

grande	adj.	大的	Esta chaqueta es grande para mí. 这件上衣我穿着有点大了。 Miguel Cervantes es un gran escritor. 塞万提斯是位大作家。
más ... de		比…多	En esta habitación hay más de 50 personas. 在这个房间里有50多个人。 Son más de las nueve. 现在是九点多。
menos ... de		比…少	En el aula hay menos de diez alumnos. 教室里只有不到10个学生。
millón	m.	百万	En esta ciudad viven un millón de habitantes. 这座城市的人口有100万。

Hablar de la situación geográfica 描述地理位置	
	Observaciones: ➢ 和英语不同，上述表示方位的名词在使用时均不大写。 ➢ 一般情况下，上述表示方位的名词与定冠词el搭配使用。 经常搭配使用的前置词有en和a，前者表示在该地点范围内的东南西北，后者表示在该地点范围外的东南西北。 **Ejemplos:** • Bilbao está en el norte de España. 毕尔巴鄂位于西班牙北部。 • Francia está al noreste de España. 法国位于西班牙的东北部。

Lectura   短文阅读

El Hospital Santa María está en el centro de la ciudad Buenos Aires, a sólo cinco minutos del barrio alto de Santiago de Chile, en el que hay centros comerciales, tiendas, restaurantes, bancos y oficinas de empresas internacionales. Desde el hospital se llega en veinte minutos a la estación de metro y en menos de una hora, al aeropuerto.

Lección 8   Mi casa y mi habitación

Gramática   重点语法

I.   Ser-estar II   动词ser和estar的辨析（二）

Usos		Ejemplos
ser	材质	Esta mesa es de madera. 这张桌子是木头做的。
	形状	La Tierra es redonda. 地球是圆的。
	品牌	Mi ordenador es de Lenovo. 我的电脑是联想的。

	颜色	Mi gato es blanco. 我的小猫咪是白色的。
	日期、时间	El martes es mi cumpleaños. 星期二是我的生日。 Ya son las tres y media. 现在已经三点半了。
estar	描述空间位置	Estamos en la agencia de viajes. 我们在旅行社。 Las llaves están debajo de la mesa. 钥匙在桌子底下。

II. Hay-estar 动词hay和estar的辨析

hay	estar
➢ 动词haber的无人称形式 ➢ 表达物品或人物的存在 ➢ 搭配的名词前一般可用不定冠词、数词等来修饰	➢ 表示已知某人或物的位置 ➢ 表示已知某人或物的存在 ➢ 搭配的名词前一般可用定冠词、物主形容词修饰
¿Hay algún médico en la sala? 大厅里有大夫吗？ ■ ¿En tu país hay olivos? 你们国家有橄榄树吗？ ▲ Sí, hay muchísimos. Producimos mucho aceite. 很多，我们生产很多橄榄油。 ■ ¿Hay un mercado por aquí? 附近有市场吗？ ▲ Sí, hay dos. El central y el de Santa María.有两个，中心市场和圣玛利亚市场。	¿Está el médico de guardia en la sala? 值班大夫在大厅里吗？ Madrid está cerca de Salamanca. 马德里在萨拉曼卡附近。 ¿Sabes dónde está mis llaves? 你知道我的钥匙在哪儿吗？ ¿El Mercado Central está por aquí? 中心市场在这附近吗？

Léxico 重点词汇

comunicado	adj.	交通便利的	Las grandes ciudades están generalmente bien comunicadas. 大城市一般都交通便利。
exterior	adj.	外面的	Tenemos que reparar las murallas exteriores del edificio. 我们应该修理这幢大楼的外墙了。
表示方位			
alrededor de		在…周围	Alrededor de nuestra universidad hay muchos restaurantes pequeños. 我们学校周围有许多小饭店。
al lado de		在…旁边	Al lado de mi casa hay un hospital. 我家旁边有一家医院。
a la derecha de		在…右边	A la derecha de la mesa hay dos sillas. 桌子的右边有两把椅子。
a la izquierda de		在…左边	El museo está a la izquierda de la plaza. 博物馆在广场的左面。
entre	prep.	在…中间	Hay un hotel entre el museo y la librería. 在博物馆和书店之间有一家酒店。
enfrente de		在…对面	El coche rojo está enfrente del camión azul. 红色小汽车在蓝色卡车对面。
detrás de		在…后面	Los coches están detrás del autobús. 那些小汽车在公交车后面。
fuera de		在…外面	Eso está fuera de mis planes. 这在我的计划之外。
encima de		在…上面	Las gafas están encima de la mesa del despacho. 眼镜在办公桌上。

delante de		在…前面	Los abanderados van delante de la manifestación. 旗手们走在队伍的前面。
debajo de		在…下面	Nos sentamos debajo de un árbol. 我们坐在树下。
sobre	prep.	在…上面	El libro está sobre la mesa. 书放在桌子上。
dentro de		在…里面	Dentro de la caja hay dos plumas. 盒子里面有两支钢笔。
cerca de		在…附近	Tianjin está cerca de Beijing. 天津离北京近。
lejos de		离…远	Mi casa está lejos del instituto. 我家离学校远。
en	prep.	在…里面 在…上面	Juan trabaja en una fábrica de papel. 胡安在一家造纸厂工作。 Hay muchos libros en la mesa. 桌上有许多书。

Lectura 短文阅读

Mi habitación favorita es mi dormitorio. No es muy grande pero es bastante cómodo. Enfrente de la puerta hay una ventana grande. A la izquierda de la ventana está la cama y la mesa de noche con una lámpara encima. A la derecha de la ventana hay una estantería grande, llena de libros y junto a ésta, una mesa de trabajo y un sillón para leer. Detrás del sillón hay un armario para mi ropa.

Lección 9   Gustos

Gramática 重点语法

I.   Verbo gustar 动词gustar的用法

(A mí)	Me			
(A ti)	Te	gusta	(bastante) (mucho)	单数名词
(A él/ella/usted)	Le			原形动词（单个或多个）
(A nosotros/nosotras)	Nos			
(A vosotros/vosotras)	Os	gustan	(bastante) (mucho)	复数名词
(A ellos/ellas/ustedes)	Les			

Observaciones:

➢ Gustar一般多用第三人称单数和复数这两个人称的变位形式，具体搭配见上表。

➢ Gustar意为"（某物、某人、某事）使……（某人）喜欢"。

➢ 主语可以是名词、代词、原形动词或动宾词组。

➢ "使……（某人）喜欢"这一含义中"某人"用与格代词表示，具体搭配形式见上表。

Ejemplos:

● ¿Te gustan sus libros? 你喜欢他的书吗？

● Nos gusta mucho cantar y bailar. 我们非常喜欢唱歌跳舞。

● A mi marido le gustan mucho los niños. 我丈夫非常喜欢小孩。

● ¿Qué te gusta? 你喜欢什么？

II.   Verbo encantar 动词encantar的用法

Observaciones:

➢ Encantar也可以用来表示喜好，喜爱程度比gustar更深，用法和gustar一样。

➢ Encantar的变位：和gustar一样，一般多用第三人称单数和复数两个人称的变位，即在陈述式现在时这一时态下，多用encanta和encantan。

> 与gustar的区别是，encantar后不能用任何副词（如mucho，bastante ...）修饰。

Ejemplos:

- A mi abuelo le encanta hablar con los jóvenes. 我的祖父喜欢和年轻人聊天。
- Me encantan estos libros. 我喜欢这些书。

III. también, tampoco; sí, no 单词también和tampoco；sí和no的用法

	回答肯定句	回答否定句
表达和对方观点一致或同意对方说法	también	tampoco
表达和对方观点不一致或不同意对方说法	no	sí

Ejemplos:

- ■ Me gusta mucho nadar. 我很喜欢游泳。
- ▲ A mí **también**. 我也是。
- ● A mi marido no le gustan las mascotas, a mí **tampoco**. 我丈夫不喜欢宠物，我也不喜欢。
- ■ Me gusta mucho nadar. 我很喜欢游泳。
- ▲ A mí **no**. 我不喜欢。
- ● A mi marido no le gustan las mascotas, pero a mí **sí**. 我丈夫不喜欢宠物，但是我喜欢。

Léxico 重点词汇

bailar	intr.	跳舞	A la chica le gusta mucho bailar. 这女孩很喜欢跳舞。
jugar	intr.	玩	Los chicos juegan al tenis en el jardín. 孩子们在花园里打网球。
mañana	f.	上午	Esta mañana tengo cuatro clases. 今天上午我有四节课。 Volvimos a casa a las dos de la mañana. 我们凌晨两点回到家。 El lunes por la mañana tenemos una reunión con el jefe. 星期一上午我们要和领导开个会。
mismo	adj.	同一的	Mañana voy a visitarte a la misma hora. 明天我同一个时间来看你。
navegar por internet		上网	No entiendo por qué mi hijo siempre navega por internet. 我不明白为什么我的儿子总是上网。
querer	tr.	喜欢，爱	Juan es muy amable y todos lo queremos. 胡安非常可爱，我们都喜欢他。
salir	intr.	离开	¿A qué hora salimos? 我们几点出发？
tampoco	adv.	也不	No me gusta bailar, a mi hermana tampoco. 我不喜欢跳舞，我姐姐也不喜欢。 Juan no dice nada, tampoco su esposa. 胡安什么也没说，他太太也没有。
viajar	intr.	旅行	No me gusta viajar, pero a mi marido sí. 我不喜欢旅游，但我丈夫喜欢。

Lectura 短文阅读

Daniel y Juan son gemelos, pero tiene gustos diferentes. A Daniel le gusta leer, ir a museos o conciertos y le encantan las películas de ciencia-ficción. No le gustan nada los deportes. Pero a Juan le gusta el baloncesto, navegar por internet y ver la tele. No le gusta nada leer. Pero a los dos, les encanta viajar con su familia.

Lección 10   Mi barrio, horarios públicos y el tiempo

Gramática 重点语法

I. Cuatificadores: mucho, bastante, algún, poco   程度形容词：mucho, bastante, algún, poco

Observaciones:

➢ 程度形容词一般放在名词的前面，其性、数和所修饰的名词保持一致。
➢ 程度形容词用来表示数量的多少，具体见下表：

mucho		bastante	algún		poco	
mucho	mucha	bastante	algún	alguna	poco	poca
muchos	muchas	bastantes	algunos	algunas	pocos	pocas
Mucho café.		**Bastante café.**	**Algún café.**		**Poco café.**	

➢ En el centro de la ciudad hay muchos restaurantes y bastantes hoteles. 市中心有很多饭店和不少酒店。
➢ ¿Tenéis alguna pregunta? 你们有问题吗？
➢ Date prisa, tenemos poco tiempo. 快一点，我们时间不多了。
➢ Hoy es domingo, hay mucho tráfico. 今天是星期日，路上车很多。

II. Muy-mucho   muy和mucho的辨析

	muy	mucho
Significado	adv.（副词）很，非常	
Usos	muy + 形容词/副词	动词 + mucho
Ejemplos	Beijing es una ciudad muy grande. 北京是个非常大的城市。 ■ ¿Qué tal? 你好吗？ ▲ Muy bien, gracias. 我很好，谢谢。	Me gusta mucho viajar. 我非常喜欢旅游。 Mi padre está muy ocupado, todos los días trabaja mucho. 我爸爸非常忙，他每天都有很多工作。

III. Presente de indicativo, verbos irregulares: llover, nevar   陈述式现在时，不规则动词llover和nevar变位及例句

Llover和nevar都是表示天气的词，所以在使用这个含义时，其变位只有第三人称单数这一人称，以陈述式现在时为例：

llover — llueve	Hoy llueve mucho. 今天雨下得很大。
nevar — nieva	En mi pueblo natal siempre nieva mucho en invierno. 在我家乡，冬天经常下雪。

IV. Preposiciones I: a, de y por   前置词的用法（一）：a、de和por在表示时间时的辨析

	Usos	Ejemplos
a	a + hora	Salimos a las tres. 我们三点钟出发。
de	hora + de + la mañana/tarde/noche ...	Salimos a las tres de la tarde. 我们下午三点出发。
por	por + la mañana/tarde/noche ...	Salimos por la tarde. 我们下午出发。

Léxico 重点词汇

abierto, ta	adj.	开着的	una ventana abierta 一扇开着的窗户
abrir	tr.	打开	Abre el libro por favor, página 30. 请把书打开，翻到第30页。
cerrar	tr.	关	¿Quién puede cerrar la puerta? 谁能把门关上？
hacer	impers.	是(表示天气)	Hace buen tiempo. 天气好。 Hace mucho frío/calor/viento. (天气)很冷/热/刮大风。
ideal	adj.	理想的	Es un sitio ideal de verano. 这是一个理想的避暑胜地。
llover	intr.	下雨	Hoy llueve mucho. 今天下大雨。
malo	adj.	坏的	Hace mal tiempo hoy. 今天天气不好。 Es una película mala. 这是一部烂片。 Julio me da un reloj malo. 胡里奥给了我一块坏表。
nevar	intr.	下雪	Hoy en Beijing nieva mucho. 今天北京下大雪。
ruido	m.	噪声	Hay muchos ruidos en la calle. 大街上非常吵闹。
ruidoso, sa	adj.	嘈杂的	Trabajo en una fábrica ruidosa. 我在一家很嘈杂的工厂中工作。

Lectura 短文阅读

Mi hermana Sara estudia Ciencia del Mar en la universidad. Casi todos los días se levanta a las seis y media de la mañana, luego va al baño para estudiar media hora, es el lugar de la casa donde mejor se concentra. Luego desayuna en casa. Las clases empiezan a las nueve y terminan a las dos de la tarde. Después de comer, va a la biblioteca para seguir estudiando. A las 20h va al gimnasio, luego vuelve a casa a pie.

Repaso 2   Lecciones 6-7-8-9-10

Expresión e interacción orales 口头表达

Tarea 1 Presentación personal

Debe hacer una presentación personal durante 1 ó 2 minutos. Puede hablar sobre los siguientes temas. (Le damos algunas posibles preguntas)

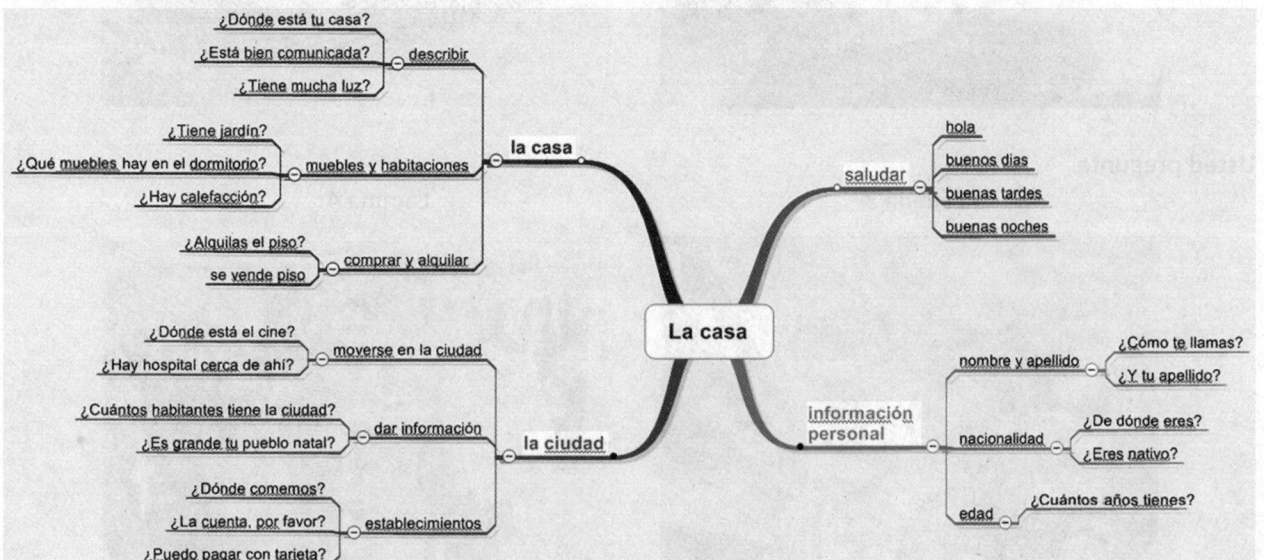

Tarea 2 Exposición de un tema

Usted debe seleccionar tres de las cinco opciones y hablar sobre ellas durante 2 ó 3 minutos. Le recomendamos revisar la gramática y el vocabulario sugerido en cada unidad.

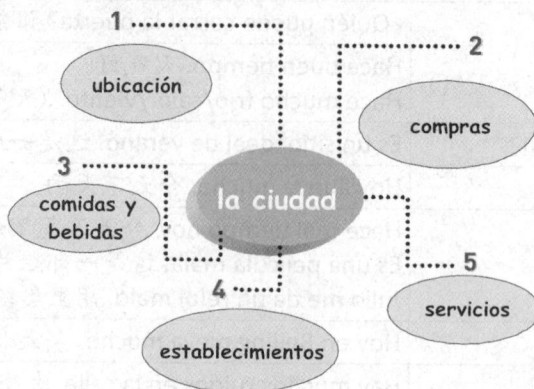

Tarea 3 Conversación con su profesor/ra

Usted tendrá una conversación con su profesor/ra sobre su presentación (ver preguntas en tarea 1) y sobre su exposición del tema. La conversación dura 3 minutos aproximadamente.

Tarea 4 Diálogos basados en láminas

Usted mantendrá un diálogo con su profesor/ra durante 2 ó 3 minutos sobre las siguientes imágenes.

El profesor / La profesora pregunta

Lámina 1   Lámina 2

Usted pregunta

Lámina 3   Lámina 4

Lección 11　Un día normal

Gramática 重点语法

I.　**Presente de indicativo: Verbo regulares, levantarse, desayunar y ducharse　规则动词 levantarse、desayunar和ducharse陈述式现在时变位及例句**

	levantarse	desayunar	ducharse
yo	me levanto	desayuno	me ducho
tú	te levantas	desayunas	te duchas
él/ella/usted	se levanta	desayuna	se ducha
nosotros/nosotras	nos levantamos	desayunamos	nos duchamos
vosotros/vosotras	os levantáis	desayunáis	os ducháis
ellos/ellas/ustedes	se levantan	desayunan	se duchan

Ejemplos:

- Todos los días me levanto a las ocho y media, y luego empiezo a leer. 每天我八点半起床，然后开始读书。
- Por la mañana desayuno una hamburguesa de pollo y un café con leche en la cafetería. 早晨我在咖啡厅吃了一个鸡肉汉堡和一杯牛奶咖啡。
- Normalmente me ducho por la mañana, así todo el día me siento perfectamente. 通常我早晨洗澡，这样一整天我都会神清气爽。

II.　**Presente de indicativo: Verbo irregulares — e – ie　陈述式现在时：由e变ie的不规则动词变位及例句**

	empezar	preferir
yo	empiezo	prefiero
tú	empiezas	prefieres
él/ella/usted	empieza	prefiere
nosotros/nosotras	empezamos	preferimos
vosotros/vosotras	empezáis	preferís
ellos/ellas/ustedes	empiezan	prefieren

Ejemplos:

- La clase de español empieza a las 8:30. 西班牙语课8:30开始。
- ¿Prefieres ir al cine conmigo? 你愿意和我一起去电影院吗？

III.　**Presente de indicativo: Verbo irregulares — o – ue　陈述式现在时：由o变ue的不规则动词变位及例句**

	volver	poder
yo	vuelvo	puedo
tú	vuelves	puedes
él/ella/usted	vuelve	puede
nosotros/nosotras	volvemos	podemos
vosotros/vosotras	volvéis	podéis
ellos/ellas/ustedes	vuelven	pueden

Ejemplos:

- Todos los días mi padre vuelve a casa antes de las 9:00 de la noche. 每天晚上我爸爸九点之前回家。
- Ya no soy un niño, puedo hacer muchas cosas sin ayuda de mis padres. 我已经不是小孩了，我可以在没有父母帮助下做很多事情。

IV.   Presente de indicativo: Verbo irregulares — e – i   陈述式现在时：由e变i的不规则动词变位及例句

	pedir	**repetir**
yo	pido	repito
tú	pides	repites
él/ella/usted	pide	repite
nosotros/nosotras	pedimos	repetimos
vosotros/vosotras	pedís	repetís
ellos/ellas/ustedes	piden	repiten

Ejemplos:

- Mi madre pide una explicación lógica de mis malas notas. 我的妈妈要求我对糟糕的考试成绩做出一个合理的解释。
- La profesora de español siempre repite las importantes gramáticas a sus estudiantes. 西班牙语老师总是向学生们反复强调重点语法。

V.   Presente de indicativo: hacer y salir   动词hacer和salir的陈述式现在时变位及例句

	hacer	**salir**
yo	ha**go**	sal**go**
tú	haces	sales
él/ella/usted	hace	sale
nosotros/nosotras	hacemos	salimos
vosotros/vosotras	hacéis	salís
ellos/ellas/ustedes	hacen	salen

Ejemplos:

- Hacemos una fiesta en la casa de Julio, porque hoy es su cumpleaños. 我们在胡里奥家举办一个聚会，因为今天是他的生日。
- El autobús sale a las nueve de la mañana. 公共汽车早上九点钟开。

VI.   El uso de "A qué hora"   短语 "A qué hora" 的用法

询问具体时间的一种问法，例如：

- ■ A qué hora te acuestas? 你几点睡觉？
- ▲ Me acuesto a las diez de la noche. 我晚上十点睡觉。
- ■ A qué hora empieza la clase de español? 西班牙语课几点开始？
- ▲ A las ocho y media. 八点半。

VII. Los pronombres reflexivos   自复动词

	第一人称	第二人称	第三人称
单数	me	te	se
复数	nos	os	se

Observaciones:
➢ 动作的实施者和受施者为同一个人，使用自复动词。
➢ 自复动词由及物动词和自复代词se构成。
➢ 自复代词位于变位动词之前，与之分写；位于原形动词之后，与之连写。

Ejemplos:
● Todos los días me levanto a las ocho y media. 我每天早上八点半起床。
● Siempre yo me ducho con agua fría en verano. 夏天我总是用凉水洗澡。
● Mi padre se afeita todas las mañanas. 我父亲每天早晨都刮胡子。
● El hijo de mi hermana puede vestirse. 我姐姐的儿子会自己穿衣服。

Léxico 重点词汇

acostarse	prnl.	躺下，睡觉	Niño, es la hora de acostarse, apaga la luz y buenas noches. 孩子，是睡觉的时间了，把灯关上，晚安。
cenar	tr. intr.	吃晚饭	Este viernes ceno en la casa de mi amiga. 这周五我在我女朋友家吃晚饭。
comer	tr. intr.	吃，吃午饭	Su hijo siempre come la comida con muchas ganas. 他的孩子总是津津有味地吃饭。
creer	tr.	相信	Creo lo que me dice. 我相信他对我说的。
desayunar	tr. intr.	吃早饭	Hoy desayuno un huevo frito y un café con leche. 今天早饭我吃了一个煎鸡蛋和一杯牛奶咖啡。
dibujar	tr.	画	Mi tío es un pintor y dibuja las pinturas al óleo. 我叔叔是一名画家，他画油画。
dormir	tr. intr.	睡觉	Los españoles tienen una costumbre de dormir un rato al mediodía. 西班牙人有中午睡一会儿的习惯。
ducharse	prnl.	淋浴	A mí me gusta ducharme por la mañana. 我喜欢早晨冲个淋浴。
empezar (a)	intr.	开始	Empezamos a hacer los deberes después de la cena. 晚饭后我们开始写作业。
lavarse	prnl.	洗，刷牙	Normalmente tenemos que lavarnos las manos antes de comer. 通常我们应该在吃饭前洗手。
levantarse	prnl.	起床，起身	Hoy me levanto a las nueve en punto. 今早我九点整起床。
terminar	tr.intr.	结束	Este verano termino el viaje en Madrid y me parece muy interesante. 这个夏天我结束了马德里之旅，我觉得太有意思了。
volver	tr. intr.	回来	No sé a qué hora voy a volver a casa. 我不知道几点才能回家。
más o menos		差不多，大概	Más o menos vuelvo a casa a las once de la noche. 我大概在晚上十一点左右回家。

Lectura 短文阅读

Ángela es mi buena amiga, vive en Madrid, es española. Siempre nos escribimos por correos electrónicos. Hoy recibo un correo de ella y me dice su primer día de viaje. Me lo dice: Hoy es el primer día en París, hace mucho sol y me encanta. A las siete de la mañana me levanto y desayuno en el restaurante del hotel, la comida de allí es muy rica. A las ocho y diez cojo un autobús para ir a visitar los lugares famosos de París. Por ejemplo: La Torre Eiffel, Norte Dame de París, El Arco de Triunfo, El Museo del Louvre, etc. Hay muchos lugares famosos que me gustan mucho. Más o menos a la una y media almuerzo en un restaurante típico de París. Mientras como la comida, en el centro del restaurante hay una chica simpática que toca el piano. Por la tarde, hago un recorrido por unos museos de allí y por la noche, voy a unos bares para divertirme y conozco a unos amigos nuevos de París. Aunque estoy muy cansada, me siento muy contenta y satisfecha. Por último, espero viajar contigo algún día. Un beso.

Lección 12　El fin de semana

Gramática　重点语法

I.　**Presente de indicativo: Verbo irregulares — u – ue**　陈述式现在时：由u变ue的不规则动词变位及例句

	poder	jugar	volver
yo	puedo	juego	vuelvo
tú	puedes	juegas	vuelves
él/ella/usted	puede	juega	vuelve
nosotros/nosotras	podemos	jugamos	volvemos
vosotros/vosotras	podéis	jugáis	volvéis
ellos/ellas/ustedes	pueden	juegan	vuelven

Ejemplos:

- Esta tarde no puedo ir al cine contigo, porque tengo una entrevista muy importante. 今天下午我不能陪你去电影院，因为我有一个很重要的面试。
- Mis compañeros de clase y yo jugamos al fútbol después de la clase. 我和我的同班同学们下课后一起踢足球。
- Mi padre siempre vuelve a casa muy tarde, y no me gusta. 我的爸爸总是回来很晚，我不喜欢。

II.　**Presente de indicativo: verbos irregulares hacer, conocer y salir**　不规则动词hacer、conocer和salir的陈述式现在时变位和例句

	hacer	conocer	salir
yo	ha**go**	cono**zco**	sal**go**
tú	haces	conoces	sales
él/ella/usted	hace	conoce	sale
nosotros/nosotras	hacemos	conocemos	salimos
vosotros/vosotras	hacéis	conocéis	salís
ellos/ellas/ustedes	hacen	conocen	salen

Ejemplos:

- Después de la clase, hacemos los deberes lo antes posible y luego podemos jugar al fútbol. 下课后，我们尽早写完作业，然后就可以一起去踢足球了。
- Conozco a muchos extranjeros de EEUU y de España, siempre charlamos por internet. 我认识许多美国和西班牙的外国人，我们经常在网上聊天。
- Mis abuelos salen a bailar después de la cena todos los días. 我爷爷奶奶每天晚饭后都会出去跳舞。

III. Presente de indicativo: Verbo irregulares dar, saber y poner　不规则动词dar、saber和poner陈述式现在时变位及例句

	dar	saber	poner
yo	doy	sé	pongo
tú	das	sabes	pones
él/ella/usted	da	sabe	pone
nosotros/nosotras	damos	sabemos	ponemos
vosotros/vosotras	dais	sabéis	ponéis
ellos/ellas/ustedes	dan	saben	ponen

Ejemplos:

- Mi tía da clase en una escuela de idiomas. 我姑姑在一所语言学校教书。
- ¿Sabes dónde está mi mochila nueva? No me la encuentro. 你知道我的新书包在哪里吗？我找不到了。
- La profesora pone los libros de español en la mesa. 老师把西班牙语书放在了桌子上。

IV. Presente de indicativo: Verbo irregulares decir, oír y venir　不规则动词decir、oír和venir陈述式现在时变位及例句

	decir	oír	venir
yo	digo	oigo	vengo
tú	dices	oyes	vienes
él/ella/usted	dice	oye	viene
nosotros/nosotras	decimos	oímos	venimos
vosotros/vosotras	decís	oís	venís
ellos/ellas/ustedes	dicen	oyen	vienen

Ejemplos:

- Dicen que mañana va a nevar y hace mucho frío. 据说明天要下雪，天气非常冷。
- Mi padre oye las noticias de la radio todas las mañanas. 我爸爸每天早上听广播。
- ¿El sábado por la noche, quieres venir al cine conmigo para ver la película? 周六晚上你愿意和我一起去电影院看电影吗？

V. Expresiones de frecuencia　频率的表达方式和例句

由次数多到次数少	**siempre**	Siempre me levanto a las ocho y media. 我总是八点半起床。
	casi siempre	Casi siempre no llego tarde a clase. 我上课几乎没有迟到过。
	normalmente/generalmente	Normalmente voy al cine con mis amigos. 通常我和我的朋友们一起去电影院。
	a menudo/algunas veces	A menudo salgo por la noche para hacer deporte. 我经常晚上出门做体育锻炼。
	a veces/de vez en cuando	A veces nado en el río en invierno. 我有时冬天在河里游泳。
	casi nunca (no ... casi nunca)	Casi nunca escribo cartas a mis compañeros de trabajo. 我几乎不会给我的同事写信。
	nunca (no ... nunca)	Nunca aprendo a tocar la guitarra en la escuela de música. 我从来不在音乐学校学习弹吉他。

Léxico   重点词汇

a veces		有时	A veces me gusta ir al cine sola para ver la película. 有时我喜欢自己一个人去电影院看电影。
cocinar	intr.	做饭	Mi hermana cocina muy bien. 我姐姐很会做饭。
descansar	intr.	休息	Necesito descansar unos minutos. 我需要休息几分钟。
	tr.	使得到休息	descansar los pies 使双脚得到休息 descansar la vista 使眼睛得到休息
fin de semana	m.	周末	Este fin de semana juego al baloncesto con mis amigos en el parque que está cerca de mi casa. 这个周末我和我的朋友在我家附近的一个公园里打篮球。
hacer la compra/ir de compras		采购/去逛街	Siempre hacemos la compra después de la clase. 我们总是下课后购物。 ¿Vas de compras con tu madre esta tarde? 今天下午你和你妈妈去逛街吗？
lavar	tr.	洗	Antes de cocinar, tienes que lavar las verduras. 做饭前你得先洗菜。
limpiar	tr.	清洁，打扫	Normalmente mi madre limpia la casa los domingos. 通常，我妈妈周日打扫家里的卫生。
llegar a		到达	Llego a Beijing a las dos de la tarde. 我下午两点到达北京。
montar a		骑	Me gusta montar a caballo en la césped grande. 我喜欢在大草原上骑马。
pasear	intr.	散步	A mis abuelos les gusta pasear después de la cena. 我的爷爷奶奶喜欢晚饭后出去散步。
tirar	tr.	扔	Tenemos que tirar las basuras al cubo de la basura. 我们应该把垃圾扔到垃圾箱里。

Lectura   短文阅读

Este fin de semana mis padres y yo no viajamos ni visitamos a mis abuelos, quedamos en casa para descansar y limpiar. El sábado por la mañana limpio la casa con mi padre, y mi madre hace la compra en el supermercado. Al mediodía, mi madre va a preparar la comida. Primero, lava las verduras y corta el carne, después, hace la comida rápidamente. Ella cocina muy bien. Por la noche, después de la cena paseamos fuera. El domingo, seguimos en casa. Jugamos a las cartas, leemos los libros, y vemos la película etc. Este fin de semana 10 pasamos tranquilamente, pero nos sentimos muy felices.

Lección 13   El trabajo

Gramática   重点语法

I.   Preposiciones II: de y a   前置词的用法（二）：de和a的用法及例句

	Usos	Ejemplos
	表示所属关系	El libro de Antonio está en el sofá. 安东尼奥的书在沙发上。

	表示材质，原料	La camisa de seda es muy cara, pero es muy bonita. 丝绸的衬衣很贵，但是很漂亮。
de	表示来源，地点（来自…的，从）	Mi vecino es de Argentina. 我邻居来自阿根廷。
	表示内容	A las nueve menos veinte es la clase de español. 八点四十是西班牙语课。
	表示修饰和限定关系	Vivo en un chalé de dos plantas con mis hermanos, está lejos del centro de la ciudad. 我和我的兄弟们一起住在一幢两层的别墅里，它离市中心很远。

Observaciones:

前置词de与阳性定冠词单数el连用时，必须缩合成**del**。

- Sus amigos vienen **del** noroeste de España. 他的朋友们来自西班牙的西北部。

	Usos	Ejemplos
	表示时间（在…时刻）	Me levanto a las seis y media normalmente. 我通常六点半起床。
	表示目的（运动方向，到）	Este fin de semana vamos a viajar en avión. 这周末我们坐飞机去旅行。
a	表示方位及目的地（在，离…多远）	Te espero a la salida de la clase. 我在教室门口等你。
	表示方式	Vamos a pie. 我们步行去。
	表示命令	¡A trabajar! 干活去！
	用于间接宾语及指人的直接宾语之前	Escribo una carta a Elisa. 我给埃莉莎写一封信。 Conozco a su novia. 我认识他的女朋友。

Observaciones:

前置词a与阳性定冠词单数el连用时，必须缩合成**al**。

- La profesora está enseñando las palabras nuevas **al** alumno. 老师正在教学生新单词。

II. Preposiciones III: por y para 前置词的用法（三）：por和para的用法及例句

	Usos	Ejemplos
	表示原因	Hoy no puedo ir a clase por el fuerte dolor de cabeza. 我今天头疼得厉害不能去上课。
por	表示方式，途径	Voy a enviarte un regalo por correo. 我要给你邮寄一份礼物。
	表示一天的某个时候	Mi hermano siempre juega al fútbol por la tarde. 我哥哥总是下午踢足球。
	表示大概的地点或活动范围	La tienda de Zara está por el centro de la ciudad. Zara店在城市的中心。
	表示目的	Mi abuela me da un libro para leer. 我的奶奶给我一本书让我读。
para	表示对于…来说	Para mí esta pregunta es muy difícil. 对我来说，这个问题太困难了。
	表示未来时间	Me voy para unos meses. 我要离开几个月。
	表示方向	Mañana salgo para Madrid. 明天我去马德里。

III. Preposiciones IV: en, desde y hasta　前置词的用法（四）：en、desde和hasta的用法及例句

	Usos	Ejemplos
desde	表示时间（从…起）	Desde el año pasado no trabajo. 我从去年就不工作了。
	表示地点（从，自）	Desde la casa de Linda vuelvo en moto. 我是从琳达家开摩托车回来的。
hasta	表示时间（到…，直到）	Mi padre no vuelve hasta las diez de la noche. 我爸爸直到晚上十点才回来。 Le esperaré hasta las seis. 我会等到您6点。
	表示地点（到，达）	Llegaré hasta donde tú estás. 我会到达你所在的地方。
	甚至	Es tan fácil que hasta él pudo hacerlo. 这太容易了，就连他也会做。
en	表示交通方式	Me gusta ir a la escuela en bicicleta. 我喜欢骑自行车去学校。
	表示时间	En verano, siempre voy a nadar. 夏天，我总是去游泳。
	表示地点	Mis compañeros de clase y yo estudiamos en mi casa. 我和我的同学在我家学习。

IV. Medios de transporte　交通工具

Observaciones:

➢ en + transportes 表示乘坐某种交通工具，例如：
en metro 地铁 / tren 火车 / taxi 出租车 / avión 飞机 / autobús 公共汽车 / moto 摩托车
- ¿Cómo vas a la tienda? 你怎么去商店？
- ▲ En autobús. 坐公共汽车去。
- Voy al cine en taxi con mi novio. 我乘坐出租车和我男朋友一起去电影院。
- Vuelvo a casa en bicicleta. 我骑自行车回家。
- Me gusta mucho andar todos los días. 我非常喜欢每天走路。

➢ tomar / coger + 冠词 + 交通工具
- Hoy no puedes coger la moto a la universidad, porque está rota. 今天你不能骑摩托车去大学，因为它坏了。
- Puedes tomar la línea 5 del metro para ir al museo de la ciudad. 你可以乘坐五号地铁去城市博物馆。

V. Interrogativos: qué, quién, cómo, cuánto, dónde y cuándo　疑问词qué、quién、cómo、cuánto、dónde和cuándo的用法及例句

	Usos	Ejemplos
qué	用作疑问形容词，无性数变化	¿Qué hora es? 几点了？
	用作疑问代词，只能指代事或物	¿Qué es esto? 这个是什么？
quién	只能指人，有复数形式 quiénes	¿Quién es esta chica? 这个女孩是谁？ ¿Quiénes son estos jóvenes? 这些年轻人是谁？
cómo	表示方式的疑问副词	¿Cómo está la hija de Susana? 苏珊娜的女儿怎么样了？
cuánto	用作疑问代词，有性数变化	¿A cuántos estamos hoy? 今天是几月几号？
	用作疑问形容词，有性数变化	¿Cuántas revistas hay en la estantería? 书架上有多少本杂志？
dónde	表示地点的疑问副词	¿Dónde está la casa de tu amiga? 你朋友的家在哪里？
	有时可以带前置词使用	¿De dónde son los funcionarios? 那些公务员来自哪里？
cuándo	表示时间的疑问副词，等同于 en qué tiempo	¿Cuándo tus padres llegan al aeropuerto? 你的父母什么时候到达机场？

VI. Expresiones de frecuencia   频率的表达方式和例句

Expresiones			Significas	Ejemplos
cada día/lunes .../ mes/año/semana			每天/每周一…/每月/每年/每周	**Cada semana** escribo un e-mail a mi buena amiga. 我每周给我的好朋友写一封邮件。
una vez/ dos, tres … veces	**al a la por**	día semana mes año	每天、每星期、每月、每年一次/两次/三次…	Esta pastilla de medicina tengo que tomarla **tres veces al día.** 这个药片我每天得吃三次。
cada dos/tres … días/ semanas/meses/años			每两、三…天/星期/月/年	**Cada tres días** hago ejercicios en el club gimnasio. 我每三天去一次健身俱乐房。

Léxico 重点词汇

andar	intr.	走，步行	A mi madre le gusta andar un par de horas diarias. 我妈妈喜欢每天步行两小时。
atender	tr. intr.	照顾	El hijo de Ana siempre atiende a su abuela en casa. 安娜的儿子在家总会照顾他的奶奶。
coger	tr.	1. 乘坐	Cogemos el avión para viajar. 我们乘坐飞机旅行。
	tr.	2. 拿，取	Julio coge una manzana desde los manos de su madre. 胡里奥从他妈妈的手里拿了一个苹果。
conducir	tr.	驾驶	Conduce su nuevo coche al garaje. 她把她的新车开到车库。
cortar	tr.	剪，切	No le gusta cortar el pelo en la peluquería. 他不喜欢在理发店剪头发。 Mi madre corta los tomates con el cuchillo de cocina. 我妈妈用菜刀切西红柿。
dar	tr.	1. 教课，讲授	La profesora da una clase de español interesante a los alumnos. 老师给学生们上了一堂很有意思的西班牙语课。
	tr.	2. 给予，送	Te doy un vaso de agua. 我给了妈妈一杯水。
en + (transporte)	prep.	乘坐（交通工具）	Hoy voy al supermercado con mi madre en autobús. 今天我和我的妈妈乘公共汽车去超市。
enviar	tr.	寄，派	Cada mes le envía un ramo de rosas a su novia. 他每月给他的女朋友寄一束玫瑰花。
ganar	tr.	1. 赢	Mi amigo gana un partido de baloncesto. 我朋友赢了一场篮球赛。
	tr.	2. 挣（钱）	Gano tres mil yuanes al mes. 我每月挣三千块钱。
tardar	intr.	花费、费时	¿Cuánto tarda el avión de Beijing a España? 飞机从北京到西班牙要多长时间？
tocar	tr.	1. 弹奏	Me gusta tocar el piano. 我喜欢弹钢琴。
	tr.	2. 触摸	No me tocas con tu mano sucia. 别用你的脏手碰我。
venir	intr.	来	¿Tu novia va a venir esta noche? 你女朋友今晚来吗？

Lectura 短文阅读

Soy una profesora de chino. Enseño chino a las personas que prefieren el chino. Entre semana, trabajo en un colegio secundario. La mayoría de los alumnos son extranjeros, y les gusta estudiar chino. Los caracteres chinos para ellos son muchos dibujitos, los escriben como dibujar y les encanta hacerlo. Normalmente, hay una clase de chino por día, a veces dos o tres clases, porque hay que estudiar no sólo escribir, sino también hablar, conocer culturas de China y unas canciones típicas de este país … Por la mañana, empezamos a las ocho y media, y tengo que salir de casa a las siete y media. Después tomo el autobús al colegio. Fin de semana, tengo unas clases también, pero en otro lugar. Enseño chino a un grupo de adultos en una oficina grade. Ellos necesitan un nivel alto de chino, porque tienen que trabajar en China. Este es mi trabajo, aunque siempre tengo muchas clases y siempre estoy muy ocupada, me siento muy contenta. Me gusta mi profesión.

Lección 14　¿Sabes nadar?

Gramática　重点语法

I.　Saber — conocer　动词saber和conocer的陈述式现在时变位和辨析

	saber	conocer
yo	sé	conozco
tú	sabes	conoces
él/ella/usted	sabe	conoce
nosotros/nosotras	sabemos	conocemos
vosotros/vosotras	sabéis	conocéis
ellos/ellas/ustedes	saben	conocen
词义辨析	会，知道	认识，了解
Usos	➢ saber + 动词、名词 ➢ saber + 技能，信息，资料等	➢ conocer + 名词 ➢ conocer + 人物，地点，物品等
Ejemplos	• … María sabe inglés y un poco de español. 玛利亚会英语和一点西班牙语。 • ¿Sabes conducir? 你会开车吗？	• Conozco a Julio, es un chico amable. 我认识胡里奥，他是个可爱的男孩。 • ¿Conoces España? 你了解西班牙吗？

II.　Expresiones de opiniones　意见的表达方法

Expresiones	Usos	Ejemplos
询问别人的意见	• ¿Qué te parece? • ¿Qué crees/piensas/opinas?	■ ¿Qué crees que nos vamos al cine por la tarde? 你觉得我们今天下去去看电影怎么样？ ▲ ¡Qué bien! 太好了！
表达自己的意见	• Yo creo/pienso/opino que … • Para mí … • En mi opinión … • A mí me parece que …	En mi opinión tienes que terminar los trabajos antes de las ocho de la noche. 我的意见是你应该在晚上八点前完成工作。

III.　Bien; mal; regular; así, así　表示程度的词：bien; mal; regular; así, así

Observaciones:
➢ 动词 + bien; mal; regular; así, así。
➢ 按照从好到差的顺序依次为bien; regular; así, así; mal。
➢ Bien和mal经常与程度副词muy和bastante连用。

Ejemplos:

- ¿Conduces bien? 你驾驶技术好吗？
- ▲ Sí, conduzco bastante bien, ¿y tú? 挺好的，你呢？
- Regular. 我一般。

Léxico 重点词汇

cantar	tr. intr.	唱歌	cantar una canción 唱一支歌
conocer	tr.	熟悉，了解	Conozco a Juan, pero no trato con él. 我认识胡安，但是和他没有来往。
de acuerdo		同意，好的	■ ¿Viajamos por España este verano? 今年夏天我们去西班牙旅游好吗？ ▲ De acuerdo. 好的。
de memoria		背诵	Tienes que aprender de memoria el texto. 你得把课文背下来。
difícil	adj.	难的	No es un problema difícil de resolver. 这个问题不难解决。
fácil	adj.	容易的	Es un trabajo fácil para ti. 对你来说这份工作很容易。
nadar	intr.	游泳	Me gusta mucho nadar. 我非常喜欢游泳。
pintar	tr. intr.	画	Mi hija me pinta un paisaje. 我女儿给我画了一张风景画。
practicar	tr.	操练	Todos los días mi hermanita practica el piano antes de cenar. 每天晚饭前我的小妹妹都要练习弹钢琴。
profesional	adj.	职业的	enfermedad profesional 职业病
regular	tr.	一般的，规律的	Todos tenemos que llevar una vida regular. 我们都应该有规律地生活。
saber	tr.	知道，会	¿Sabes español? 你会西班牙语吗？ Ya sé lo ocurrido. 我已经知道了发生的事情。

Lectura 短文阅读

Creo que en España hay muchos días festivos y me gustan mucho. En cada región hay fiestas diferentes. Pero seguro que eso no es bueno para el rendimiento de los chicos en el colegio. No entiendo cómo se puede estudiar como día festivo un miércoles. La semana de cinco días se convierte en una semana de tres y los alumnos pierden el ritmo de estudio.

Lección opcional   ¿Qué hiciste ayer?

Gramática 重点语法

I.   **Pretérito indefinido — Verbos regulares   简单过去时——规则动词**

	hablar	comer	salir
yo	hablé	comí	salí
tú	hablaste	comiste	saliste
él/ella/usted	habló	comió	salió

nosotros/nosotras	habl**amos**	com**imos**	sal**imos**
vosotros/vosotras	habl**asteis**	com**isteis**	sal**isteis**
ellos/ellas/ustedes	habl**aron**	com**ieron**	sal**ieron**

Observaciones:

➢ 简单过去时表示在说话之前已经发生了的行为或现象等，且这一行为或现象与目前不相干。

➢ 简单过去时用来表示在过去某个时候接连完成的若干动作或发生的现象。

Ejemplos:

- Llovió mucho aquel día. 那天下了场大雨。
- Entró en el cuarto, encendió la luz, cogió un periódico, se echó en la cama y empezó a leerlo. 他走进房间，打开灯，拿起一份报纸，躺在床上读了起来。
- Ayer comí demasiado. 昨天我吃得太多了。

II. Pretérito indefinido — Verbos irregulares   简单过去时——不规则动词

人称	yo	tú	él/ella/ usted	nosotros/ nosotras	vosotros/ vosotras	ellos/ellas/ ustedes
词尾	**-e**	**-iste**	**-o**	**-imos**	**-isteis**	**-ieron**
tener	tuve	tuviste	tuvo	tuvimos	tuvisteis	tuvieron
estar	estuve	estuviste	estuvo	estuvimos	estuvisteis	estuvieron
poder	pude	pudiste	pudo	pudimos	pudisteis	pudieron
poner	puse	pusiste	puso	pusimos	pusisteis	pusieron
saber	supe	supiste	supo	supimos	supisteis	supieron
andar	anduve	anduviste	anduvo	anduvi-mos	anduvis-teis	anduvie-ron
hacer	hice	hiciste	hi**z**o	hicimos	hicisteis	hicieron
querer	quise	quisiste	quiso	quisimos	quisisteis	quisieron
venir	vine	viniste	vino	vinimos	vinisteis	vinieron
词尾	**-e**	**-iste**	**-o**	**-imos**	**-isteis**	**-eron**
decir	dije	dijiste	dijo	dijimos	dijisteis	dijeron
traer	traje	trajiste	trajo	trajimos	trajisteis	trajeron
词尾	**-í**	**-iste**	**-o**	**-imos**	**-isteis**	**-eron**
caer	caí	caíste	cayó	caímos	caísteis	cayeron
oir	oí	oíste	oyó	oímos	oísteis	oyeron
其他						
ser/ir	fui	fuiste	fue	fuimos	fuisteis	fueron
ver	vi	viste	vio	vimos	visteis	vieron
dar	di	diste	dio	dimos	disteis	dieron

Ejemplos:

- Cuando vi el fuego y el humo, me puse muy nervioso y no supe qué hacer. 当我看到火和烟的时候，我非常紧张，不知道该做什么。
- El partido de fútbol de ayer fue aburrido. No metieron ningún gol. 昨天的足球赛非常无聊，一个球也没进。

Léxico 重点词汇

contestar	intr. tr.	回答	Te llamé por teléfono a tu casa ayer pero no contestó nadie. 昨天我给你家打电话了，但是没人接。
quedarse	prnl.	留在	Sólo quiero quedarme en casa. 我只想待在家里。 Si le gusta este libro, quédese con ella. 如果您喜欢这本书，就留下吧。
saludar	tr.	问候	Saluda de mí a tu padre. 请代我问候你的父亲。
utilizar	tr.	使用	Esta máquina no la utiliza nadie. 这台机器没人使用。

Lectura 短文阅读

La semana pasada viajé a Andalucía. Salí el sábado del aeropuerto de Barajas a las 9.00 y a las 10.15 llegué a Sevilla. Estuve dos días y caminé por el centro, conocí la Judería, el barrio de Triana e hice muchas fotografías a la Giralda. Al día siguiente fui a Córdoba y vi La Mezquita. ¡Me encantó mucho!

Repaso 3 Lecciones 11-12-13-14-opcional

Expresión e interacción orales 口头表达

Tarea 1 Presentación personal

Debe hacer una presentación personal durante 1 ó 2 minutos. Puede hablar sobre los siguientes temas. (Le damos algunas posibles preguntas)

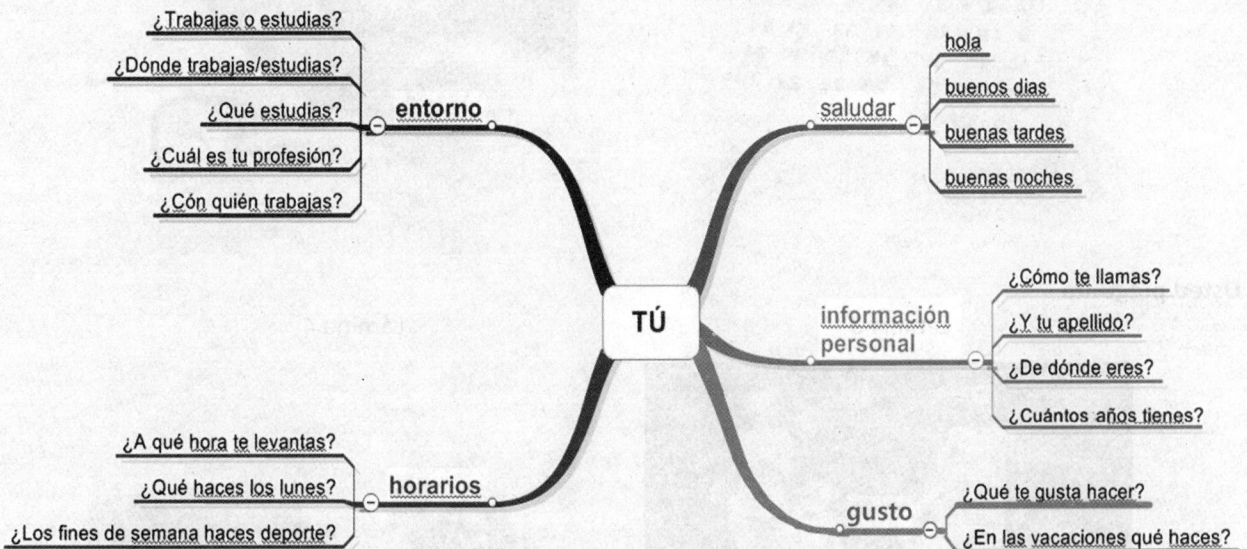

Tarea 2 Exposición de un tema

Usted debe seleccionar tres de las cinco opciones y hablar sobre ellas durante 2 ó 3 minutos. Le recomendamos revisar la gramática y el vocabulario sugerido en cada unidad.

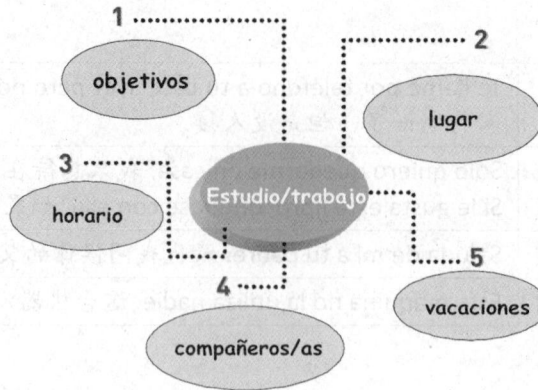

Tarea 3 Conversación con su profesor/ra

Usted tendrá una conversación con su profesor/ra sobre su presentación (ver preguntas en tarea 1) y sobre su exposición del tema. La conversación dura 3 minutos aproximadamente.

Tarea 4 Diálogos basados en láminas

Usted mantendrá un diálogo con su profesor/ra durante 2 ó 3 minutos sobre las siguientes imágenes.

El profesor / La profesora pregunta

Lámina 1

Lámina 2

Usted pregunta

Lámina 3

Lámina 4

Transcripciones 听力原文

Lección preparatoria 1 Saludos y presentaciones

1_01: actividad 1a.
● ¡Hola! ¿Cómo te llamas?
○ (Me llamo) Sara. ¿Y tú?
● (Yo me llamo) Carlos.

1_02: actividad 1b.
● ¡Hola! ¿Cómo te llamas?
○ (Me llamo) Sara. ¿Y tú?
● (Yo me llamo) Carlos.

1_03: actividad 3a.
a, b, c, ch, d, e, f, g, h, i, j, k, l, ll, m, n, ñ, o, p, q, r, s, t, u, v, w, x, y, z

1_04: actividad 3b.
a, b, c, ch, d, e, f, g, h, i, j, k, l, ll, m, n, ñ, o, p, q, r, s, t, u, v, w, x, y, z

1_05: actividad 4. Fonética.
e, z, v, q, x, h, j

1_06: actividad 5.
p, a, c, o; l, u, i, s, a; p, a, b, l, o; f, é, l, i, x; m, a, n, u, e, l, a; j, u, a, n, j, o; g, e, m, a

1_07: actividad 8b.
● ¿Cómo se escribe?
● No entiendo. ¿Puedes repetir, por favor?
● ¿Está bien así?
● No.
● Sí.

1_08: actividad 10.
A.
● ¿Cómo te apellidas?
○ García.
● ¿Cómo se escribe?
○ G-a-r-c-í-a.
B.
● ¿Cómo se escribe tu apellido?
○ R-o-m-e-r-o.
C.
● ¿Cómo se escribe tu apellido?
○ R-o-d-r-í-g-u-e-z.
D.
● ¿Cómo te apellidas?
○ Sánchez.
● ¿Cómo se escribe?
○ S-á-n-c-h-e-z.
E.
● ¿Cómo te llamas?
○ Luis.
● ¿Y de apellido?
○ Ruiz.

● ¿Cómo se escribe?
○ R-u-i-z.
F.
● ¿Cómo te apellidas?
○ Hernández.
● ¿Cómo se escribe?
○ H-e-r-n-á-n-d-e-z.

1_09: actividad 12a.
A. Lee.
B. Pregunta a tu compañero.
C. Escribe.
D. Escucha.
E. Marca.
F. Mira.
G. Habla con tu compañera.

1_10: actividad 12b.
A. Lee.
B. Pregunta a tu compañera cómo se llama.
C. Escribe tu nombre.
D. Escucha a la profesora.
E. Marca la letra *ñ*.
F. Mira el dibujo.
G. Habla con tu compañero.

1_11: actividad 12c.
1. Habla con tu compañero.
2. Lee la actividad ocho.
3. Escucha a tu compañero.
4. Mira la página ocho.
5. Escribe tu nombre.

1_12: actividad 1c.
Bar, teléfono, restaurante, cine, chocolate, hotel, tango, aeropuerto, salsa, tomate.

1_13: actividad 1c.
d, i, k, u, l, c, n, p, a, y, g, ll, o, b, e, v, x, h, j, t, s, w, f, z, r, m, ch, q, ñ

Lección preparatoria 2 Origen y procedencia

1_14: actividad 2b. Fonética.
Japón, Portugal, Canadá, Argentina, Italia, Suiza, Suecia, Egipto, Inglaterra, Francia, Holanda, España, Alemania, Estados Unidos, Australia, Corea del Sur, Rusia, Marruecos, México.

1_15: actividad 9b.
● ¿Qué lenguas hablas?
○ (Hablo) Español y francés. ¿Y tú?
● (Yo hablo) Español, inglés y alemán.

1_16: actividad 11b.
● ¿Cómo se dice «nice» en español?

- No sé.
- Más despacio, por favor.
- Más alto, por favor.

1_17: actividad 12.
- ¿Cómo se dice «buenas tardes» en inglés?
- ¿Cómo se dice «buenas tardes» en inglés?
- ¿Cómo se dice «buenas tardes» en inglés?
- ¿Cómo se dice «gracias» en francés?
- ¿Cómo se dice «gracias» en francés?
- ¿Cómo se dice «gracias» en francés?
- ¿Cómo se dice «adiós» en italiano?
- ¿Cómo se dice «adiós» en italiano?
- ¿Cómo se dice «adiós» en italiano?

1_18: actividad 14a.
Cero, uno, dos, tres, cuatro, cinco, seis, siete, ocho, nueve, diez, once, doce, trece, catorce, quince, dieciséis, diecisiete, dieciocho, diecinueve, veinte.

1_19: actividad 14b.
Cero, uno, dos, tres, cuatro, cinco, seis, siete, ocho, nueve, diez, once, doce, trece, catorce, quince, dieciséis, diecisiete, dieciocho, diecinueve, veinte.

1_20: actividad 15b.
Tres, dieciséis, nueve, catorce, siete, dos, quince, cero, once, diecinueve, cinco, doce, uno, cuatro, dieciocho, veinte, seis, diecisiete, trece, ocho, diez.

Lección 3 Información personal

1_21: actividad 4a.
- ¿Qué haces? ¿Estudias o trabajas?
- Soy médico. Trabajo en un hospital. ¿Y tú?
- Yo soy estudiante.
- ¿Qué estudias?
- Medicina.

1_22: actividad 4b.
- ¿Qué haces? ¿Estudias o trabajas?
- Soy médico. Trabajo en un hospital. ¿Y tú?
- Yo soy estudiante.
- ¿Qué estudias?
- Medicina.

1_23: actividad 7a.
Veinte, treinta, cuarenta, cincuenta, sesenta, setenta, ochenta, noventa, cien.

1_24: actividad 7b.
Veintiuno, veintidós, treinta y uno, treinta y dos, cuarenta y uno, cuarenta y dos, cincuenta y uno, cincuenta y dos, sesenta y uno, sesenta y dos, setenta y uno, setenta y dos, ochenta y uno, ochenta y dos, noventa y uno, noventa y dos.

1_25: actividad 8.
A. • ¿Cuánto duran las clases?
   o Cincuenta minutos.
B. • El código de teléfono de Suiza, por favor?
   o Cuarenta y uno.
C. • ¿Tienes hora?
   o Sí, las doce.
D. • ¿Cuál es mi clase?

o La número trece.
E. • ¿El prefijo de Madrid?
   o El noventa y uno.
F. • ¿Cuántos años tiene tu padre?
   o Sesenta y siete.
G. • ¿Cuál es tu dirección?
   o Calle Bogotá, ochenta, segundo A.
H. • ¿Toledo está muy lejos de aquí?
   o No, a sesenta kilómetros.

1_26: actividad 11a. Fonética
- ¿Dónde vives?
o (Vivo) En la calle de la Libertad.
- ¿En qué número?
o En el 25. Y tú, ¿dónde vives?
- En la calle Galileo, número 40.

1_27: actividad 11b.
- ¿Dónde vives?
o (Vivo) En la calle de la Libertad.
- ¿En qué número?
o En el 25. Y tú, ¿dónde vives?
- En la calle Galileo, número 40.

1_28: actividad 12b.
1.
- Información, buenos días.
o Buenos días. ¿Me puede dar el número del Bar México, por favor?
- Bar México. Sí, apunte por favor. Nueve uno, tres veintiséis, diecinueve, noventa y ocho.
o Gracias.
2.
- Recepción, ¿dígame?
o ¿Me podría decir el número de teléfono del Restaurante Mediterráneo, por favor?
- Sí, un momento. Tome nota, por favor. Nueve uno, cinco cincuenta y nueve, setenta y uno, sesenta y cuatro.
o Gracias.
3.
- Recepción, ¿dígame?
o Por favor, ¿me puede dar el teléfono del Hotel Internacional?
- Sí, como no. Apunte, por favor. Nueve uno, cinco treinta y nueve, cuarenta y seis, veinte.
o Muchas gracias.
4.
- Información telefónica, buenas tardes.
o Por favor, ¿me podría decir el teléfono del Cine Central?
- Un momento, por favor. Cine Central. Tome nota, por favor.
   Nueve uno, siete veintiséis, quince, doce.
o Gracias.

1_29: actividad 12c.
1.
- Recepción, ¿dígame?
o Oiga, ¿me puede dar el teléfono del aeropuerto, por favor?
- Noventa y uno, dos, cero, cinco, ochenta y tres, cuarenta y tres.

2.
● Recepción, buenos días.
○ ¿Me puede decir el teléfono de la estación de autobuses, por favor?
● Noventa y seis, cuatro, sesenta y ocho, cuarenta y dos, cero, cero.
3.
● Información.
○ Buenos días. ¿Me podría decir el teléfono de Luis Martínez, en el número 20 de la calle Perú?
● ¿El segundo apellido?
○ Castro.
● Tome nota: noventa y tres, dos, cincuenta y seis, veinticinco, dieciocho.
4.
● Información, buenas tardes.
○ ¿Me puede dar el número del hospital Ramón y Cajal, por favor?
● Un momento. Tome nota: noventa y uno, tres, treinta y seis, ochenta, cero, cero.
○ Muchas gracias. Adiós.
● De nada. Adiós.

1_30: actividad 15a.
1.
● ¿Qué (número de) teléfono tienes?
○ El nueve, seis, cuatro, dos, ocho, cuatro, uno, cuatro, seis. ¿Y tú?
● Es un móvil: el seis, seis, nueve, veinte, setenta y ocho, treinta y cinco.
2.
● ¿Tienes fax?
○ No, pero tengo correo electrónico.
● ¿Y cuál es tu dirección?
○ jota, ele, medina, arroba, hispánica, punto, es.

1_31: actividad 15b.
1.
● ¿Qué (número de) teléfono tienes?
○ El nueve, seis, cuatro, dos, ocho, cuatro, uno, cuatro, seis. ¿Y tú?
● Es un móvil: el seis, seis, nueve, veinte, setenta y ocho, treinta y cinco.
2.
● ¿Tienes fax?
○ No, pero tengo correo electrónico.
● ¿Y cuál es tu dirección?
○ jota, ele, medina, arroba, hispánica, punto, es.

1_32: actividad 16.
Miguel: Sí, ¿dígame?
Secretaria: Buenos días. ¿Está Miguel Ruiz?
Miguel: Sí, soy yo.
Secretaria: Mira, te llamo del Centro de Estudios Fotográficos.Es que necesitamos algunos datos tuyos, y como no puedes venir…
Miguel: ¡Ah! Vale…
Secretaria: ¿Tu segundo apellido?
Miguel: López.

Secretaria: ¿Nacionalidad?
Miguel: Español.
Secretaria: ¿Profesión?
Miguel: Estudiante.
Secretaria: ¿Tu dirección?
Miguel: Calle Colonia, número 20, ático A.
Secretaria: En Madrid.
Miguel: Sí.
Secretaria: ¿Y el código postal?
Miguel: El veintiocho, cero, diecisiete.
Secretaria: El teléfono de tu casa ya lo tenemos, pero… ¿tienes teléfono móvil?
Miguel: No, no tengo.
Secretaria: Bien, y… dirección de correo electrónico?
Miguel: Sí, sí tengo: mruiz@ole.es.
Secretaria: Bien, es todo. Muchas gracias.
Miguel: De nada. Hasta el día quince.
Secretaria: Adiós.

Lección 4 ¿Tú o usted?
1_33: actividad 2.
1.
● Buenos días, señora López. ¿Qué tal está?
○ Muy bien, gracias. ¿Y usted?
● Bien también. Mire, le presento a la señorita Molina, la nueva secretaria. La señora López.
● Encantada.
■ Mucho gusto.
2.
● ¡Hola, Isabel! ¿Qué tal estás?
○ Bien. ¿Y tú?
● Muy bien.
○ Mira, este es Alberto, un amigo mío. Y esta es Ana, una compañera de trabajo.
● ¿Hola! ¿Qué tal?
■ ¡Hola!

1_34: actividad 4b.
A.
● ¿El señor Cortés, por favor? Soy Antonio Gallego de SDE.
○ Un momento, por favor.
B.
● Hola, buenos días, señor Sánchez.
○ Buenos días señora Durán.
C.
● Adiós, señorita Rubio.
○ Hasta mañana, señor Costa.
D.
● ¿Es usted la señorita Plaza?
○ Sí, soy yo.

1_35: actividad 9.
1.
● Usted es mexicano, ¿verdad?
○ No, argentino.
2.
● Hasta mañana, señor Díaz.
○ Adiós, señorita Montero.

3.
- Yo a ti te conozco... ¡hombre, tú eres Nacho Soto!
○ ¡Y tú Blanca González!

4.
- Trabajas en un banco, ¿no?
○ ¡No, no. En una agencia de viajes.

5.
- ¿Y qué estudia?
○ Medicina.

1_36: actividad 12b. Fonética.
Rosa, perro, Roma, corre, Enrique, alrededor.

Lección 5 Mi familia

1_37: actividad 5.
A ver si adivináis quién soy. Es muy fácil. Mirad, mi padre se llama Antonio, y mi madre, Lucía. Tengo un hermano, Ángel, y una hermana. También tengo un sobrino muy gracioso y una sobrina preciosa. ¡Ah!... se me olvidaba: mi hermana está casada con Diego y se llama Carmen. ¿Sabéis ya quién soy?

1_38: actividad 6.
Encuestadora: ¿Estás casado?
Ramón: Sí.
Encuestadora: ¿A qué te dedicas?
Ramón: Soy ingeniero.
Encuestadora: ¿Y tu mujer?
Ramón: Es azafata.
Encuestadora: ¿Tenéis hijos?
Ramón: Sí, tenemos una hija.
Encuestadora: ¿Cuántos años tiene?
Ramón: Tres.
Encuestadora: ¿Tienes hermanos?
Ramón: Un hermano y una hermana.
Encuestadora: ¿Y a qué se dedican?
Ramón: Estudian periodismo las dos.
Encuestadora: ¿Y tus padres?
Ramón: Mi padre es abogado, y mi madre, enfermera.
Encuestadora: Muchas gracias.

1_39: actividad 7b. Fonética.
1. ¿A qué te dedicas?
2. ¿Y tu mujer?
3. ¿Tenéis hijos?
4. Tenemos una hija.
5. ¿Cuántos años tiene tu hija?
6. ¿Tienes hermanos?

1_40: actividad 9.
- Oye, perdona. ¿Tienes un momento?
○ Si es rápido...
- Mira, es que estamos haciendo una encuesta sobre la familia española. ¿Podría hacerte unas preguntas?
○ Sí, sí. Dime.
- Mira, ¿estás casada?
○ Sí.
- ¿Y tienes hijos?
○ Sí, una hija de dos años.
- ¿Trabajas fuera de casa?
○ Sí, soy maestra.
- ¿Y tu marido?
○ Es profesor de inglés en un instituto.
- A ver... ¿Tienes hermanos?
○ Sí, dos hermanas.
- ¿Y a qué se dedican?
○ La mayor es enfermera, y la pequeña, médica.
- ¿Y tus padres?
○ Mi padre está jubilado y mi madre es ama de casa.
- Bien, pues eso es todo. Muchas gracias por tu colaboración.
○ De nada. Adiós.
- Adiós.

1_41: actividad 14b.
- ¡Pero, bueno! ¿Y no ha dicho nada?
○ «Adiós», es lo único que ha dicho.
- Y la señora, ¿estaba enfadada... o triste... o algo...?
○ No, no. Al contrario, estaba muy contenta.
- Y ese hombre, ¿lo conoce usted? ¿Lo ha visto alguna vez?
○ Nunca, señor...
- Y, bueno, ¿cómo es? ¿Qué aspecto tiene?
○ Pues... muy alto, rubio, de pelo liso... ojos azules...
- ¿Es joven?
○ Tendrá pues unos cuarenta años...
- ¡Siga!, ¡siga!
○ ... delgado... muy guapo... lleva bigote...
- ¿Lleva el pelo largo?
○ Sí, sí, muy largo...
- ¡No... no, no! ¡Imposible!... ¡No puede ser uno de mis guardaespaldas!

Repaso 1

1_42: actividad 1b.
- Esta mañana he leído una noticia que me ha llamado mucho la atención.
○ ¿Qué decía?
- Se trataba de un empresario que solo da trabajo a jóvenes que buscan su primer empleo, a mayores de cincuenta años y... ahora no me acuerdo... ¡Ah, sí! A padres y madres de familia de más de cuatro hijos.
○ ¡Huy! ¡Qué raro!... ¿Es español?
- No, es un uruguayo que vive en Valencia.
○ ¿Y de qué es la empresa?
- Es una fábrica de bicicletas.
○ ¿De qué marca?
- No sé. No decían la marca. ¡Ah!, y aún hay otra cosa: a todos los que dejan de fumar les suben el sueldo.
○ ¿Y a los que no han fumado nunca, qué?
- De eso no decía nada.

1_43: actividad 2b.
- Sí, ¿dígame?
○ Buenas tardes.
- Buenas tardes. ¿Cómo se llama?
○ José.
- ¿Y de dónde es, José?
○ De Madrid.
- Bien, ya sabe que el programa de hoy es sobre la edad...

o Sí.

● Así que estoy obligada a hacerle una pregunta…

o Pues usted dirá.

● ¿Cuántos años tiene?

o Cuarenta y nueve.

● Bueno, ahora vamos a ver si acierta y puede pasar unos días en París completamente gratis. ¿Preparado?

o Sí, sí.

● ¿Cuántos años tiene Julio?

o Sesenta y siete porque tiene ocho más que Elena y Elena tiene… cincuenta y nueve.

● ¿Y Carmen?

o Setenta y uno.

● ¡Muy bien, José! Acaba de ganar un viaje para dos personas. ¡Enhorabuena!

o Gracias. Muchas gracias…

● Y dígame, ¿sabe ya con quién va a ir?

o Si, claro. Con mi mujer.

1_44: actividad 2c.

● Sí, ¿dígame?

o Buenas tardes.

● Buenas tardes. ¿Cómo se llama?

o José.

● ¿Y de dónde es, José?

o De Madrid.

● Bien, ya sabe que el programa de hoy es sobre la edad…

o Sí.

● Así que estoy obligada a hacerle una pregunta…

o Pues usted dirá.

● ¿Cuántos años tiene?

o Cuarenta y nueve.

● Bueno, ahora vamos a ver si acierta y puede pasar unos días en París completamente gratis. ¿Preparado?

o Sí, sí.

● ¿Cuántos años tiene Julio?

o Sesenta y siete porque tiene ocho más que Elena y Elena tiene… cincuenta y nueve.

● ¿Y Carmen?

o Setenta y uno.

● ¡Muy bien, José! Acaba de ganar un viaje para dos personas. ¡Enhorabuena!

o Gracias. Muchas gracias…

● Y dígame, ¿sabe ya con quién va a ir?

o Si, claro. Con mi mujer.

Lección 6 Objetos

1_45: actividad 3a. Fonética.

Ordenador, mesa, sobres, libros, silla, periódico, sellos, bolso, agenda, llaves, cuaderno, postal, diccionario, bolígrafos, lámpara, mapa, cartas, goma, hoja, móvil.

1_46: actividad 3b.

Dos sílabas: Mesa, sobres, libros, silla, sellos, bolso, llaves, postal, mapa, cartas, goma, hoja, móvil.

Tres sílabas: Agenda, cuaderno, lámpara.

Cuatro sílabas: Ordenador, periódico, diccionario, bolígrafos.

1_47: actividad 3c.

Ordenador, mesa, sobres, libros, silla, periódico, sellos, bolso, agenda, llaves, cuaderno, postal, diccionario, bolígrafos, lámpara, mapa, cartas, goma, hoja, móvil.

1_48: actividad 6a.

Cien, ciento uno, doscientos, doscientos diez, trescientos, trescientos veintiuno, cuatrocientos, cuatrocientos treinta y dos, quinientos, quinientos cuarenta y tres, seiscientos, seiscientos cincuenta y cuatro, setecientos, setecientos sesenta y cinco, ochocientos, ochocientos setenta y seis, novecientos, novecientos ochenta y siete, mil, mil noventa y ocho, mil cien, mil ciento dos, dos mil, dos mil trescientos veintitrés, tres mil, tres mil quinientos cuarenta y cuatro.

1_49: actividad 6b.

Cien, ciento uno, doscientos, doscientos diez, trescientos, trescientos veintiuno, cuatrocientos, cuatrocientos treinta y dos, quinientos, quinientos cuarenta y tres, seiscientos, seiscientos cincuenta y cuatro, setecientos, setecientos sesenta y cinco, ochocientos, ochocientos setenta y seis, novecientos, novecientos ochenta y siete, mil, mil noventa y ocho, mil cien, mil ciento dos, dos mil, dos mil trescientos veintitrés, tres mil, tres mil quinientos cuarenta y cuatro.

1_50: actividad 7.

A. ● ¿En qué número de autobús puedo ir a tu casa?

   o En el ciento veintisiete.

B. ● Granada no está lejos de aquí, ¿no?

   o No mucho, a ciento treinta kilómetros, más o menos.

C. ● ¿A qué altura de Gran Vía vives?

   o En el número noventa y dos.

D. ● Oye, ¿qué número de asiento tienes?

   o A ver… el sesenta y seis.

E. ● Tú vives cerca de aqui, ¿verdad?

   o A unos quinientos metros.

1_51: actividad 12a.

Cliente: ¿Tienen cuadernos?

Dependiente: Sí. Mire, aquí están. Tenemos todos estos.

Cliente: ¿Puedo ver ese rojo?

Dependiente: ¿Este?

Cliente: Sí, sí, ese. ¿Cuánto cuesta?

Dependiente: Un euro con setenta y cinco céntimos.

Cliente: Vale. Me lo llevo.

1_52: actividad 15.

1.

Dependienta: Buenos días. ¿Qué desea?

Clienta: Pues quería un bolígrafo… no sé… para un chico joven.

Dependienta: ¿Qué le parecen estos?

Clienta: ¿Puedo ver ese?

Dependienta: Sí, claro.

Clienta: ¿Cuánto cuesta?

Dependienta: Seis euros con cincuenta y siete céntimos.

Clienta: Pues este mismo.

Dependienta: Muy bien.

2.

Clienta: ¿Cuánto cuesta esta agenda negra?

Dependienta: ¿Cuál? ¿Esta? A ver… ocho euros con noventa y

dos céntimos.
Clienta: Humm… Volveré mañana.
Dependienta: Adiós.

Lección 7 Mi pueblo, mi ciudad

1_53: actividad 4a. Fonética.
Zamora, Mallorca, Zaragoza, Córdoba, Cuenca, Salamanca, Barcelona, Cáceres, Alicante, Ceuta, Lanzarote, La Coruña, Murcia, Badajoz, Valencia.

1_54: actividad 4c.
Zamora, Mallorca, Zaragoza, Córdoba, Cuenca, Salamanca, Barcelona, Cáceres, Alicante, Ceuta, Lanzarote, La Coruña, Murcia, Badajoz, Valencia.

1_55: actividad 8a.
Diez mil, cien mil, ciento cincuenta mil, doscientos mil, novecientos sesenta mil, un millón, un millón cuatrocientos mil, dos millones, doce millones ochocientos mil, trece millones novecientos setenta mil.

1_56: actividad 8b.
Diez mil, cien mil, ciento cincuenta mil, doscientos mil, novecientos sesenta mil, un millón, un millón cuatrocientos mil, dos millones, doce millones ochocientos mil, trece millones novecientos setenta mil.

1_57: actividad 13a.
Pepe: Oye, Esmeralda, tú no eres de Madrid, ¿verdad?
Esmeralda: No, no. Soy de Segovia. ¿Has estado allí alguna vez?
Pepe: No…
Esmeralda: Pues no sabes lo que te pierdes.
Pepe: Ya me imagino. Si te digo la verdad, no sé ni dónde está exactamente.
Esmeralda: Pues mira, Segovia está muy cerca de Madrid, a unos cien kilómetros al noroeste.
Pepe: Es una ciudad pequeña, ¿no?
Esmeralda: Sí, solo tiene 50 000 habitantes aproximadamente.
Pepe: ¿Y cómo es?
Esmeralda: Pues… es una ciudad antigua y muy bonita… No sé…Es muy tranquila, pero también es bastante divertida, sobre todo los fines de semana.
Pepe: … Y tiene un acueducto muy famoso, ¿no?
Esmeralda: Famosísimo. Espera, aquí tengo unas fotos. Mira, este es el acueducto.
Pepe: ¡Qué bonito!… ¿Y eso qué es?
Esmeralda: La catedral.
Pepe: ¡Es preciosa!… ¿Y esto?
Esmeralda: Es una de las muchas iglesias que tiene… No me acuerdo cómo se llama… Esto es el Alcázar… Esto, la parte antigua…
Pepe: ¿Y eso?
Esmeralda: Es una calle del Barrio Judío.
Pepe: ¡Ah! También tiene un Barrio Judío.
Esmeralda: Sí, pero es muy pequeño.

1_58: actividad 13b.
Pepe: Oye, Esmeralda, tú no eres de Madrid, ¿verdad?

Esmeralda: No, no. Soy de Segovia. ¿Has estado allí alguna vez?
Pepe: No…
Esmeralda: Pues no sabes lo que te pierdes.
Pepe: Ya me imagino. Si te digo la verdad, no sé ni dónde está exactamente.
Esmeralda: Pues mira, Segovia está muy cerca de Madrid, a unos cien kilómetros al noroeste.
Pepe: Es una ciudad pequeña, ¿no?
Esmeralda: Sí, solo tiene 50 000 habitantes aproximadamente.
Pepe: ¿Y cómo es?
Esmeralda: Pues… es una ciudad antigua y muy bonita… No sé…Es muy tranquila, pero también es bastante divertida, sobre todo los fines de semana.
Pepe: … Y tiene un acueducto muy famoso, ¿no?
Esmeralda: Famosísimo. Espera, aquí tengo unas fotos. Mira, este es el acueducto.
Pepe: ¡Qué bonito!… ¿Y eso qué es?
Esmeralda: La catedral.
Pepe: ¡Es preciosa!… ¿Y esto?
Esmeralda: Es una de las muchas iglesias que tiene… No me acuerdo cómo se llama… Esto es el Alcázar… Esto, la parte antigua…
Pepe: ¿Y eso?
Esmeralda: Es una calle del Barrio Judío.
Pepe: ¡Ah! También tiene un Barrio Judío.
Esmeralda: Sí, pero es muy pequeño.

Lección 8 Mi casa y mi habitación

2_01: actividad 3.
Rosa: ¿Sabes que me he cambiado de casa?
Pepe: ¡Ah!, pues no sabía nada. ¿Y dónde vives ahora?
Rosa: En un piso del centro con dos amigos.
Pepe: ¿Y qué tal? ¿Está bien?
Rosa: Ya lo creo, es precioso… Es un piso de esos antiguos y grandes del casco antiguo. Tendrá… pues unos ciento ochenta metros cuadrados, con cuatro habitaciones, el comedor, la cocina, dos baños…
Pepe: ¿Y la luz?
Rosa: ¡Huy! Tiene muchísima luz, es que da a una calle muy ancha.
Pepe: ¡Qué bien! ¡Con lo que te gusta a ti el sol!
Rosa: Sí, pero hay una cosa que no me gusta tanto: es un cuarto piso y no tiene ascensor.

2_02: actividad 6a. Fonética.
Sofá, ducha, lámpara, techo, frigorífico, suelo, escalera, salón, dormitorio, sillón, cuarto, lavaplatos, baño, comedor, bañera, jardín, cama, lavabo, televisión, lavadora, cocina, microondas, armario, estantería, mesilla, estudio, terraza.

2_03: actividad 6b.
Sofá, ducha, lámpara, techo, frigorífico, suelo, escalera, salón, dormitorio, sillón, cuarto, lavaplatos, baño, comedor, bañera, jardín, cama, lavabo, televisión, lavadora, cocina, microondas, armario, estantería, mesilla, estudio, terraza.

2_04: actividad 11.

1.

Mi habitación es pequeña y no tiene mucha luz. Solo hay una ventana pequeña a la derecha. Según se entra, a la izquierda de la puerta, hay un armario pequeño y al fondo, a la izquierda está la cama. También hay una mesa camilla a la izquierda, entre el armario y la cama.

A la derecha hay una mesa y dos sillas, y al lado de la mesa hay una estantería.

2.

Es una habitación cuadrada y bastante grande, de unos quince metros cuadrados. Según se entra, casi en el rincón de la derecha, hay un sillón y una mesita redonda. Al lado de la mesita hay una estantería, y justo en el rincón, hay una lámpara de pie. La cama está también a la derecha, pero en el rincón de enfrente, y la mesilla está al lado de la cama, a la izquierda. También hay un armario bastante pequeño y una mesa de trabajo.

3.

Es una habitación grande, con mucha luz. A la izquierda de la puerta hay un armario y en el rincón del fondo, a la izquierda, está la cama. La mesilla está junto a la cama, a la derecha. En el rincón de la derecha, junto a la ventana, hay una mesa de trabajo. A la derecha, cerca de la puerta hay un sillón, con una mesita redonda delante del sillón y una lámpara de pie al lado. Y a la derecha, hay una estantería.

4.

Mi habitación no es muy grande, pero es muy agradable. Según se entra, enfrente de la puerta hay una ventana grande. A la izquierda de la ventana está la cama, y la mesa camilla está junto a ella, a la derecha. A la izquierda, cerca de la puerta, hay un armario pequeño. A la derecha, hay un sofá, y delante del sofá hay una mesa pequeña con una televisión encima.

Lección 9 Gustos

2_05: actividad 2a. Fonética.

Salir, música, bailar, ordenadores, viajar, escuchar, navegar, televisión, correr, teatro, juego, chatear, tenis, discotecas, leer.

2_06: actividad 9.

1. Sonidos del campo.

2. *Rock* duro. (SOBER: "Arrepentido", *Paradÿsso*.)

3. Flamenco. (KETAMA: "Miénteme", *Miénteme*.)

4. Sonido de las olas en la playa.

5. Música clásica. (ANTONIO VIVALDI: "Invierno" *Las cuatro estaciones*.)

6. Mugido de una vaca.

7. *Jazz*. (TETE MONTOLIÚ: "Speak low", *Piano for Nuria*.)

8. Rap. (EL CHOJIN: "Superhéroe", *Cosas que pasan*.)

2_07: actividad 11.

María: Tú eres un buen deportista, ¿verdad?

Carlos: ¡Bah! No creas… pero sí que me gustan mucho algunos deportes…

María: ¿Por ejemplo?

Carlos: Pues, hombre, me gusta mucho el esquí, las

motos… ¡ah!, y me encanta el fútbol.

María: ¿El fútbol? ¡Qué horror! A mí no me gusta nada.

Carlos: Bueno, también me gustan otras cosas, como leer…, escuchar música…, el cine…

María: ¡Y a mí que no me gusta! Me aburre muchísimo… pero hay una cosa que me encanta: bailar.

Carlos: Humm… estoy pensando que tenemos gustos bien diferentes, ¿verdad?

María: Sí, sí. Desde luego.

2_08: actividad 1a.

1. Salsa. (HÉCTOR LAVOE: "El todopoderoso", *La voz*.)

2. Tango. (CARLOS GARDEL: "El día que me quieras", *Sus 40 mejores tangos*.)

3. Música andina. (ANTHONY VENTURA: "El cóndor pasa", *El cóndor pasa*.)

4. Ranchera. (LOLA BELTRÁN: *Paloma Negra*.)

5. Música cubana. (COMPAY SEGUNDO: *Guantanamera*.)

6. Cumbia colombiana. (ANIBAL VELASQUES: *Sal y agua*.)

2_09: actividad 1c.

Ver transcripción pista 66.

Lección 10 Mi barrio, horarios públicos y el tiempo

2_10: actividad 2a. Fonética.

Estación de metro, parque, iglesia, colegio, biblioteca, centro comercial, oficina de información, parada de autobús, hospital, cine, supermercado, ayuntamiento, tienda, bar, farmacia, aparcamiento, calle peatonal, teatro, restaurante, cajero automático.

2_11: actividad 2b.

Estación de metro, parque, iglesia, colegio, biblioteca, centro comercial, oficina de información, parada de autobús, hospital, cine, supermercado, ayuntamiento, tienda, bar, farmacia, aparcamiento, calle peatonal, teatro, restaurante, cajero automático.

2_12: actividad 10b.

1.

Mi barrio es un poco diferente. No es muy antiguo, ni está lejos del centro, pero las casas parecen antiguas. Son casas bajas, con un pequeño jardín y garaje. Algunas son muy bonitas. Tiene muchos árboles y hay muy pocas tiendas; son tiendas muy pequeñas para comprar pan, leche… Lo que más me gusta de mi barrio es que tiene muy poco tráfico y es muy tranquilo. Lo que menos me gusta es que por la noche no hay gente por la calle. Es un poco solitario.

2.

A mí me encanta mi barrio. Es uno de los barrios antiguos de Madrid y está en el centro de la ciudad; las casas no son muy altas y las calles son estrechas. Muchas calles son ahora peatonales; por eso, aunque hay mucha gente por la calle, no es un sitio ruidoso. En mi barrio hay de todo: tiendas, bares, librerías, teatros, museos. Esto es lo que más me gusta; estoy muy cerca de los museos más importantes de Madrid: el Museo del Prado, el Reina Sofía, el Thyssen. ¿Lo que menos me gusta? Algunas discotecas; no me gustan las discotecas.

3.

Yo vivo en un barrio moderno, con calles anchas y edificios altos. Hay muchos edificios de oficinas, como la Torre Picasso, y hay tiendas muy importantes y unos grandes almacenes. Es un barrio muy céntrico y muy bien comunicado. Tiene metro, autobuses e incluso hay una estación de tren. Algunas zonas son tranquilas, pero otras son muy ruidosas y problemáticas. Esto es lo que menos me gusta del barrio: la zona de bares y discotecas, especialmente los fines de semana. Lo que más me gusta son las tiendas de ropa; hay muchas tiendas de ropa barata para jóvenes.

2_13: actividad 10c.

1.

Mi barrio es un poco diferente. No es muy antiguo, ni está lejos del centro, pero las casas parecen antiguas. Son casas bajas, con un pequeño jardín y garaje. Algunas son muy bonitas. Tiene muchos árboles y hay muy pocas tiendas; son tiendas muy pequeñas para comprar pan, leche… Lo que más me gusta de mi barrio es que tiene muy poco tráfico y es muy tranquilo. Lo que menos me gusta es que por la noche no hay gente por la calle. Es un poco solitario.

2.

A mí me encanta mi barrio. Es uno de los barrios antiguos de Madrid y está en el centro de la ciudad; las casas no son muy altas y las calles son estrechas. Muchas calles son ahora peatonales; por eso, aunque hay mucha gente por la calle, no es un sitio ruidoso. En mi barrio hay de todo: tiendas, bares, librerías, teatros, museos. Esto es lo que más me gusta; estoy muy cerca de los museos más importantes de Madrid: el Museo del Prado, el Reina Sofía, el Thyssen. ¿Lo que menos me gusta? Algunas discotecas; no me gustan las discotecas.

3.

Yo vivo en un barrio moderno, con calles anchas y edificios altos. Hay muchos edificios de oficinas, como la Torre Picasso, y hay tiendas muy importantes y unos grandes almacenes. Es un barrio muy céntrico y muy bien comunicado. Tiene metro, autobuses e incluso hay una estación de tren. Algunas zonas son tranquilas, pero otras son muy ruidosas y problemáticas. Esto es lo que menos me gusta del barrio: la zona de bares y discotecas, especialmente los fines de semana. Lo que más me gusta son las tiendas de ropa; hay muchas tiendas de ropa barata para jóvenes.

2_14: actividad 15.

1.

● ¿Qué hora es?

o Las dos y media.

● ¡Uff…! ¡Qué tarde!

2.

● Perdone, ¿tiene hora?

o Sí, son las ocho y cuarto.

● Gracias.

3.

● ¿Qué hora tienes?

o Las tres menos veinticinco.

4.

● Perdone, ¿tiene hora?

o Las seis y diez.

● Gracias.

2_15: actividad 17b.

Lunes, martes, miércoles, jueves, viernes, sábado, domingo.

2_16: actividad 19b.

Enero, febrero, marzo, abril, mayo, junio, julio, agosto, septiembre, octubre, noviembre, diciembre.

REPASO 2

2_17: actividad 2a.

La habitación de Alfonso es bastante grande. La decoración es muy sencilla: hay varias fotos, tres cuadros y un póster. No tiene muchos muebles, solo los necesarios. La cama está enfrente de la puerta, junto a la pared de la izquierda. Al lado de la cama, a la derecha, hay una mesilla muy moderna. El armario está en un rincón de la pared de la derecha, enfrente de la cama. Entre la mesilla y el armario hay un sillón antiguo. La mesa de trabajo está a la derecha de la puerta, en el rincón, debajo de la ventana. Encima de la mesa hay una lámpara negra muy bonita. Al lado de la mesa, enfrente de la ventana, hay una silla que también es negra. Y entre el armario y la mesa hay una estantería con muchos libros.

2_18: actividad 2b.

La habitación de Alfonso es bastante grande. La decoración es muy sencilla: hay varias fotos, tres cuadros y un póster. No tiene muchos muebles, solo los necesarios. La cama está enfrente de la puerta, junto a la pared de la izquierda. Al lado de la cama, a la derecha, hay una mesilla muy moderna. El armario está en un rincón de la pared de la derecha, enfrente de la cama. Entre la mesilla y el armario hay un sillón antiguo. La mesa de trabajo está a la derecha de la puerta, en el rincón, debajo de la ventana. Encima de la mesa hay una lámpara negra muy bonita. Al lado de la mesa, enfrente de la ventana, hay una silla que también es negra. Y entre el armario y la mesa hay una estantería con muchos libros.

2_19: actividad 4a.

1. Música clásica. (PYOTR LLYICH TCHAIKOVSKY; Intérprete: THE ROYAL MAGIC ORCHESTRA, *El lago de los cisnes*.)

2. *Rock* duro.

Lección 11 Un día normal

2_20: actividad 3.

1. Me levanto a las ocho de la mañana.

2. Como a las dos de la tarde.

3. Ceno a las nueve de la noche.

4. Las clases empiezan a las nueve de la mañana.

5. Termino de trabajar a las seis.

6. Vuelvo a casa a las siete de la tarde.

7. Empiezo a trabajar a las diez.

8. Trabajo hasta las cinco de la tarde.

9. Desayuno a las ocho y media.

10. Salgo de casa a las siete y media.

11. Me acuesto a las once de la noche.

12. Me ducho a las ocho y media.

2_21: actividad 5a. Fonética.

Terminas, ceno, trabaja, tengo, desayuna, vives, salgo, empiezo, trabajas, leo, sales, come, termina, vive, vuelves, lees, acuesto.

2_22: actividad 7a.

● ¿Y no te cansas de vivir con tu tía?

○ ¡Qué va! Si mi tía es encantadora y muy activa. Mira, se levanta todos los días a las seis y media…

● Se acostará pronto…

○ No. Se acuesta sobre las doce. Bueno, pues se levanta y se va al parque a correr con el perro. Vuelve sobre las siete y media.

● Y tú estarás en la cama todavía…

○ Claro, y cuando llega, me despierta con música de ópera. La pone altísima.

● ¡Vaya!

○ Y después el desayuno: fruta, churros, magdalenas… tostadas y café.

● ¿Todo eso?

○ Sí, sí. Además es muy rígida con los horarios de las comidas: desayuna a las ocho, come a las dos y media y cena a las diez.

● Sigue trabajando, ¿verdad?

○ Sí, pero solo por las mañanas. Por las tardes sale con sus amigos.

2_23: actividad 7b.

● ¿Y no te cansas de vivir con tu tía?

○ ¡Qué va! Si mi tía es encantadora y muy activa. Mira, se levanta todos los días a las seis y media…

● Se acostará pronto…

○ No. Se acuesta sobre las doce. Bueno, pues se levanta y se va al parque a correr con el perro. Vuelve sobre las siete y media.

● Y tú estarás en la cama todavía…

○ Claro, y cuando llega, me despierta con música de ópera. La pone altísima.

● ¡Vaya!

○ Y después el desayuno: fruta, churros, magdalenas… tostadas y café.

● ¿Todo eso?

○ Sí, sí. Además es muy rígida con los horarios de las comidas: desayuna a las ocho, come a las dos y media y cena a las diez.

● Sigue trabajando, ¿verdad?

○ Sí, pero solo por las mañanas. Por las tardes sale con sus amigos.

Lección 12 El fin de semana

2_24: actividad 5a. Fonética.

Bailar, veinte, aire, peine, seis, vais, afeitar, paisaje, estáis, veis, treinta, traigo, reina, aceite, caigo, tenéis, termináis, trabajáis, coméis, paseáis.

2_25: actividad 5b.

ai: bailar, aire, vais, paisaje, estáis, traigo, caigo, termináis, trabajáis, paseáis.

ei: veinte, peine, seis, afeitar, veis, treinta, reina, aceite, tenéis, coméis.

2_26: actividad 5c.

ai: bailar, aire, vais, paisaje, estáis, traigo, caigo, termináis, trabajáis, paseáis.

ei: veinte, peine, seis, afeitar, veis, treinta, reina, aceite, tenéis, coméis.

2_27: actividad 6a.

Alfonso: A tu marido y a ti os gusta mucho ir al campo, ¿verdad?

Sara: Nos encanta. Tenemos una casa en un sitio muy bonito y vamos todos los fines de semana.

Alfonso: ¿Y no os aburrís?

Sara: ¡Qué va! Estamos todo el tiempo haciendo cosas. Tenemos un jardín y trabajamos mucho en él… También damos muchos paseos…, montamos en bici…

Alfonso: Y respiráis aire puro.

Sara: ¡Ah, por supuesto! Más puro que el de aquí. Oye, ¿y tu mujer y tú no vais nunca fuera los fines de semana?

Alfonso: Casi nunca; la verdad es que somos muy urbanos.

Sara: ¿Y qué hacéis? ¿Salís mucho?

Alfonso: Pues prácticamente todos los viernes y los sábados por la noche. Vamos a muchos conciertos…, al cine, al teatro… y, claro, muchas veces de copas.

Sara: Es que sois muy marchosos.

Alfonso: ¡Bah! No creas. También vamos a ver a nuestros padres…, limpiamos la casa…, preparamos las clases de la semana siguiente…

2_28: actividad 6c.

Alfonso: A tu marido y a ti os gusta mucho ir al campo, ¿verdad?

Sara: Nos encanta. Tenemos una casa en un sitio muy bonito y vamos todos los fines de semana.

Alfonso: ¿Y no os aburrís?

Sara: ¡Qué va! Estamos todo el tiempo haciendo cosas. Tenemos un jardín y trabajamos mucho en él… También damos muchos paseos…, montamos en bici…

Alfonso: Y respiráis aire puro.

Sara: ¡Ah, por supuesto! Más puro que el de aquí. Oye, ¿y tu mujer y tú no vais nunca fuera los fines de semana?

Alfonso: Casi nunca; la verdad es que somos muy urbanos.

Sara: ¿Y qué hacéis? ¿Salís mucho?

Alfonso: Pues prácticamente todos los viernes y los sábados por la noche. Vamos a muchos conciertos…, al cine, al teatro… y, claro, muchas veces de copas.

Sara: Es que sois muy marchosos.

Alfonso: ¡Bah! No creas. También vamos a ver a nuestros padres…, limpiamos la casa…, preparamos las clases de la semana siguiente…

Lección 13 El trabajo

2_29: actividad 4b.

● ¿Cómo vas al trabajo?

o En coche.

● ¿Cuánto tardas en llegar?

o Unos veinte minutos. Y tú, ¿cómo vienes a clase?

● Andando.

o ¿Y cuánto tardas?

● Diez minutos.

2_30: actividad 4c.

● ¿Cómo vas al trabajo?

o En coche.

● ¿Cuánto tardas en llegar?

o Unos veinte minutos. Y tú, ¿cómo vienes a clase?

● Andando.

o ¿Y cuánto tardas?

● Diez minutos.

2_31: actividad 11b.

● ¿Trabajas los fines de semana?

o Sí, los sábados por la mañana.

● ¿Qué horario tienes?

o De nueve a dos y de tres a seis.

● ¿Cuántas horas trabajas al día?

o Ocho.

● ¿Cuántas vacaciones tienes al año?

o Un mes.

● ¿Te gusta tu trabajo?

o Sí, me encanta.

● ¿Qué es lo que más te gusta de tu trabajo?

o Que puedo conocer a mucha gente.

● ¿Qué es lo que menos te gusta de tu trabajo?

o El sueldo. No gano mucho.

2_32: actividad 12. Fonética.

1. ¿Cuántas horas trabajas al día?

2. ¿Qué horario tienes?

3. ¿Trabajas los fines de semana?

4. ¿Cuántas vacaciones tienes al año?

5. ¿Qué es lo que más te gusta de tu trabajo?

6. ¿Y lo que menos?

2_33: actividad 13

Entrevistadora: Buenos días, soy de Onda Libre y estamos haciendo una encuesta sobre las condiciones de trabajo en España... ¿Podría hacerle unas preguntas? Es solo un momento.

Jorge: Bueno... de acuerdo, si es poco tiempo...

Entrevistadora: ¿A qué se dedica?

Jorge: Soy peluquero.

Entrevistadora: ¿Cuántas horas trabaja al día?

Jorge: Ocho.

Entrevistadora: ¿Trabaja los fines de semana?

Jorge: Sí, los sábados por la mañana.

Entrevistadora: ¿Cuántos días libres tiene a la semana?

Jorge: Pues los lunes y los sábados por la tarde, y luego... pues los domingos completos.

Entrevistadora: ¿Y cuántas vacaciones?

Jorge: Un mes al año.

Entrevistadora: ¿Qué es lo que más le gusta de su trabajo?

Jorge: Que es un trabajo creativo y... no sé... que conoces a mucha gente.

Entrevistadora: ¿Y lo que menos?

Jorge: El horario.

Entrevistadora: Y para terminar, ¿está contento con su trabajo?

Jorge: Sí, bastante.

Entrevistadora: Bien, pues esto es todo. Muchas gracias por su colaboración. Adiós.

Jorge: De nada. Adiós.

Lección 14 ¿Sabes nadar?

2_34: actividad 11a.

1.

● ¿Conoces Altea?

o Sí, es un pueblo muy bonito. Está en la costa de Alicante. ¿Y tú, lo conoces?

● No, pero me gustaría mucho conocerlo.

2.

● ¿Tú sabes los números en italiano?

o Yo no. ¿Y tú?

● Yo sí. Son muy fáciles: *uno, due, tre,* ...

3.

● A ver, ¿sabes cómo se dice «computer» en español?

o Pues no, no recuerdo. ¿Y tú?

● Yo sí. Se dice «ordenador».

4.

● ¿Sabes tocar algún instrumento musical?

o Sí, sé tocar el piano. Lo toco regular. ¿Y tú?

● Yo también. Lo toco bastante bien.

5.

● Conozco un restaurante chino buenísimo.

o Yo también conozco uno buenísimo.

● ¿Dónde está?

o En esta misma calle. Muy cerca.

6.

● ¿Sabes esquiar?

o No muy bien. ¿Y tú?

● Yo tampoco.

2_35: actividad 11b.

1.

● ¿Conoces Altea?

o Sí, es un pueblo muy bonito. Está en la costa de Alicante. ¿Y tú, lo conoces?

● No, pero me gustaría mucho conocerlo.

2.

● ¿Tú sabes los números en italiano?

o Yo no. ¿Y tú?

● Yo sí. Son muy fáciles: *uno, due, tre,* ...

3.

● A ver, ¿sabes cómo se dice «computer» en español?

o Pues no, no recuerdo. ¿Y tú?

● Yo sí. Se dice «ordenador».

4.

● ¿Sabes tocar algún instrumento musical?

o Sí, sé tocar el piano. Lo toco regular. ¿Y tú?

● Yo también. Lo toco bastante bien.

5.

● Conozco un restaurante chino buenísimo.

o Yo también conozco uno buenísimo.
● ¿Dónde está?
o En esta misma calle. Muy cerca.
6.
● ¿Sabes esquiar?
o No muy bien. ¿Y tú?
● Yo tampoco.

2_36: actividad 13b.
1. Yo creo que aprender a usar un ordenador es bastante fácil. ¿Y vosotros?
2. Sí, bastante fácil.
3. No, no es fácil.
4. Yo también creo que es bastante fácil.
5. No, es difícil.
6. Pues yo creo que es muy difícil.

2_37: actividad 15.
1.
● ¿A ti te gusta bailar?
o Sí, y creo que bailar es divertido.
● Bueno, a mí no me gusta. Para mí no es divertido. Yo creo que es bastante aburrido.
2.
● ¿Tú haces deporte?
o Sí, hombre. Yo creo que es necesario hacer deporte. Es bueno para sentirse físicamente bien.
● Yo también creo que es muy bueno.
3.
● ¿Viajas mucho?
o Sí, bastante. Yo creo que viajar y conocer otros países es muy interesante. ¿No crees?
● Sí, es muy interesante. Y necesario.
4.
● Conduces muy bien.

o Bueno, yo creo que conducir es fácil.
● No, no es fácil. Conducir bien es bastante difícil.
5.
● ¿Cuántos idiomas hablas?
o Hablo un poco de inglés y un poco de italiano. Yo creo que saber idiomas es muy útil.
● Yo también creo que es útil. Es útil para viajar, para encontrar trabajo…

Lección opcional ¿Qué hiciste ayer?

2_38: actividad 6a. Fonética.
Tomé, volvimos, vino, saliste, hicimos, hice, viniste, estuvo, salí, tomamos, fueron, volví, fuimos, salió.

2_39: actividad 8.
Amigo: Oye, Mónica, tú estás muy contenta hoy, ¿eh? ¿Y eso?
Mónica: Es que ayer tuve un día muy bueno.
Amigo: ¡Ah! ¿Sí? Cuenta, cuenta…
Mónica: Pues mira, por la mañana estuve en una clase de Psicología muy interesante, y después hice un examen de inglés que me salió muy bien…
Amigo: ¡Qué bien!
Mónica: Por la tarde estuve en el bar de la universidad celebrándolo con unos compañeros, y luego fui a jugar al tenis con Javier y gané… ¡Es la primera vez que le gano!
Amigo: ¡Anda! ¡Enhorabuena!
Mónica: Gracias, gracias. Y después, por la noche, pues salí con unas amigas. Cenamos en un restaurante y lo pasé estupendamente: me reí muchísimo.
Amigo: Y te acostaste tarde…
Mónica: Sí, a las dos.

Soluciones 参考答案

Lección 1 Saludos y presentaciones
Materiales complementarios
3b

HOMBRE: Atonio, José, Manuel, Francisco, Juan, David, José Antonio, José Luis, Jesús, Javier, Carlos.
MUJER: María, María del Carmen, Carmen, Josefa, Isabel, María Dolores, Ana María, Francisca, Dolores.

Lección 2 Origen y procedencia
10

Solución:
Inglés en Jamaica y Nueva Zelanda; Francés en Mónaco; Español en Nicaragua, Colombia, y Uruguay; Portugués en Brasil; Italiano en San Marino; Alemán en Austria.

Materiales complementarios
3b

Solución: 1-Flamenco; 2-Mariachi; 3-Mate; 4-Paella; 5-Nachos; 6-Siesta.

3c

Solución:
Comida o bebida: tapa, paella, pisco, mate, nachos, tequila.
Música: tango, merengue, flamenco, mariachi.
Tiempo libre: siesta, fiesta

3d

Posibles soluciones:
Tango-Argentina; tapa-España; paella-España; pisco-Perú y Chile; mate-Argentina; siesta-España; nachos-México; merengue-República Dominicana; fiesta-España; flamenco-España; tequila-México; mariachi-México.

Lección 3 Informacion personal
Descubre España y América Latina
b

Solución: 1-hostelería 2-industria 3-comercio 4-agricultura y ganadería 5-sanidad y servicios sociales 6-construcción

d

Solución:
tienda-5; oficina-2; hospital-1; colegio-6; restaurante-4; campo-3

Materiales complementarios
3a

Solución: 1.españoles; 2.europeos; 3.ecuatorianos; 4.colombianos; 5.marroquíes; 6.rumanos; 7.extranjeros

3b

Solución: 1-4ª foto; 2-3ª foto; 3-1ª foto; 4-5ª foto; 5-2ª foto. (orden de las fotografías: de arriba a abajo y de derecha a izquierda).

Lección 4 ¿Tú o usted?
4b

Solución:
A-3; B-4; C-2; D-1.

11b

Solución:
Tratamiento formal: viñetas n.º 1, 2 y 3.
Tratamiento informal: viñetas n.º 4, 5 y 6.

11d

Solución: 1. Autobús; 2. Abogado; 3. Tienda; 4.Bar; 5. Gimnasio; 6. Casa.

11f

Solución:
Pepe-José; Lola- Dolores; Manolo-Manuel; Paco-Francisco; Paca-Francisca; Pili-Pilar; Quique-Enrique.

Materiales complementarios
2a

Solución: señora, perro, camarero, repite, americano, pero, Renfe, Inglaterra, periodista, Rosa, Enrique, mira, Uruguay, correos, rico, directora

2b

Solución:
Con sonido/r/: señora, camarero, americano, pero, periodista, mira, Uruguay, directora.
Con sonido/rr/: perro, repite, Renfe, Inglaterra, Rosa, Enrique, correos, rico.

3a

Solución:
López, Alonso, García, Aranda, González, Fernández, Rodríguez (varios de ellos se repiten) .

3b

Solución:
1. El primer apellido de una española es el primero del padre.
2. Las mujeres casadas no tienen el apellido del marido.
3. Normalmente, en la vida profesional decimos un apellido.

4. En un pasaporte español podemos leer dos apellidos.
5. El apellido más popular en España es García.
6. Ese es el apellido de tres millones de españoles.

Lección 5 Mi familia
4
Solución:
Antonio, Lucía, Angel, Carmen, Diego, Sara, Javier, Julia
(orden: de derecha a izquierda y de arriba a abajo).

5
Solución: Sara

12
Solución: 1-B; 2-D; 3-A; 4-C.

14b
Solución: Es el chico que está en la cuarta posición.

15c
Solución: inteligente-tonto; tímido-sociable; alegre-serio;
antipático-simpático.

Descubre España y América Latina
1b
Solución: 1-mestiza; 2-blanco; 3-mulata; 4-negro; 5-indios.

2b
Solución:
1-verdadero; 2-falso(son de origen asiático); 3-verdadero;
4-falso(son blancas); 5-falso(son de origen africano);
6-verdadero.

Materiales complementarios
1
Solución:
Estados civiles: casados, divorciada.
Relaciones familiares: hijos, padres, hermanos, hija, hijo.
Formas de vivir: en pareja, con mi familia, solo, juntos(con
mi novia), con amigas.

2b
Solución: 1. positiva; 2. legal; 3. menos; 4. más; 5. juntas;
6. solteros; 7. más; 8. más.

Repaso 1
1a
Solución:
Juan Manuel; Valencia; Rojo; uruguayo; empresario; padres,
madres, hijos; empresa.

1b
Solución:
1. empresario 2. padres, madres, hijos. 3. uruguayo.
4. Valencia. 5. empresa.

2b
Solución:
Elena tiene 49 años; Julio, 67; Carmen, 71.

Lección 6 Objetos
3b
Solución:
Dos sílabas: mesa-sobres-libros-silla-sellos-bolso-llaves-
postal-mapa-cartas-goma-hoja-móvil.
Tres sílabas: agenda-cuaderno-lámpara.
Cuatro sílabas: ordenador-periódico-diccionario-bolígrafos.

Lección 7 Mi pueblo, mi ciudad
6b
Posible solución: Cádiz o Huelva

13a
Solución: la foto n.º 3 (Segovia)

Materiales complementarios
1b
Solución:
Madrid es la capital de España desde 1562.
Tiene más de tres millones de habitantes.
Está situada en el centro del país.
El Prado, su museo más famoso, es uno de los más
importantes del mundo.
Barajas, su aeropuerto, tiene vuelos a muchas partes del
mundo.

3a
Solución: 1. Verdadera; 2. Verdadera; 3. Falsa; 4. Verdadera;
5. Falsa; 6. Verdadera; 7. Verdadera; 8. Falsa; 9. Falsa; 10. Falsa.

3b
Posibles soluciones:
3. Bogotá está en el interior de Colombia./ Bogotá no está
en la costa del océano Pacífico.
5. Caracas está en el norte de Venezuela.
8. La isla de Cuba está en el mar Caribe.
9. La Habana no es famosa por el tango./ La Habana es
famosa por el son cubano./ La Habana es famosa por la salsa.
10. Buenos aires está en el este de Argentina.

Lección 8 Mi casa y mi habitación
11
Solución: 1-C; 2-A; 3-B; 4-D.

Descubre España y América Latina
1
Emparejamientos:
A-Un pueblo turístico de la costa mediterránea;
B-Una ciudad española grande;
C-Un pueblo de pescadores de la costa cantábrica;
D-Una casa de campo del norte de España;

E-Un pueblo blanco del interior de Andalucía;
F-Un pueblo castellano

Materiales complementarios
1b
Solución:
-Encima de la mesilla, detrás de la lámpara.
-En el suelo, entre la cama y el armario, delante de la silla.
-Debajo del armario.
-(En la pared) entre la ventana y el armario.
-(En la pared) encima del cuadro.
-Encima de la estantería.
-A la izquierda del ordenador, encima de la mesa.
-Encima de la mesa, delante de la lámpara.

Lección 9 Gustos
12a

Nombre	Profesión	Ciudad	Le gusta
Luisa	enfermera	Barcelona	el fútbol
Javier	abogado	Valencia	el esquí
Manolo	periodista	Bilbao	el tenis

Descubre España y América Latina
1a
Solución: 1-salsa; 2-tango; 3- música andina; 4-ranchera;
5-música cubana; 6-cumbia colombiana.

Lección 10 Mi barrio, horarios públicos y el tiempo
3
Solución:
Masculino: un parque, un colegio, un centro comercial, un hospital, un cine, un supermercado, un ayuntamiento, un bar, un aparcamiento, un teatro, un restaurante, un cajero automático.
Femenino: una estación de metro, una iglesia, una biblioteca, una oficina de información, una parada de autobús, una tienda, una farmacia, una calle peatonal.

7b
Solución: 1-falso; 2-verdadero; 3-verdadero; 4-verdadero; 5-falso; 6- falso.

10a
Solución: 1-C; 2-A; 3-B.

10b
Solución:

	Lo que más le gusta	Lo que menos le gusta
1	Tiene muy poco tráfico y es muy tranquilo.	Es un poco solitario. Por la noche no hay gente en la calle.
2	Hay de todo y está muy cerca de los museos más importantes.	Las discotecas

| 3 | Hay muchas tiendas de ropa barata para jóvenes. | La zona de bares y discotecas. |

Lección 11 Un día normal
9
Texto completo:
Se llama Enrique **y vive en** Málaga **con** una amiga. **Todos los días se levanta a las** siete y media y **desayuna en casa. Luego va a trabajar.** Es profesor de español y bombero voluntario. **Por las mañanas trabaja en** la universidad. **Por las tardes** trabaja de bombero. **Vuelve a casa a las** nueve o a las diez, **cena con** su amiga **y se acuesta a** las doce o a la una.

Lección 14 ¿Sabes nadar?
1b
Solución:
Deportes: nadar, esquiar, jugar al baloncesto.
Juegos de mesa : (jugar al) ajedrez, (jugar a) las cartas.
Música: tocar un instrumento musical, cantar.

9a
Solución:
El verbo **conocer** se ha utilizado para referirse a lugares, a personas y a cosas u objetos. En cambio, el verbo **saber** se ha empleado para referirse a informaciones o conocimientos.

11b
Solución: Coinciden: 4, 5, 6. No coinciden: 1, 2, 3.

13a
Solución:
De acuerdo: dos
Sí, bastante fácil; Yo también creo que es bastante fácil.
En desacuerdo: tres
No, no es fácil; No, es difícil; Pues yo creo que es muy difícil.

14
Solución: bueno-malo; divertido-aburrido; fácil-difícil.

15
Solución: A-5; B-4; C-1; D-3; E-2
Solución: 1. divertido, aburrido; no están de acuerdo.
2. necesario, bueno; están de acuerdo. 3. interesante, necesario; están de acuerdo. 4. fácil, difícil; no están de acuerdo. 5. útil; están de acuerdo.

Descubre España y América Latina
1c
Solución:
Chileno y chilena: Chile;
Guatemalteco: Guatemela;
Colombiano: Colombia;
Peruano: Perú;
Mexicano: México.

1d

Solución:

1. Gabriela Mistral: chilena;
2. Miguel Ángel Asturias: guatemalteco;
3. Pablo Neruda: chileno;
4. Gabriel García Márquez: colombiano;
5. Octavio Paz: mexicano;
6. Mario Vargas Llosa: peruano.

Materiales complementarios

2b

Solución:

1-pinto; 2-canto; 3-aprender; 4-días; 5-tiendas; 6-mucho; 7-gente; 8-su; 9-culturas; 10-saber.

Lección opcional ¿Qué hiciste ayer?

1b

Solución:

Tomar-tomamos; volver-volvimos; salir-saliste; quedar-quedé; hacer-hiciste; venir-vino; ir-fuimos; estar-estuvimos.

Descubre España y América Latina

1c

Solución:

1. El nombre de Argentina es de origen europeo.
2. Los indígenas recibieron bien a los españoles que fueron con Juan Díaz de Solís.

3. Los portugueses fueron los primeros que usaron el nombre de Río de la Plata.
4. El nombre oficial de República Argentina existe desde el siglo XIX.

Materiales complementarios

1

Solución:

Ayer por la mañana Elena y Diego enviaron un SMS con el teléfono móvil.

Ayer por la tarde Elena y Diego chatearon con el ordenador.

Ayer por la noche Elena y Diego se encontraron con una amiga y tomaron un café en un bar con ella.

Repaso 3

3b

Solución:

	HORA
Salir de casa	11.45 de la noche
Acostarse	8.15 de la mañana
Levantarse	3.15 de la tarde
Comer	3.30 de la tarde
Empezar las clases	5.00 de la tarde
Terminar las clases	10.00 de la noche
Cenar	10.30 de la noche

Presentación del Examen DELE
DELE考试介绍

对外西班牙语水平证书(DELE)是塞万提斯学院以西班牙教育科学部的名义颁发的官方证书，能够有效证明证书拥有者的西班牙语水平和西班牙语运用能力。该证书是证明作为外语的西班牙语或第二语言各级水平的唯一官方证书，并由塞万提斯学院以西班牙教育科学部的名义颁发。DELE考试一经通过，终生有效。

考试费用

DELE证书 A1: RMB540
DELE证书 A2: RMB620
DELE证书 B1: RMB700
DELE证书 B2: RMB900
DELE证书 C1: RMB980
DELE证书 C2: RMB1.020
DELE证书 A1 Escolar: RMB540
DELE证书 A2/B1 Escolar: RMB700

考试流程：

1. 考试报名应当在规定的报名时间段内到指定的考试中心报名。注册报名该考试需要填写报名表并在报名时出示带有照片的有效身份证明原件和复印件。

2. 一旦完成考试报名，将会交给报考者一份经签章的报名表复印件，其中标有考生的报考号码。考生需要在塞万提斯学院官网上查询自己具体的考试信息，包括考试日期、考试时间和考试地点。

3. 塞万提斯学院将于DELE考试笔试后两个月左右向考生发布考试成绩。

4. 塞万提斯学院将以邮件的形式通知考生查询成绩，该邮件地址为考生注册考试时预留的邮箱。

Presentación del Examen SIELE
SIELE考试介绍

西班牙语国际评估测试（SIELE）是首个西班牙语全球认证的在线标准化考试，由塞万提斯学院、墨西哥国立自治大学、西班牙萨拉曼卡大学和布宜诺斯艾利斯大学于2015年联合创办。作为全新的西班牙语水平测试，SIELE区别于中国地区其他西班牙语通关性考试，在内容与形式上全面升级与创新：创办方由来自西班牙以及拉美国家的高等学府及专业教育机构组成，其测试内容更具权威性与全面性；其测试过程均通过数字化形式在线完成，更加便捷；网上预约报名、参加考试、获取证书的流程更加灵活。

SIELE考试特点

1. 全数字化
   整个考试过程均通过数字化手段完成，包括注册、报名、咨询和查询。

2. 专业权威
   四大国际权威学术机构联合创办，首个全球认证的西班牙语在线水平测试。

3. 迅速快捷
   三周之内，考生会收到测试结果，并且可以打印其证书或者测试报告。

4. 适用性好
   考生可根据不同需求针对性的选择考试类型。

5. 灵活性强
   考生能够灵活选择合适的考试中心和考试时间。

6. 全面统一
   测试内容考虑到不同西班牙语使用区域的语言差异性，并涵盖西班牙语不同的语言变体形式。

考试费用

SIELE GLOBAL: RMB960（阅读+听力+书面+口语）

S1：RMB460（阅读+听力）　　　　　S2：RMB550（阅读+写作）

S3：RMB680（听力+口语）　　　　　S4：RMB550（口语）

考试流程：

1. 考生须登录SIELE中国官方报名网站（http://siele.org.cn）进行考试报名。

2. 考生付款成功后，考试报名系统将自动生成报考记录，考生可在报名网站"个人中心"模块中查看具体考试信息。

3. 考生账户的用户名为考试报名邮箱，初始登录密码将发送至该邮箱中，考生可用该账户信息（邮箱和密码）登录SIELE全球官网http://siele.org，在"我的页面"中可以修改密码。**该账户信息（邮箱和密码）作为考试当天登录SIELE考试系统并通过认证的有效信息，对于参加考试至关重要，请考生务必谨记。**

4. 考试结束后3个星期之内，考生将收到短信及电子邮件，告知考试成绩已出，考生可登录http://siele.org.cn或者http://siele.org转入"我的页面"查询和下载成绩，并且可以打印证书或报告（取决于考生所选考试类型）。